生命と自由

現象学、生命科学、そして形而上学

Saito Yoshimichi
斎藤慶典

東京大学出版会

Life and Freedom:
Phenomenology, Life Science and Metaphysics
Yoshimichi Saito
University of Tokyo Press, 2014
ISBN 978-4-13-010127-1

はじめに

私たちが生きるこの現実を、生命と自由という視点から捉えることができるのではないか。生命と自由こそが、現実をこのようなものたらしめているのではないか。本書はこのような発想の下で書かれた。

ここで生命とは、〈何ものかが何ものかに対して姿を現わすこと〉の謂いであり、このことを通して、そしてこのことを通してのみ、すべてはそのようなものとして「ある＝存在する」。けれども、必ずしも何ものかが何ものかに対して姿を現わさなくてもよかったのではないか。すべては、私たちの下で現にそのようで「ある＝存在する」のでなくてもよかったのではないか。そうであるにもかかわらず、すべてが現にそのようであるのならば（確かに、現にそのようである）、そのときはじめて、「なぜ、すべてはこのようであって、別様ではないのか」が、問われるべき思考の事柄として私たちの前に姿を現わす。

すなわち、〈なぜ、すべては「ある＝存在する」のであって、ないのではないのか〉という形而上学の第一の問い（ライプニッツ＝ハイデガー）は、〈なぜ、何ものかが何ものかに対して姿を現わすのであって、何ものも姿を現わさないのではないのか〉という問いに遡ることではじめて、十全な仕方で問われうるのである。そしてそのことは、生命を問うこと以外ではないのだ。生命を問うことなくして、形而上学の問いに真に向かい合うことはできない。私たちの現実をこのようなものたらしめているものが生命であるとは、このことである。

では、自由とは何か。それは、生命の内に孕まれた一つの特異な可能性のことではないか。何ものかが何ものかに対して姿を現わすことの内に、いかなる制約からも解き放たれておのれをはじめて生み出す何か決定的に新たなものが姿を現わす可能性が胚胎したのではないか。だが、それが可能性であるのは、〈現実化するかもしれないし、しないかもしれない〉という通常の意味での可能性においてではない。自由は私たちの下で、決して現実性と対になることのない「純粋な可能性」として、つまり、現実としておのれを顕在化することなしに、しかし、あくまでもその可能性において揺るぎないものとして、おのれを告知する。

ひょっとして私たちは、いかなる必然性の制約からも解き放たれたところで、とはいえ単なる偶然によるのでもなく、みずからが「よし」としたことを、それを「よし」としたがゆえにのみ行なうことができるかもしれないのである。だが、この「ひょっとして」は、最後まで「ひょっとして」のままにとどまりつづける。みずからが「よし」としたことが、どこかで何ものかによって——自然の本性=本能によって、あるいは何らかの外的制約によって——そうさせられている可能性もまた、どこまでもついてまわるからだ。すなわち、自由は、それが錯覚と自己欺瞞である可能性と共にのみ、可能なのである。同じことを逆から言おう。おのれの行ないが何ものかによってそうさせられている可能性に対する絶えざる疑念と警戒心に裏打ちされることでのみ、何か決定的に新たなものが私の下で姿を現わしうるのである。**序章「実在」の形而上学と生命の哲学**は、この可能性を〈現実性との相関の内にある通常の可能性としてではなく〉形而上学的可能性として、前著『「実在」の形而上学』との関連の内であらかじめ提示する。

私たちの現実は、すべてが何らかの仕方で、現にそれがそれであるようなものとして姿を現わすことにおいて成り立つ。すなわち、生命である。そして同時に、そのような〈姿を現わすこと〉の内には、絶えずまったく新たなものがその可能性において、そして可能性においてのみ、孕まれている。この可能性は、それに対して何ものかが姿を現わすところのものにしか、見えるものとならない。すなわち、自由である。本書は、このような仕方で私たちの現実が生命と自由から成り立っているさまを、可能なかぎり厳密に、かつ精密に描き出すことを試みる。二部からなる本書本論各章の議論の主題は、以下の通りである。

第I部　脳・心・他者は、生命と自由を論ずるための地盤を確保する基礎作業に当てられる。私たちの現実は、生命をもたない単なる物質と、そのような物質から成っているにもかかわらずそこに生命を宿す生物によって構成されている。この両者の関係はどのようになっているのか。この問題は哲学において、身体と心の関係を問う心身問題として長い論争の歴史をもつ。単なる物質の集合体とみなされた身体と、生命の担い手としての心との関係が、説明困難な謎として哲学の前に立ち塞がってきたのである。この難問は、現代においては、心の座としての脳に尖鋭化されて心脳問題というかたちでなお論争の渦中にある。

第1章　脳と心は、こうした心脳問題の問題設定そのものに潜む暗黙の前提を洗い出すことから、両者の関係を説明するより説得的な関係概念として「基づけ」関係を導入する。暗黙の前提を洗い出す作業の材料とするのは、現代の「心の哲学」の旗手の一人であるデイヴィッドソンと、脳(神経)生理学の最先端をいくリベットである。そして、「基づけ」という関係概念の源泉として検討されるのは、現象学の創始者フッサールと、フランスにおけるその継承者メルロ＝ポンティである。

第2章　脳科学・心理学・現象学は、新たな関係概念の下で脳と心を捉え直したとき、この両者と密接に関わる三つの学である脳科学、心理学、現象学のそれぞれが、互いにどのような布置に立ちつつ相互に関連するのかを検討する。この検討の鍵となるのは、これら三つの学が、脳・心・超越論的主観性という互いに次元の異なる地点に立脚している点を正確に理解することである。

第3章　間主観性と他者は、「基づけ」関係の最上位に立脚するとみなされる超越論的現象学における超越論性とは何かについて、立ち入った分析を行なう。超越論性とは、私たちの現実が時間的・空間的な「或る開かれたところ」であることの謂いなのだが、その空間性・時間性のいずれの局面においても他人ないし他者が決定的な契機として織り込まれていることが、精神医学の知見を援用しながら示される。この契機が自由へとつながる微かな通路であることは、本書の最後に（第6章を中心に）論じられることになる。

第Ⅱ部　生命と自由は、以上の準備を経て、本書の主題である生命と自由に取り組む。ここで第一に目指されるのは、〈何ものかが何ものかに対して姿を現わすこと〉としての生命をその成立の最初の段階にまで遡って明らかにすると共に、その展開を現在の私たちに知られているかぎりでの最後の段階まで追跡することである。第二に目指されるのは、生命のそうした一連の展開過程の中で開かれてくる或る新たな次元の中に「純粋な可能性」とでも呼ぶべき特異な「可能性」として自由が姿を現わすさまを、できるかぎり正確に記述することである。

第4章　生命の論理は、生命という新たな秩序の本質を「形」なるものの「生成」として捉え、そのようにして生成した形を「映す」機構の解明へと邁進した西田幾多郎の論考を、生命へと向かう考察の最初の手がかりとして取り上げる。あわせて、そのような機構を根底で支える次元として西田が取り出した「自己の底」にも注目する。おそらくこの次元が生命の哲学と「実在」の形而上学をつなぐ要に位置する、と本書は考えるからである。

第5章　生命から自由へは、単なる物質の集合から生命という新たな秩序が生じ、その生命がさらに植物的なそれから動物的なそれへと展開してゆく一連の過程の骨格をなす論理として、「創発」という考え方をあらためて導入する。この考え方を生み出す母胎となった（正確には、再評価することを可能にした）現代の生命科学、すなわち熱力学、システム論、複雑系、さらにはオートポイエーシスといった分野に足を踏み入れつつ、創発によって出現した新たな秩序が以前の秩序をみずからの内に包摂しながらもそれによって支えられる関係こそが「基づけ」であることが示される。

第6章　自由の極北、あるいは「愛」は、動物的生命という秩序の中に位置する私たち人間の生命の内に孕まれた未聞の可能性としての自由を考察の中心に据える。まず、それが「未聞」である所以を明らかにすると共に、そのような自由のおそらく極限的な可能性として「愛」を呈示する。自由の極北としてのこの「愛」において、すでに第I部第3章で論じた他人と他者、あるいは世界の外部の問題が結びつく。この地点こそ、生命の他の形態においてはいまだ明確なかたちを成すことのなかった倫理と宗教が私たちの現実に根を降ろすところなのである。

最後に**補章　感受性としての私**を付す。現象することの秩序である生命は、その不可欠の契機として「私」を含む。通常は「それに対して」何ものかが現象するところの当の者である個体ないし人物を指し示す私という存在者の下には、この特定の存在者の内に収まらない或る次元性とでも言うべきものが開けている。本書が超越論性という名で問題化してきた「或る開けたところ」とはこの次元性にほかならないのだが、それは身体という仕方で具体化する。その下で何もの（何ごと）かが「受け取られ」「被られる」ことですべてが現象するにいたる身体を「感受性」として捉え直すことで、それが世界の媒体であること、そしてこの媒体においてのみ「絶対」ということが思考に触れることを示す。

生命と自由——目　次

序章　「実在」の形而上学と生命の哲学

1　「実在」の形而上学

この現実をこのようなものとして成り立たせている根本動向を「生命」と呼ぶことができる。なぜなら、「生命」とは以下のような事態だからである。すなわち、現出（現象すること）を通じて自己を形成し、当の自己を維持・再生産する運動が生命なのである。のちに触れるように、現代の生命科学は生命を特徴づける二つの本質的メルクマールとして、「認知」と「自己産出」を挙げている（P・ルイジ＝ルイージ）[1]。この運動は、「自己中心化」として特徴づけることもできる。現出は必ずや「……に対して」現出するのであり、現出のそのような原点にして中心（「……」）にこそ、「自己」の名はふさわしいからである。

　したがって、「自己」は第一義的には「何か」（として現出する存在者）ではない。「自己」が「何（者）か」として現出したときには、そのような自己が「それに対して」現出するところの「それ（……）」がすでにその手前に開けてしまっているからであり、こうした「それ（……）」であるかぎりのものにこそ、「自己」の名は与えられたはずだからである。だが、この現実においてはすでに、自己もまた「何（者）か」として現出している。そこでは、〈現出する「何（者）か」と、現出するものが「それに対して」現出するところの「それ（……）」とが重なり合う〉といった事態が生じている（したがって、ここにある種の錯誤——一方を他方と取り違えること——が紛れ込む余地があるのだが、いまはこの点を問わない[2]）。かくして、この現実は、「何ものかが何ものかに対して現出する」という仕方で、いわば現出の冪《べき》（ないし次元）をさらに高めて現出する。

現出の冪の亢進《こうしん》は、これにとどまらない。「何ものかが（何ものかとして）何ものかに対して現出する」という事態、すなわち生命は、紛れもないこの現実として、いまやそれ自体が（そのような事態として）当の自己に対して現出する。このようにして、何ものかとしておのれを産出して熄《や》むことがないという意味で、あるいは、おのれがそれであるところのものに「なる」（生成・生長する＝ピュエスタイ）」という意味で、この現実は「自然（ピュシス＝おのれを然らしむもの）」なのである。この現実が自然にほかならないことが、生命という運動の中であらわとなる。自然の中から生命が誕生したというのは、事柄の半面にすぎない。生命に包み込まれることで、自然は自然として「はじめて」おのれをあらわにするのであり、おのれがそれであるところのものに「なる」のである[3]。

そして、本書に先行する『「実在」の形而上学[4]』が提案したのは、生命というこの運動を根本において支えている或る種の「力」に、「実在」という名を与えることだった。この「実在」は、自然と違って、そのような何ものかとして現出することはない。それは、この現実＝自然を根本において支えているものとして「仮構」されるにすぎない。この意味でそれは、この現実である自然を「超えて（メタ）」いる。すなわち、「実在」はこの現実の「形而上学（メタ・ピュシス）」的原理なのである。

こうした概念の布置が、「実在」の形而上学の骨格をなす。

では、「実在」という仮構をあえてさせるものは何か。この仮構を思考に強いるそれなりの必然性がなければ、それは結局のところ（現実を含めた）すべてを思考に包摂し、そこにすべてを封じ込めてしまおうとする哲学の野心に堕してしまうだろう。この仮構は、思考が強いるものではなく、思考を強いるものでなければならない（不可知の「本体＝ヌーメナ」を思考＝理性が要請するものとして呈示したカントは、この点で決定的な思い違いを犯したように思われる）。この現実をこのようなものたらしめている何らかの「力」の如きものの仮構を思考に余儀なくさせるもの、それは、この現実が現出を以って成り立つことの「如何ともし難さ」である。

　この現実が現出することの「いかに」に関しては、つまり、それがどのように現象するかに関しては（現出の機構＝メカニズムの解明と、その機構への介入に関しては）、自己の果たす役割は決定的であるが（後にあらためて触れるように、この点は自由をめぐる問題にまで発展する）、それが現象するものであることそのことの方は、この現実がまさにそのことを以って成り立っているがゆえに、「現象すること」の当事者（一分肢《メンバー》）である私たち（自己）にはもはや「如何ともし難い」。ここで、「いや、そんなことはない。現出の当事者である自己がおのれを含めてすべての生物を破壊してしまえば、もはや現実は現象することがない（したがって、それは「如何ともし難い」ものではない）」と考える人がいるかもしれない（たとえば、地球を木っ端微塵に吹き飛ばしてしまうほどの破壊力をもった原子爆弾を炸裂させるといったことも、理論的には不可能ではないだろう）。あるいは、巨大な惑星がいつか地球に衝突して同様の結果が惹き起こされるといったことは、決して起こりえないことではない。

　だが、こうしたことは、この現実が現象するものであることをいささかも変えるものではないのだ。

なぜなら、そのようにして現在の私たちが知っているかぎりでの生物がすべて死滅した宇宙がこの現実のありうる姿の一つとして現象することなしには、それが現実と「なる」ことはできないからである。かりにそれが現実となったとして、そのとき宇宙がそのようであることは、現出を見て取るものの視点が（すなわち、自己が）すでにそこに居合わせていないかぎり、不可能なのだ。生命誕生以前の地球や宇宙の状態といった過去に関しても、事情は同様である。実際に、つまり事実として自己がそこに居合わせているか否かとは独立に、世界がそのようであるときにはそこに自己がすでに居合わせてしまっているのである（この点に関しては、世界の超越論的制約を問うことは「事実の問題」ではなく「権利の問題」であると明言したカントと「実在」の形而上学は、見解を共有している。ただし、後者はこの「権利」を思考＝理性が有するものとしてではなく、思考に「実在」が強いるものとして捉える）。かくして、私たちは「現出＝現象すること」[5]を超えてその先に（その彼方に）進むことはいかにしてもできない。換言すれば、「現象すること」はこの現実のすべてに及んでいる。

しかし、このことは同時に、「実在」と呼ばれたこの「如何ともし難い」次元が「現象すること」を本義とするこの現実の限界を画するものとして、いわばこの現実の見えない裏面としてその背後に張りついていることをも示唆する。私たちが私たちであるかぎり、この現実がこの現実であるかぎり、それは決して見えない＝現象しないものとしてのみわずかに姿を現わすにすぎないがゆえに、それは仮構たらざるをえないのである。この現実が現に然々の輪郭の下で現出していることの内にその「実在」性が否応なく迫ってくるのだが、それは存在する何かではないのだ。

現実を裏打ちするこの決して現象することのない次元は、現象することの「如何ともし難さ」として、いわばその影をこの現実に投げかける。しかし、この影にはその実体（ないし本体）がない。「本体」にあたるかに思われた次元は決して現象することがないのだから（それとして姿を現わすことがないのだから）、何ものでもありえない。すなわち、この現出の背後には何ものもない。何ものかとして現象するこの現実は、あたかも虚空に浮かんでいるかの如くなのであり、現実はその裏が透けているのだ。これは、現実を支える何かがどこかにあるわけではないこと、この意味でそれが「脆く、はかない」ことに等しい。この現実の現象することはなるほど「如何ともし難い」のだが、そうであることに何か確たる根拠（理由や原因）あるいは本体（これらはいずれも、存在するところの「何か」である）があるわけではないのだから、それ（現象すること）はいつ失われてもおかしくないほどに「脆い」のである。

この「脆さ」は、事実の問題として、たとえばこれまでに知られているかぎりで生命を育む唯一の天体である地球が消滅する可能性が孕む脆さとは、次元が異なる。言うまでもなく、後者の脆さにはそれなりの根拠があるのだが（巨大な惑星が衝突するとか、太陽が大爆発を起こすとか、……）、前者はそうしたものの余地がまったくないがゆえの「脆さ」なのである。後者の脆さの背後に、そもそもそうした脆いものが存在すること自体の（存在するものとして現象すること自体の）「脆さ」が存在する、と言ってもよい。

もちろん、この場合にも、地球上に生命が誕生したこと（何らかの有機体に対して何ものかが現象したこと）にはそれなりの根拠がある（物質を構成する原子や分子の構造化の仕方に或る決定的な変化が生じたとか、この変化を惹き起こしたのは旧来の構造にとってノイズにすぎなかったわずかな逸脱――揺らぎ――であるとか、……）。しかし、どのような物質や構造からこの現実が成り立っていようと、そもそもそのような現実が存在すること自体（存在するものとして現象すること自体）にはもはや何の根拠を見出すこともできない。根拠は何らかの存在するもの（存在するものとして現象するもの）であって、すでにこの現実に属しているからである。この次元においてこの現実は、それが「如何ともし難い」ものであるままに、「脆く、はかない」のだ。この事態の揺るぎなさを証言するために、そしてそのためにのみ、「実在」の形而上学は語られる。

　ところで、古来、形而上学の第一の問いとされてきたのは、次のような問いだった。「なぜ、何ものもないのではなく、何ものかがあるのか」（ライプニッツ『自然と恩寵との諸原理』＝ハイデガー『形而上学とは何か』[6]）。この現実は、世界は、総じてすべては、なくてもよかったはずなのに、なぜあるのか、というわけである。しかし、「実在」の形而上学から見れば、この問いは形而上学の第一の問いではない。なぜなら、「ある」や「ない」について何ごとかが問われうるためには、それら「ある」や「ない」を述語としてみずからに従えて主語に立つ「何ものか」がすでに姿を現わしていなければ（現象していなければ）ならないからだ。この問いにはさらに一歩手前が開けている（開けてしまっている）のであり、かくして形而上学の真に第一の問いは次のようなものとなる。「なぜ、そもそも何ものも現象しないのではなく、何ものかが現象するのか」。

　通常は、何ものかに関してまずそれが「ある」か「ない」かが問われ、次いで（場合によっては）「ある」とされた何ものかに関して、さらにそれが「現象する」か否かが問われる。つまり、「存在」こそが第一のもの（アルケー）であって、「現出」は存在に主観が関与することではじめて問われうる派生的（二次的）な問題にすぎない、と考えられてきた。これが、世界の根本（アルケー）を「あるはあり、ないはない」と喝破したパルメニデス以来の西洋形而上学の伝統であり、正統なのである。しかし、これは、〈存在するためにはそれは何ものかでなくてはならず（「何ものか」＝主語を欠いては

「ある・存在する」＝述語は有意味に機能することができない）、何ものかが何ものかであるためには、どんな仕方でであれそれがそのようなものとして現象しなければならない〉という事情を看過した、事実誤認なのである。存在の即自性（Ansich-heit）とは、何ものかのそれ自体としての在りよう（存在仕方）をすでに見て取ってしまった神（という名の「自己」）に対する当のものの現出を密かに前提としているのであり、そうである以上、即自存在は対自存在（対自己存在）の派生形態でしかないのだ。

かくして、現出は存在をその内に含むものとして、後者（存在）に優越する。そして、無が存在（有）の否定でしかない以上（無と存在ははじめから切り離せない以上）、現出は無をすらその内に含んで優越する。およそこの現実に属するもので現出を免れるものは一つもなく、文字通りすべてに現出は浸透している。現出こそが、言葉の厳密な意味で唯一の「超越範疇（transcendentalia）」なのである。そして、すべてである現出の最終的な制約としてそれに張りつき、それを裏打ちする〈「現象すること」の如何ともし難さ〉とその〈脆さ〉に、それらをこそこの現実の「実在」性の証しとしてぎりぎりのところで関わりつづけんとするのが、「実在」の形而上学にほかならない。

この形而上学は、存在と無をもその内に含んでそれらに優越する「現象すること」の最終的な制約にこのような仕方で関わりつづけようとするのだが、その制約がすべてに浸透した「現出」の制約としてその限界を画するものである以上、それは絶対に現象することがない。逆に言えば、それを何らかの仕方で現象するものとしてしまったときには、それはみずからが関わっているはずのものを裏切ることになる。けれども、それはある意味ではいとも簡単に現出の圏域の内に引き入れられてしまうのであり（たとえば、「絶対に現象しないもの」としてすでに現象してしまう）、この意味では、現出の制約としてそれと表裏一体である「実在」もまた、極度に「脆い」のである（この間の事情は、存在の限界を画するものであるはずの無が、いつの間にか——あるいは最初から——存在の秩序に組み込まれてしまうことに似ている）。

「実在」は、思考がそれを裏切ることによってのみ、裏切るという仕方でのみ、わずかにそれに触れたのかもしれないことをその可能性の内に（そして、その可能性の内でのみ）告知する。この形而上学に許されているのは、「現象すること」の最終的な制約を裏切る多様な仕方と、その地点から幾度でもふたたび「現象すること」そのことへと帰っていくことのみなのである。この運動の中で、先の可能性がそのたびごとに純粋に可能性として孕まれることに、その営みのすべてを賭けるのだ。

こうした途行きとして、古来の哲学の営みを捉え直すことができる。『「実在」の形而上学』が取り上げることのできたものに限ってみても、それは以下の如くである。

まず、世界の原初の所与性としての「質料（ヒュレー）」をめぐる問題がある（アリストテレス、廣松渉）。「質料」とは「形相」ないし「所識」によって何かが何かとして規定されて姿を現わす（存在するものとして現象する）ところの世界の原初の所与性に与えられた名にほかならないのだが、この「所与」は「形相」ないし「所識」による規定を欠くがゆえに、もはや何ものでもありえない。この「何ものでもないもの」を「潜在性＝潜勢態（デュナミス）」として捉え直そうとするアリストテレスの試みは、原初にして究極の質料とされたもの（「第一質料」）の存在論上の身分に関して困難をきたす。はたして、「それ」（厳密には、「それ」は「何ものでもない」のだから、「それ」として指し示すことすらできない）は存在するのか、しないのか。あるいは、そのいずれでもないのだとすると、そこで思考はいったい「何」を理解すべきなのか。「何」を理解しうるのか。

ついで、「それが存在を与える＝存在するということがある（es gibt das Sein）」ところの「それ」

ないし「存在（正確には、「存在 das Sein」とは区別された「がある es gibt」。この区別を明示すべく、古語のSeynや抹消記号を付された~~Sein~~で表記されたりもする）」をめぐる問題がある（ハイデガー）。彼は当初、この問題に「存在論的差異」を通して肉薄しようとした。すなわち、この現実においてはすべてが何らかの仕方で「存在するもの（存在者）」として姿を現わす（現象する）のだが、「存在するもの（Seiendes）」は「存在（Sein）」ではない。だが、後者は「（存在する）もの」ではなく「（存在する）こと」だと言ってみたところで、「こと」を出来事と解するかぎり、それはすでに存在するところのものとならざるをえない。では、「存在」はいったい「何」なのか。いまや、「存在するということ」を可能にしているところの「がある（es gibt）」が問われなければならない。だが、このように問うこと自体が、問われている当のものをふたたび裏切ってしまうのである。「es (gibt)」といい「Seyn」といい「~~Sein~~」といっても、もしそれらが何かを名指しているのなら、すでに「存在するもの」でしかないからだ。かくして、それらは何も指し示すことができない。確かにこの現実は存在する、すなわち「存在するということがある」にもかかわらず、どうしてそんなことが可能なのかが不明なままなのである。

　あるいは、「場の開け」としての世界をめぐる問題がある。すべてが何らかの仕方で「何」かとして存在するこの現実を、そのような何かが何かとして「そこにおいて」姿を現わす〈ある開けた「ところ＝場所」〉として捉えようとする試みがしばしば企てられてきた。古くはプラトンの「コーラ（khôra）」に始まり、ニーチェの「仮象（Schein）（の戯れ Spiel）」としての現実、ハイデガーの「時－空－間（Zeit-Spiel-Raum）」、西田幾多郎の「真の無の場所」をそうした企てとして挙げることができる。ところが、こうした「場所」は奇妙なパラドクスに付き纏われることが、すでにプラトンによって指摘されていた。場所が場所として存在するのであれば、場所が場所として現象するのであれば、ふたたびそれがそのようなものとして存在する（現象する）場所が問われねばならなくなってしまうのである。このようにして惹起される無限後退を避けようとして「そのような場所などない（すなわち「無」）」と言い切ってしまったとき、場所の思考は破綻する。もし、それが真に「無」なのであれば、もはやそれは「場所」であることもできなくなってしまうからである。逆に、もし、それがなおも場所であるのなら、それは空虚な空間のようなものとして、すでに一個の存在するものとなってしまうほかないのである。

最後に、絶対に他なるものとの「関係なき関係」としての「倫理」をめぐる問題がある（レヴィナス）。思考がここで関わっているものがもはや「絶対に現象しないもの」なのだとすると、そのようなものに「関わる」ということ自体が意味をなさなくなる。むしろ、関わることの徹底した拒絶こそが、その「絶対」性（対を絶していること）の証しなのである。そのような絶対性における「他者＝他なるもの」は、「存在」とその否定としての「無」をも超出する。だが、そのようなものとのものはや関係とはいえない関係（「関係なき関係」）としての「倫理」は、その具体的内実を一切失った空疎な言葉とならないか。あるいは、逆に、どんな行為もその「倫理」の名の下に正当化される他者の専制を招かないか。この二者択一を超えてゆく途はあるのか（以上は、主として同書第I部）。

こうして、それらの地点から現出へと還帰し、当の現出に徹底して付き従うこととして、「実在」の形而上学は再開されるほかない。

この再開は、現出の媒体にして繋辞である「私＝自己」がある拮抗に絶えず身を供する「一歩一歩血滴々地」としての「平常底」を反復することから始められる（西田）。「自己」とは第一義的には、先にも見たように、すべてが「それに対して」現象するところの原点の如きものとして（「……に対して」の「……」）、述語による規定を纏って主語として現出する何ものでもなかった。西田はこのような「自己」を、そこにおいて主語と述語が重ね合わされて（結合されて）何ものかが現出する媒体ないし繋辞として捉えたことがある。このとき、この媒体の下で〈何ものかが切断されて（あらためて）主語と述語として結合される〉という或る拮抗が生じており（原‐分割 Ur-teil としての判断）、この拮抗の中で一瞬奈落が口を開けたのだ。この裂開を通して現出の場が準備される、と言ってもよい。自己がわが身を引き裂くこの拮抗に身を供すること（これを西田は「一歩一歩血滴々地」と表現する）、このことを通してのみ〈何ものか（主語S）が何ものか（述語P）として現象する＝存在する（SがPである）〉という一見ありふれた世界の在りようが成就する。この事態を自己があらためて引き受け直す（つまり、あらためて「一歩一歩血滴々地」である）のが「平常底」であり、現象することとしてのこの現実はそのような仕方であらためて、そしてそのつど、それがそれであるところのもの「である」（＝それがそれであるところのもの「になる」）のである。

このようにして主語と述語の切断と結合に身を供する自己それ自身は現象せず、主語と述語の切断と結合である現象するものの手前に引くことで当のものの現出を可能にする。自己が媒体であり判断の繋辞である所以である。かくして、現象するものと自己との間に開かれた隔たりこそが何ものかの現出をはじめて可能とするのだが、この隔たりを主観と呼ばれた自己の内部に閉じ込めてしまったと師フッサールを批判し、この隔たりの生起としての「現象すること」を主観や自己に対して優越させるヤン・パトチカの「非主観的現象学（asubjektive Phänomenologie）」へと、この歩みは引き継がれる。現象するものが「そこに」位置することになる手前が開かれること、同じことを逆から言えば、現象するものが「それに対して」姿を現わすことになる手前が開かれること、それが「現象する」ことなのだが、このとき開かれた「手前」のあちらに現象する何ものかが姿を現わし、こちらに引くのが自己なのである。現象する何ものかも自己も、このような仕方で「現象すること」に帰属する。

だが、その帰属の仕方が根本的に異なることを見逃してはならない。一方はあちらに現出者として端的に姿を現わすのに対して、他方はこちらに引いてしまって現出者として姿を現わさない。現出を可能にする「手前」の開け、ないし隔たりの生起と一体となってしまって、その中に紛れてしまったかのようなのである。こちらに引くことで隔たりを可能にするもの、正確に言い直せば、こちらに引くことで隔たりを可能にすること、それが「われあり（sum）」だというのである。いまやこの事態を、単に動詞でしか表現できないと言って済ませてはならない。私が現にそれを遂行することだけが（そして、それを現に遂行できるのが私だけであることをsumという――一人称単数主格にのみ用いられる――動詞形は示している）、「現象すること」なのである。ここでは、それ自身も現象するものとしての自己から、現出の原点としての自己への還帰が鮮明である。

『「実在」の形而上学』は、このような隔たりの生起を、断絶の空隙によって分断された非連続な「瞬間」の反復である「時」として捉え直す試みを以って、いったんその歩みを終える。現出を可能にする隔たりの生起は、この現実においては時間と空間という二つの様態の交錯を通して分節化される。何ものかが現象するのは、まず以ってその「いま・ここ」においてなのだが、ひとたび隔たりを介してあちらに現象したものは一定の間・一定の拡がりを占める連続体として捉えられる。この「一定の間」が時間様態としての「現在」であり、「一定の拡がり」が空間様態としての「そこ」である。すなわち、現出者は時間的・空間的連続体として姿を現わす。

だが、そのような現出者の現出を可能にするあの隔たり、こちらが手前に引くことであちらに何ものかが姿を現わすあの開け（それを「いま・ここ」と表現したのだが）は、そのような連続体だろうか。この開けは何ものかが姿を現わすそのつどに一挙に開かれるのであって、そこには、そのつどとそのつどの間を充たし、あちらとこちらの間に伸び拡がる連続体などどこにも存在しないのではないか。そのつど一挙に開かれる現出は、いわば「瞬間」として、一切の伸び拡がりと無縁なのではないか。この「一切の連続や伸び拡がりと無縁な瞬間」のそのつどの生起、この「そのつど」の内ですべての時空があらためて産出される瞬間、これを反復である「時」として呈示することで同書は閉じられる。この「時」は、その内ですべてがあらためて産出されるのだから、それに先立ついかなる根拠も本体ももたない。すなわち、「如何ともし難く」かつ「脆い」。これこそが、その「実在」の証しなのである（以上、主として同書第Ⅱ部）。

2　生命の哲学と自由

この企ては、本書においてあらためて「生命の哲学」として続行され、次いで自由の問題へと展開する。まず、生命について言えば、先にそれを〈現出を通じて自己を形成し、当の自己を維持・再生産する運動〉として捉えていることについて触れた。この把握を現代の生命科学のさまざまな動向の内で鍛錬してゆく必要がある。だが、そのためにも、デカルト以来の近代哲学を通して現代の「心の哲学」にいたるまで尾を引いている心身問題ならびに心脳問題に有効に対処しうる理論的な足場を確立しておかなければならない。この作業は、「心の哲学」の代表的な論客の一人であるデイヴィッドソンと神経生理学者として画期的な問題提起を行なったリベットを批判することを通して、フッサールとメルロ＝ポンティに由来する「基づけ」理論を整備することによってなされる。

現象する諸存在者間に、その存在の仕方に関する異なる秩序の形成を見て取り、それら異なる存在秩序間には特有の上下の階層性が存在することを骨子とする「基づけ」理論は、それら上下の階層をつなぐ論理ないし発生の機構（メカニズム）として「創発（emergence）」という捉え方を現代の生命科学から導入する。創発とは、現代の生命科学によれば、「より複雑性の低い下位の構成物が集合することによって、〔かつ、そこに一定程度以上のエネルギーが供給されることによって〕より高い複雑性が実現される際に生ずる、それまでは存在していなかった新しい性質の出現」（P・ルイジ＝ルイージ『創発する生命』(7)）のことである。「心」とは、そのようにして成立した或る存在秩序の名なのである。「実在」の形而上学はこのようにして、「基づけ」理論によって心身問題に対する哲学的・理論的足場を確立した上で、現代の生命科学との対話に入る。

もちろん、生命科学はそれが科学である以上、事実の問題の次元で生命と関わる。これに対して、「実在」の形而上学が生命科学の知見を導入するとしても（実際、導入する）、それはこのようにして導入されたものがもはや有効に機能しない地点にまで思考を推し進めるためになされるのである。そのような地点がどのような地点なのかは、事実の問題が解明されればされるほど、よりくっきりと際立つことになるからである。

現代の生命科学の発展に先鞭をつけたのは熱力学における非平衡系をめぐる考察であり、その中からプリゴジンの散逸構造論が誕生し、さらには「揺らぎ」や「カオス」を内包する複雑系の理論へと発展する。この一連の理論展開の中で注目すべきは、平衡から遠く離れた地点で発生する、確率的には低いが系の構造を根本的に変革する大きな影響力をもつ微小な変異ないし逸脱である。このような逸脱（ノイズ）は系（システム）の周辺地帯ではつねに多量に発生しているのだが、その内の特定のわずかなものが系全体の構造を変え、新たな存在秩序を成立させる引きがねとなる。すなわち、新たな存在秩序が旧来のそれから出現する創発という事態の鍵は、平衡から遠く離れてカオスと接する辺縁での揺らぎに伏在する。そして、この揺らぎは、生命のない物質の次元から生命の各種の秩序にいたるまで、この現実の各所につねに見出される事態なのである。生命という秩序の出現もまた、この「揺らぎ」を介しての「創発」として捉えることができる（念のため付け加えれば、ここで言う生命は地球上に現に存在している事実としての特定の存在秩序のことであって、先に本書が「実在」との関連において語った「生命」とは区別される。前者は、後者をその延長上で思考するための示唆に富んだ対話相手である）。

もう一つ、生命科学の進展に大きな力を与えたのは、「系（システム）」という発想そのものである。系は、種々多様な物質の内の或る特定のものたちが、特定の関係性を介して結合した一つの全体である。この捉え方は、生物学の世界では、フォン・ユクスキュルの環境世界論として具体化された。すなわち、生物個体はその環境と特定の仕方で結びついており、この結合なしにはおのれを維持することができない。特定の生物個体には特定の環境が結びついて一つの全体を、すなわち「系」を構成しているのである。それればかりではない。系を構成する一方の個体と他方の環境は、いずれも系の成立以前にそれ自体で存在するものではないのだ。この知見から現代の生命科学は、生物個体にとってみずからの存在の維持と再生産に必要な特定の物質を選択的に摂取し、不要かつ有害な物質を排泄ないし排除する機構（物質交換、新陳代謝）の要となる「認知」という決定的な営みを取り出す。取り入れるべきものと排除すべきものを何らかの仕方で見分け・識別する「認知」の働きなしには、生物個

体の自己維持は覚束なくなってしまうからである。(8)

こうした「認知」に特有の機構の解明として、たとえばギブソンの「アフォーダンス」理論を捉えることができる。特定の生物個体にとって、その存在の維持のために必要なもの（ポジティヴな意味でもネガティヴな意味でも）が具えている固有の誘引力（それは当該個体に対してのみ現出し、特定の行為を誘発する）がアフォーダンスだからである。さらに、こうした「認知」を媒介にして諸要素が結合した一つの全体の形成は、単に特定の生物種の個体とその環境の間でなされるばかりでなく、それら個体間の結合の仕方にまで拡張してなされることで（ある個体にとって、他の個体はすでにその環境の一部だからである）、社会もまた一つの系（システム）として捉えられることになる。逆に、一つの個体の内部にも、無数の下部システムのはたらきを見て取ることができる。ルーマンの「社会システム」論やミンスキーの「心の社会」論は、こうした理論展開の系譜上に位置するのである。

こうして、散逸構造論から「揺らぎ」や「カオス」を経て複雑系へと展開した理論発展と、環境世界論からシステム理論へと展開した理論発展とが合流する地点に、現代の生命科学（脳科学を含む）は位置する。その中で自己組織化理論とオートポイエーシス理論が注目すべき成果をあげていることは、それらを以上のような理論展開の帰結とそのさらなる展開として捉えることで、十分首肯されよう。「実在」の形而上学がこうした一連の理論展開の中でとりわけ注目するのは、生命という秩序の創発的成立にとって「認知」、すなわち「何ものかが何ものかとして（たとえば、おのれの生存に有用なものとして、あるいは逆に有害なものとして）現象すること」と、そうした「認知＝現出」には必ずその主体としての「自己」の成立が含まれることが、この次元を画する文字通りエポックメーキングな事態である点である。

そして、社会システム論や心の社会論の展開が示すように、その場合の認知の主体である「自己」は必ずしも生物個体に限定されるものではなく、小は細胞レヴェルから大は社会集団や生物種にいたるまで実に多様であり、それぞれのレヴェルでの秩序が基づけ的階層性の下で（下のものが上のものを「支え」・上のものが下のものを「包摂する」という仕方で）互いに結合しているのがこの現実なのである。もちろん、「認知＝現出」の私たち人間個体（あるいは動物個体）レヴェルでの「自己」の相関者であるいわゆる「意識」と、細胞レヴェルや社会集団レヴェルでの「自己」の相関者の在りようは、秩序の次元がまったく異なる以上、決して同列に論ずることはできない。これらのレヴェルの相関者のそれぞれにふさわしい概念を、現在の私たちはまだ手にしていないと言ってよいのである（たとえば、いわゆる「植物状態」に陥った脳損傷者が行なう呼吸や血液循環などの生命維持機能、あるいはフロイトの「前意識」や「無意識」、ユングの「集団的無意識」、特定の社会集団が時と状況に応じてもつとされる「社会的無意識」、さらにはヘーゲルの「精神」の各々の段階——すなわち、「意識」「自己意識」「理性」「精神」——も、そうした各々の存在秩序の下での「自己」の相関者に与えられた仮の名として捉え直すことができる）。

このような、「認知」を通しての自己維持（再生産を含む）を以って成立する存在秩序が生命（有機体＝オーガニズム）であるとすれば、その論理の根本は、すべてを自己に向けて組織化（オーガナイズ）することにある。すなわち、自己中心化でありエゴイズムである。この現実は、各々の存在者がその存在にとって有用なものをおのれの下に取り集め、逆に有害なものをおのれの下から排除する一連の運動によって成り立っている。そうした多種多様な存在者たちの共存は、この基本原理が維持されるかぎりで可能となるし、また必要ともされる。具体的には、おのれの存在にとって有用なものは食物から友人、家族、国家にいたるまで「味方」であって、それらなしにはおのれがおのれであることができない。逆に、おのれの存在にとって有害なものは毒から害虫・害獣、泥棒から簒奪者、テロリストから「ならず者国家」にいたるまで、総じて「敵」であって、それらを遠ざけ、おのれの下から排除することでおのれはおのれであることができる。つまり、争い＝戦争と弱肉強食を通じての各存在者間の力の均衡が、この現実の構成原理なのである。

そもそも何ものかの何ものかとしての現出自体が、そのようなものとしての特定の現出以外をそこから排除することによってのみ可能となるのだから、何ものかを何ものかとして成り立たせるそのものに固有の輪郭の内には、おのれ以外のものをおのれから排除する力の痕跡である亀裂が走っているのだ。すでにヘラクレイトスが万物の根本にこの「争い＝拮抗」を見て取っていたのであり、「万人（物）の万人（物）に対する戦争」をこの現実の「自然状態」と見て取ったホッブズの洞察は、「自然」以外ではないこの現実をその成立の論理に忠実に表現したものにほかならないのである。

そして、いまや、「現象すること」（認知）が自然の自然たる所以をなす第一の事態なのであってみれば、この現実が自己中心化と排除の論理から成り立っていることは生命体であるかぎりでの自己にとってもはや「如何ともし難い」（もちろん、この「如何ともし難さ」は「実在」のもつそれではなく、生物としての生命の事実上の制約である）。自己中心化は、すべての生物がそれに服する至上命令なのである。すなわち、そのことに関して、「現象すること」の一構成員《メンバー》でしかない「自己」の自由が存立する余地はない。もし、そのような自己になお自由の余地があるとすれば、それは世界が然々のものとして現象することの仕方を、自己にとってより有利・有益な仕方に変更すべく現出に介入することでしかない。いや、むしろ、自己中心化と排除の論理こそ、そのように自己にとってより有益な現出の仕方の追求を要求する当のものなのである。そして、現に私たちは、現実における世界の現出の仕方を、それが必ずしもそのようでなくてもよかった可能性を思い描くことで、自分たちにより有利なものへと改変してきた。

何かをおのれの有用性に奉仕する道具としてあらためて発見することから始まって、道具を道具として作る技術を高度に発達させることで、私たちは自然のそのようなものとしての現出に絶えず介入することを以ってみずからの現実を構成してきたのである。この営みの根本に見て取れるのは、現にある現出の仕方を、つまり存在の仕方を、それを超えた（現にあるのではない）新たな次元へともたらさんとする熄むことのない動向である。「現象すること」は、現に現象するその仕方を超えて、現に現象はしていなくても現象することが可能な広大な領域を、いまやおのれの眼前に繰り広げるのだ。このことを可能にする能力が想像力（構想力＝Einbildungskraft）である。現出は、その内にこの想像力を育むことで、おのれの圏域を飛躍的に拡大したのである（このようにして、「現象すること」の内に現実性とは異なる可能性＝想像性の次元が出現することもまた、創発として捉えることができる）。

ここには、平衡から遠い辺縁における揺らぎの或るものから新たな秩序がいわば偶然に（お望みなら、それをも或る種の必然と呼んでも構わないが）創発するのとはいささか異なる状況が、すでに出現している。なぜなら、現象することが可能な広大な領域の中からおのれ（の自己）にとってより有益な可能性を選び取って、それを実現すべく現実に対してはたらきかけるという過程が、ここに成立しているからである。言ってみれば、「現象すること」の一分肢《メンバー》である「自己」の権能が、そこに想像力が根を降ろすことでさらに亢進するといった事態が見て取れるのだ（ここに想像力の座としての自己が姿を現わす）。

自己の権能のこうした拡大は、現実の中に自己の制御と支配が及ぶ範囲の拡大として自己の自由が発揮される余地が生まれ、それが増大してゆくことであるようにも見える。可能性として現象する空間の成立によって、因果的必然性とは異なる論理に従う次元が確かに姿を現わしたのだ。しかし、そこには言葉の厳密な意味での自由はない。なぜなら、そのような権能の拡大自体は、なおも「現象すること」の亢進する要求にその根本において従うものでしかないからである。言ってみれば、自己はおのれの存在をより強固なものとしようとする本能（生存本能＝conatus essendi＝存在の亢進への傾動）に服したままなのであり、この権能の主語にして主体はあくまで存在の方なのだ。ここで「essendi」という属格（所有格）形で姿を現わした「esse（存在）」が、「conatus（傾動）」の実質的な主格＝主体なのである（ラテン文法で言う主格的属格である）。

もし、自己が、真に「みずから」何ごとかを、それがみずから「よし」とするものであるという以外のいかなる理由もなしに為しうるのだとしたら、それは「現象すること」の論理に一分肢として服する自己から逸脱した、もはや自己中心化と排除の論理からも無縁な自己においてでなければならないだろう。そのとき自己は、認知する者としての自己の規定を「現象すること」から与えられることなく、自己自身でおのれを何ものかとして規定しうるものとなる。通常のエゴイズムは、一見するとすべてを自己のために為すように見えながら、実はその振る舞いはすべて、自己の存在の維持という至上命令に服している。何ものかが現象するためにはその手前が開かれることとしての自己が不可欠であり、そのような自己は物質交換によっておのれを養わなければならないからだ。おのれを養う物質こそ、現象するものの本義だったことを忘れてはならない。これに対して、自己がそれを「よし」としたからという理由のみで何ごとかを行なうとしたら（自己を養うためという先行するいかなる理由もなしに何ごとかを端的に「よし」としたとしたら）、そのとき自己は先の至上命令からすらおのれを解き放ち、そこから逸脱したことになる。

このとき、自己が「よし」とするものの内には、必ずしもそれが「自己のため」でないものが含まれる可能性が開かれる。逆から言えば、自己が「現象すること」の論理に服しているかぎり、すべては自己に対して、当の「自己のために」のみ現象するほかなかったのである。自己が自己以外の他人のために何かをなすように見えるときも、よく見てみればそれは、自己に何らかの利益をもたらすかぎりで（たとえば、それを行なうことで自己が満足を得られるがゆえに）為されたにすぎず、結局のところそれは「自己のために」の圏域を一歩も離れることはなかった。つまり、自己は、おのれの「満足」を糧に、おのれの存在を養うもの（享受する者）なのである。これはすなわち、現出を見て取る者の存在もまた、当の現出に服していることにほかならない。

ところが、もし自己がそうした現出の論理からもおのれを解き放ち、おのれが「よし」とするがゆえにのみ何ごとかを為すとしたら、その行為は自己の存在を度外視したものを可能性の内に垣間見ることになる。「自己のために」が当の自己の存在を必然的に含意するということがなくなったとき、この「自己のために」はそのままで「他（者）のために」と見分けがつかないものとなる。自己を挙げて他者に差し向けるといったことが、ひょっとしたら可能かもしれないのだ。

現出の圏域においては、どんな「他者のために」も最終的には「自己」の存在に回収されるほかなかった。これに対して、ここに姿を現わしているのは、「自己」の存在に固執することなく「他者のために」為されてしまう行為の可能性である。通常の意味でのエゴイズム（自己のために）がすべてを自己の存在にとっての有用性で測るものだとすれば、ここでその可能性において姿を現わした「他者のために」は、そうしたエゴイズムの動向を根本から転倒するものとなる。自己の存在をもはや維持しようとしない行為、はたしてそんな行為が本当に可能だろうか。

この問いに、「実在」の形而上学はいまや答えを与えることができる。可能なのだ。しかし、それが可能なのは、それが可能性にとどまるかぎりにおいてなのである。何らかの行為が現に為されたのなら、それは現実に存在するものとなるほかない。そしてそのとき、そこに当の行為を行なった自己が存在するものとして現象せざるをえない。たとえ、誰かが自己の存在を犠牲にして他人の命を救ったのだとしても、そのようにしてみずからの命を失った誰かの存在は、そのようなものとして現象せざるをえない。その行為を人々は称賛し、敬服するかもしれないが、そうした称賛と敬意は、当の行為を為した誰かを含むことなしには存在することができない。称賛と敬意に値する誰かが存在したのだ。たとえ、その誰かがその行為と共におのれの存在を失ったのだとしても、彼／彼女は存在の圏域の内に（ということはすなわち現出の圏域の内に）確固とした場所を占めたのである。人々の称賛と敬意、その記憶と記念碑（Denkmal＝思いを寄せることで何ものかをあらわにする標《しるし》＝顕彰碑）が、その存在＝現出の証しなのだ。

しかし、それら称賛と敬意の下では、その行為が自己の存在を度外視して単に「他者のために」のみ為されたのかどうかは、もはや定かではない。死して名を残すために、あるいは、当の他者の命を失うことが自己には耐えがたかったがゆえに（「そんなにつらい思いをするくらいなら、死んだ方がましだ」というわけである）、結局のところは自己の満足のために、その行為は為されたのかもしれないのだ。こうした嫌疑が晴れることはない。正確に言い直そう。こうした嫌疑を晴らすことは誰にもできない。「他者のために」の思いを以ってわが身を差し出した当人においてすら、その思いは自己を欺くものだった（自己欺瞞）といったことがつねに可能だからだ。

　だが、このことは、当の行為が、これらの嫌疑にもかかわらず、ひょっとしたら自己の存在を度外視して単に「他者のために」のみ為されたのかもしれない可能性を抹消しない。あくまでこの可能性は、可能性のまま存立しつづけるのである。純粋な（単なる）可能性において、そしてそのような可能性においてのみ、エゴイズムの転倒としての「他者のために」は確かにその存立の余地を有しているのであり、そのかぎりでこの可能性にはいささかの揺るぎもない。これは、自己の自由が、言葉の厳密な意味で、その可能性において打ち立てられたことを意味する。

　もう一つ、確認しておかなければならないことがある。この行為が挙げてそれへと向けて為されるところの他者は、何ものかとして現出するものではない、という点である。現出（認知）は、それを見て取る自己の存在と不可分であり、その存在を不動のものとする。ところが、いま問題となっている「他者のために」は、そうした自己の存在を度外視して為される行為の可能性に関わるものだった。もし、真に自由な行為といったものが可能だとすれば、それはこのような可能性の下でしかないはずなのだが、その可能性は、すべてが何らかの仕方で現象するものでしかないこの現実の制約としてその裏面に張りついている、もはや「現象しないもの」に行為が関わるかぎりでのものなのである。

　この制約は、私たちにとってはもはや「如何ともし難い」ものとして、かつ「脆く、はかない」ものとして、一種の絶対的な抵抗としてのみ出会われる。この地球上に事実として成立している生命に関してであれば、それとは別の仕方でなお「現象すること」の可能性を考慮する余地がある。私たちの生命を可能にしている特定の物質とは異なる物質の下で現出の秩序が創発する可能性を、あらかじめ排除することはできないからだ（いわゆる地球外生命の存在可能性である）。これに対して、もはやいかなる仕方でも現象することがない次元は、その可能性を考慮することがすでに現出を前提してしまうがゆえに、自己のあらゆる可能性の彼方とならざるをえない。自己の一切の関与の余地が奪われていることとしての絶対的抵抗、それが「実在」ということだった。

したがって、それはもはや言葉の普通の意味での可能性ではありえない。可能性の極北に一瞬姿を現わしたかに見えたそれが「仮構」であるとは、このことなのである。およそ、自由の対極にあるように見えるこの「実在」が、あるいは、自由とはまったく次元を異にするように思われるこの「実在」が、自由の存立の源泉だというのだ。現象する現実の透けた裏面に自己が向かい合うとき（それは、もはや何ものにも向かい合わないことに等しいのだが）、現象することを以って成り立っている自然＝生命はその外部に宙吊りになる。ここで「外部」と言い「宙吊り」と言っても、それらは先の「仮構」の下でのみかろうじて語られるものにすぎない。だがこのとき、そしてこのときにのみ、自然＝生命を貫徹する「現出」の論理から解き放たれた地点に私が立つ可能性が、確かに可能性として、同時に単なる可能性としてのみ、ほかならぬ当の自然＝生命の内に孕まれる。自然＝生命が、そのままで自由である可能性があるのだ。

このような仕方で自己と現実の「外部」としての「他者＝他なるもの」との間に取り結ばれる関係（「仮構」としてのみ可能な関係）、ないしこの関係の下で遂行される行為には、いまだ適切な名前が見出されていない。ひょっとしたら、自己が他者へと向かう熄みがたい動向としての「愛」は、そのような関係ないし行為を指し示す言葉として密かに生まれ、そして直ちに失われたのかもしれない。私たちの現実において、愛は、一方で偽装されたエゴイズムが人を欺くための名にすぎず（この場合の「人」には、もちろん当人も含まれる）、他方でありもしない絵空事（先の「仮構」はこの「絵空事」と区別がつかない）に人がしばしの気休めを見出すための名にすぎないからである。

愛の内で見失われたのかもしれないこのような関係と行為を、自由の極北にして真の自由の唯一の在り処《か》としてあらためて呈示すること、そのことを以ってそのような関係と行為の只中に移行すること（それは現出の媒体である私にのみ可能なのだった）、それは「実在」の内に兆した一つの途方もない可能性であるように思われる。この可能性が、現象するものでしかありえない自然＝生命（ピュシス）としてのこの現実の最終的な制約であるその見えない（現象しない）裏面に関わるかぎりで、それは確かに「メタ・ピュシカ＝形而上学」なのである。

第Ⅰ部

脳・心・他者

第1章　脳と心――「心の哲学」と現象学

生命と自由を論ずるための基礎作業に着手しよう。最初に明らかにしなければならないのは、それ自体では生命をもたないと考えられている「物（物質）」と「生命」との関係をめぐる問題である。

この問題は私たち自身の下で、一つの尖鋭化されたかたちで姿を現わす。身体である。それは一方で、目の前に置かれた本やそれが載っている机などと並ぶ一個の物体である。それらが同じ次元に属していることは、たとえば私の手が本に当たれば本の位置が変わることから明らかである。他方で身体は、物体とは何か異なる次元を含んでいる。たとえばいま私が「右手で本の頁をめくろう」という思いを抱いたなら、たいていの場合、現に右手が動いて本の頁がめくられる。このときの「右手で本の頁をめくろう」という私の思い自体は、物体の次元に属しているようにはみえない。目の前の本やそれが載っている机と違って、その思いは見えもしなければ触《さわ》れもしないからだ。そしてこの思いは、私が現に生きているからこそもつことができるように思われる。私と同じように本の頁をめくることができるロボットは、そいつが生きてはいないがゆえにそんな思いはもたない、と私たちは通常考える。

このように身体は、一方で物体（物質）の次元に属すると共に、他方で「右手で本の頁をめくろう」

という思いがそれなしではありえない「生命」の次元に属する。私たち自身がそれ「である」（と同時にそれ「をもつ」）ところの身体において、これら二つの次元はいったいどのような関係にあるのか。この関係をめぐる問題は、世界が〈「延長（延び拡がり）」を本質とする物体（物質）〉と〈「思い（思考）」を本質とする「精神（心）」〉という二つの実体（次元）からなると考えたデカルトにおいて、心身問題として尖鋭化した。彼以降、マールブランシュやスピノザやライプニッツらがこの問題に対してさまざまな見解を表明したことはよく知られていようし、現代において心の座が脳であることがますます確からしくなると共に、この問題は「心 - 脳」問題にかたちを変えてなお盛んに論じられてきた。

心身問題の主たる舞台がいわゆる「大陸（主に仏・独語圏を指す）合理論」であったのに対して、心脳問題のそれは英米系の（分析哲学を基盤とする）「心の哲学」に移ったとはいえ、この問題に根本的な解決がもたらされたという話はついぞ聞かない。それどころか、ひところ盛んだった「心の哲学」自体が近年は膠着状態に陥ってしまった観すらある。いったい何が原因なのだろうか。心をめぐる問題が生命と密接な関連をもつとともに、それがそのまま自由をめぐる問題にも発展すると考える本書にとっても、心身ないし心脳問題は正面から取り組むべき問題であることは言うまでもない。それどころか、この問題に新たな展望を開くことができるか否かに本書の今後がかかっていると言ってもよい。

この問題についての本書の基本的な見通し（ないし立場《スタンス》）を、ここであらかじめ述べておこう。まず「心の哲学」においては、その問題設定そのものの中に隠された・暗黙の前提が入り込んでいること（そしてそのことに無自覚なままであること）がその膠着の原因である。これに比べれば（デカルトを含む）「大陸合理論」の方が理論的な水準は上であるように思われるのだが、惜しむらくは「心」と「物」という二つの次元間の関係を理解させてくれる適切な関係概念の提示にいたらなかった（ないし提示に失敗した）。したがって、本書はこの適切な関係概念を提示しなければならない。本章での検討も、大まかにはこの順番ですすむことになる。すなわち、前半で「心の哲学」系統の議論を検討し（1節、2節）、後半で新たな関係概念の導入を行ない、あわせて今後の展望について述べる（3節、4節）。

心脳問題の検討にあたって、ここで第一にデイヴィッドソン（Donald Davidson）のいわゆる「非法則論的一元論」を引き合いに出すのは、どう考えてみてもこの議論が奇妙だからである。だが、その奇妙さは、私たちの日常的かつ常識的な直感を彼の議論が素直に受け容れているがゆえの奇妙さなのである。ごく簡単に言ってしまえば、この奇妙さの由って来たる所以は、因果必然性と自由の相克をめぐる近代哲学の古典的問題にほかならない。つまり私たちの直感は、一方で自分たちが自由に行為しうる存在であることを支持し、他方でどんな私たちの振る舞いも、それが物（理）的レヴェルでの身体行動として具体化する以上、身体がそのように行動する（動くことと静止することの両方を含む）にあたっての物（理）的レヴェルでの原因によって必然的に規定されていること、すなわち何らかの因果必然性に従っていることを支持する。この両方の直感を受け容れるとき、自由と必然性という同時には両立不可能に見えるものの衝突というパラドックス、あるいはディレンマに私たちは避け難く巻き込まれる。

デイヴィッドソンの議論は、このパラドックスないしディレンマが見かけにすぎないことを示そうとしていると言ってよい。つまり、その議論を通じて彼は、先の二つの直感のいずれをも両立可能なものとして受け容れ直すのだ。彼のこの試みがカント以来の問題意識を受け継ぐものであることは、デイヴィッドソン自身がはっきり認めている通りである。非法則論的一元論のマニュフェストとも言うべき論考「心的出来事」[1]の冒頭近くで彼が引用しているカントの文章の核心部分を、本章も引用することから始めよう。

「哲学は、同じ人間の行為において、自由と必然性との間にはいかなる真の矛盾も見出されないと仮定しなければならない。なぜなら、自由という考えと同様、自然〔の必然性〕という考えもまた、放棄することはできないからである。したがって、かりに自由がいかにして可能かを考えることができなかったとしても、私たちは少なくともこの見かけ上の矛盾が除去されるということを人に説得しなければならない」(AE207/263)[2]。

デイヴィッドソンは引用文中の「人間の行為」を「心的出来事」(彼の論稿のタイトルである)へと「一般化」し、「自由」を「非法則性」と置き換えることで、「心的出来事」においてはその「非法則性」と自然的因果必然性とが両立していることを、すなわち人間の行為においては自由と必然が両立可能であることを示そうとするのである[3]。

しかしデイヴィッドソンのこの試みは、本書の見るところ成功していない。彼の論ずるような仕方で自由と必然が両立しうるのだとしても、そこには依然としてある奇妙さが残りつづけているのである。それが決して奇妙ではないことを示しえてはじめて彼の試みは成功するのだが、どうしてそれが奇妙でないかをその議論は残念ながら十分説得的な仕方で示しえていないのだ。だが、これは彼の議論の不十分さを示すことではあっても、その議論の方向自体が誤っているということではない。彼の議論の不十分さは、なお残存する奇妙さを払拭するに足るだけの、事態の新たな把握の仕方を彼がもっていないことに由来するのである。

次いで本章が取り上げるのは、リベット（Benjamin Libet）による〈「心の時間（マインド・タイム）」の物（理）的次元に対する遅延と、それを取り戻す「遡行」過程〉についての、実験結果に基づく論証と解釈である。本章がこの議論を取り上げるのは、次の二つの理由による。第一にそれは、私たちの自発的な意志が当人に意識されるのに（時間的に）先立ってすでに（無意識の内に）、当の意志によるとされる行為へいたる一連の神経生理学的な過程が脳内で起動していることを実験データに基づいて実証的に示すことで、心において感じ取られるとされる自発的意志から行為の起動原因としての地位を剝奪するからである。この議論に従えば、私たちの自発的意志なるものは、みずからの知らないところですでに惹き起こされているのだから決して「自由」ではないのであり、かつ、当の自発的意志の「気づき」には物（理）的（神経生理学的）過程が時間的に先行しているという事実は、心が物（理）的原因によって規定されていることを強く示唆する。つまり、行為の起動に関して、心による自発性すなわち「自由」[4]をリベットは認めないのである。まずは、この議論の正当性が検討されねばならない。

彼の議論を取り上げる第二の理由は、一見、物（理）的決定論に与するかに見える先の議論にもかかわらず、すでに物理的次元で起動されてしまっている行為を停止すること（差し止めること）で行為を制御（コントロール）する（時間的）余地が心にはなお残されていることを、これも実験データに基づいて実証的に示すことで、この制御可能性という点において私たちの「自由」をリベットが積極的に擁護しようとするからである。このような仕方で（つまり、物（理）的次元ですでに起動している行為を停止させるという仕方で）行為に介入する秩序（次元）としての「心」の存立を説明するものとして彼は、「統一された意識をともなう精神の場」理論を仮説として提示する。つまり、リベットはこの理論をもって彼なりの仕方で（すなわち、デイヴィッドソンとは違う仕方で）、心に関して自由と必然の両立を主張することになるのである。

しかしリベットのこの試みもまた、本書の見るところ成功していない。彼の言う「統一された意識を伴う精神の場」は物理的な次元を構成する脳から「創発（emergence）」する新たな次元と想定されているのだが（この点は本書も高く評価する）、そのようにして成立した新たな次元が、それを生み出した次元（すなわち物（理）的次元）との間に取り結ぶ関係についての説得力ある記述がリベットには欠如したままなのである。彼が事態の新たな把握の仕方に到達するのを阻んでいるのは、心的次元と物（理）的次元の間に彼がなお因果的相互関係を認めている点であると本章は考えている。「因果」概念の不当な拡大は、事態の正確な理解を損なってしまうのである（この点はデイヴィッドソンにおいても同様であることを、本章は以下で示すであろう）。

事態のこの新たな把握の仕方をもたらしてくれるものこそ、フッサールによって提示され、メルロ＝ポンティによって私たちの世界の存在論的な構造を示す概念にまで展開された「基づけ（Fundierung, fondation）」という関係性だと本書は考えている。心的次元と物的次元の間には、これまで明示的には気づかれることのなかった或る特異な関係性が成り立っているのであり（とはいえこの関係性は、仔細に検討してみれば私たちの現実の随所で成り立っており、その意味では私たちの現実の存在論的構造そのものであることを本書は——主として第Ⅱ部において——現代の生命科学の知見をも参照しながら明らかにする〉、この関係が自由と必然の〈独特な仕方での〉両立を可能にするのだ。この特異な関係の内実を明らかにするのが「基づけ」理論なのである。

本章は、フッサールとメルロ＝ポンティによって展開されたこの議論を、デイヴィッドソンの「非法則論的一元論」ならびにリベットの「心の時間」をめぐる議論の批判的検討を通して心脳問題にあらためて適用することで、自由と必然をめぐるカント以来の問題に新たな展望を開こうとする。この試みは同時に、先のカントからの引用においてあくまで「仮定」として示された〈自由と必然の両立〉が、ある独特な意味で「仮定」でありえ、かつ「仮定」でありつづける所以をも示すことになるだろう。この点は、カントの提起した問題の継承を標榜するデイヴィッドソンの議論が立ち入ることのなかった論点であり、またカントの議論を新たな光の下にあらためて浮かび上がらせるものとなるはずである。

1　非法則論的一元論（デイヴィッドソン）

a　議論の概要

デイヴィッドソンは自由と必然をめぐる現代の議論を以下の三つの原理から組み上げられたものと捉え、その原理の内の前二者と後一者が対立するように見えるがゆえに自由と必然は両立不可能とみなされると論ずる。逆から言えば、これらの原理が対立することなくいずれもが受容可能であることが示されれば、自由と必然もまた両立可能となる。この三つの原理をデイヴィッドソン自身の定式化に従って以下に示そう。

・第一の原理　少なくともいくつかの心的出来事は、物的出来事と因果的に相互作用し合う。この原理は「因果的相互作用の原理」と呼ばれる。

・第二の原理　因果性が存在するところには法則が存在しなければならない。すなわち原因および結果として記述される出来事は、厳格な決定論的法則によって関連づけられている。この原理は「因果性の法則論的性格の原理」と呼ばれる[5]。

・第三の原理　心的出来事を予測したり説明したりするための根拠となる厳格な決定論的法則は存在しない。この原理は「心的なものの非法則性の原理」と呼ばれる。

（以上は、AE208/263-265）

明らかなように、前二者の原理は心的出来事の（物的出来事との間の）因果性と、それが何らかの法則によって決定されていることを述べており、後一者は心的出来事が何らかの法則によって厳格に決定されてはいないことを述べている。簡略化して言えば、前者は心的出来事が（たとえその一部分であれ）法則によって決定されていると主張し、後者は（その一部分を含めて）決定されていないと主張しているのだから、この二つは両立し難いように思われる。この見かけにもかかわらず、両者が両立しうることを示すデイヴィッドソンの議論の筋途は、およそ以下のようなものである。

先の第一の原理が示しているのは、私たちの日常においてごく自然に受け容れられている〈心的なものと物的なものの間の因果的な関係〉である。彼の挙げている例をここでも借用すれば、或る人が決心することによってその身体の特定の仕方での運動を「惹き起こし（cause）」、この運動が最終的にビスマルク号を沈没させる。ここでは、「決心」という心的出来事が、船の沈没という物的出来事を惹き起こしたのである。すなわち、ここには因果関係が成り立っているのだ。逆に、船がこちらへと接近しつつあるのであれば、その事態が光の反射や私の視神経の興奮を「惹き起こし」、私にそのことを見て取らせる。すなわち、船の接近という物的出来事が、そのことの視覚的認知という心的出来事の「原因（cause）」なのである。

ところで、何ごとかが生じたのであれば、必ずやそれには原因があるはずである（このことは、少なくとも私たちが日常接している物（理）的「出来事＝生じた事」に関するかぎり、いまのところ私たちの常識に属する）。すなわち、その原因と然るべき条件ないし環境が整えば、後は何らかの法則に従って必然的に特定の帰結（結果）が実現される。船底に穴があいたのであれば、そしてその船が海上にあって、あいた穴が一定の大きさ以上であって……等々であれば、後は何もしなくても（何もしなければ）船は重力や浮力の法則に従って然るべき経過をたどった後、沈没するのである。これが、「因果性の法則論的性格」を示す第二の原理である。

しかし第三の原理は、心的出来事が法則論的なものではないことを示している。私たちが自由な存在であるという直感も、この第三の原理を支持している。そうであれば、厳格に決定論的法則に服しうるのは物（理）的な出来事だけであるから、心的出来事（たとえば私の決心）は（それが物（理）的出来事と因果的に作用しあうのであれば）物（理）的にも記述されるのでなければならない。つまり、（物（理）的出来事と因果的に作用しあう）心的出来事は物（理）的出来事でもあるのだ[6]。かくして、「物（理）的出来事に因果的に関係づけられた心的出来事はすべて物（理）的出来事である」（AE224/290）ということになる。これは、心的出来事と物（理）的出来事が「同一」の出来事であることを意味する。

以上の議論からは、同時に次のことが帰結する。すなわち、心的出来事と物（理）的出来事の間に成り立つ因果関係は、厳格な決定論的な法則に服するものではありえない。なぜなら、心的出来事が非法則論的（したがって非決定論的）であることが第三の原理によって示され、第二の原理からは厳格な法則論的（したがってこの場合は決定論的）関係が成り立つのは物（理）的出来事間においてであることが示された以上、心的出来事と物（理）的出来事の間を架橋する（両出来事の間にまたがる）厳格な決定論的法則はありえないことになるからである。しかし、第一の原理はこの両出来事の間に因果的相互作用を認めているのだから、これはすなわち、心的出来事と物（理）的出来事の間には、因果関係はあっても法則論的関係はない、ということにほかならない[7]。実にこのことこそが、「物質的世界において思考や目的〔といった心的出来事〕が効力をもちながらも、それらは法則から自由である〔＝決定論的法則に服するものではない〕」（AE224-5/291）という「しばしばパラドックスと思われていた」（AE224/291）事態が、矛盾でもパラドックスでもないことを可能にするというのである。

b　批判的検討

デイヴィッドソンの非法則論的一元論を上述のように捉えることが許されるとすれば、この議論の奇妙さは次の二点に集約されるように思われる。第一に、心的出来事と物（理）的出来事が「同一」だと言うとき、その同一性の下にどのような事態を理解したらよいのかが分明でないことである。第二に（このことと密接に関わっているのだが）、心的に記述されたものと物（理）的に記述されたものが「同じ」ものなのだとすれば、一方の記述においてはいかなる法則にも服さないものが、記述の仕方を変えるだけで、その他方の記述においては厳格な決定論的法則に服することになるという奇妙さである。「同じ」ものが、いかなる法則にも服さないと同時に、厳格な決定論的法則に服するという事態を、いったいどのように理解したらよいのか。

第一の点から検討しよう。通常、私たちが二つの異なる記述の下にあるものを、それにもかかわらず「同一」であるとするのは、どのような場合だろうか。

まず、「2＋3＝1＋4」のようなケースが挙げられるだろう。これらは「2＋3」と「1＋4」という二つの異なる仕方で記述されるものが、いずれも「5」という「同一」の数に帰着するがゆえに、両者は「同一」なのである。しかし、心的出来事と物（理）的出来事は、各々が「同一」の第三のもの（いまの例で言えば「5」にあたる）に帰着するような関係ではない。物の秩序にも心の秩序にも属さないそのようなものがあるとしたら、それはいったい「何」だというのか[8]。そのような第三の秩序の可能性を示唆する議論は、デイヴィッドソンには見当たらない。また、私たちの常識においても、広い意味での「物」の秩序に属するもの——植物や動物を含む——と、「心」ないし「意識」の秩序に属するもの——常識は、少なくとも一部の動物たちをここにも含めるだろう——以外の「第三の秩序」を認めてはいないはずである[9]。

逆に、もしデイヴィッドソンの議論が密かにこの「第三のもの」を隠れた真なる実体として想定してしまっているのであれば、それは、すべてを唯一の真なる実体の属性とみなすスピノザ主義以外の何ものでもなくなる（スピノザにおいてそれは「神」と呼ばれるのに対して、デイヴィッドソンにおいてのそれは一種の即自存在であろう）。このとき、問題の「第三のもの」は、存在論的には「第一のもの」にして「唯一のもの」となり、すべてはそこに帰着することになる。誰もそれをそのようなものとして直接的に捉え・指示することができないにもかかわらず、である。かくして、デイヴィッドソンの言う「同一」性は、このケースの意味でのそれではない。

では、「2＋3＝5」のようなケースはどうか。これは、二つの異なる記述が何かそれ以外の第三のものに帰着するという関係ではない。そうではなくて、「2＋3」が「5」に帰着するという意味で「同一」なのである。この場合の「5」は、「2＋3」という記述ばかりでなく、「1＋4」、「2＋1＋2」等のいくつもの記述がそれに帰着するところの当のものであり、それらいくつもの記述の「同一」性を最終的に保証しているものとなっている。つまりそれは、さまざまな記述の中でも或る特権的な位置を占める記述であり、すべての他の記述がそれに「還元」されるところのものと言える。

心的記述が物（理）的記述にこの意味で「還元」されると主張するのが、いわゆる「還元主義」であるが、デイヴィッドソンは両者の間にこの種の「還元」関係が成り立つことをはっきり否定している。心的出来事と物（理）的出来事の間の相関関係を示す法則が欠如しているがゆえに、非法則論的とされる心的出来事を物（理）的出来事に「還元」することはできない、とされるのである（AE214/273, 214/274 参照）。いまの「2＋3＝5」の例で言えば、加法の演算規則がこの「法則」にあたるが、心的出来事と物（理）的出来事の間には、そのような「法則」、すなわち特定の変換規則のようなものは見当たらないからである。

次のようなケースも考えられる。二つの異なる記述が与えられているのだが、両者がそれへと帰着する「第三のもの」が存在するわけでもなければ、一方が他方に「還元」されるような関係にもない場合である。言ってみれば、それら二つの記述はまったく対等で、いずれも他の記述に帰着されることなく並立している。それにもかかわらず両者が二つの別のものではなく「同一」のものとされるのは、両者が同じ場所を占めているからである。[10] 誤解を招く不正確な例だが、「ルビンの杯」における「杯」と「向かい合う二つの横顔」のような関係をイメージしてもらうと分かり易いかもしれない（図1－1参照）。「杯」と「横顔」は決して同時には現われず、あるときは「杯」、あるときは「横顔」なのだが、これら二つの異なる現われ（記述）がいつも「同じ」（空間的）場所上で生じているがゆえに、それらは「同一」と言わざるをえない、といったケースである。このとき私たちは、同じものがあるときは「杯」に、あるときは「二つの横顔」に見える、と言うのである。

図1－1　ルビンの杯

もちろん、実際の「ルビンの杯」は一枚の（物理的な）絵であり、その点において「杯」と「横顔」という異なる現われ（記述）の「同一」性が保証されているのだから、これは正確には、異なる二つの記述がいずれも「第三のもの」（である一枚の物理的な絵）に帰着するケースである。いま問題になっているのは、「杯」と「横顔」の反転が絶えず同じ（空間的）場所で生ずるだけで、つまりいずれにも還元できない二つの記述しか存在しないにもかかわらず、両者を「同一」としないわけにはいかないようなケースなのである。心的出来事と物（理）的出来事の間の「同一」性とは、「一枚の（物理的な）図版」といった「第三のもの」なしの「ルビンの杯」とでも言うべきものなのであろうか。

すでに見たように、デイヴィッドソンの議論における「同一」性は、「第三のもの」に帰着するそれでもなければ「還元」関係でもないのだから、このケースであるようにも見える。だが、「心－身

（脳）」関係の場合、そもそも心的出来事と物（理）的出来事が（空間的意味で）「同じ場所」にあると言うことすら、おぼつかないのである。物理的なものとしての脳なり、脳内の特定部位の神経興奮なりが、正確な場所を空間内に指定できるのに対して、心的出来事（たとえば私の「決心」）の生じている場所はいったい「どこ」だと言うのだろうか。そのような場所も「ここ」や「そこ」ではありうるのだが、この場合の「ここ」や「そこ」は、それが物（理）的出来事としてではなく、あくまで心的出来事であるかぎりで、物理空間内のどこかに位置を指定できるような仕方では存在していないのだ（私の「決心」には何センチメートルといった大きさもないし、「決心」のどこを探しても電位差は発見できない[11]）。

残るのは時間的意味で「同じ場所」にあるケースだが、単に同じ時間に生じたというだけであれば、世界中のあらゆる場所の出来事を含むことができてしまうのだから、これだけでは「同じ」ということが意味をなさない。普通はここで空間的場所規定をもち出し、時間的なそれと組み合わせることで「同じ」ものを特定するのだが、心脳関係の場合、いま見た通りそもそも空間規定自体がうまく機能しないのである。かくして、心的出来事と物（理）的出来事の「同一」性は、各々が生ずる場所の同一性に支えられているのでもない[12]。

デイヴィッドソン自身は心的出来事と物（理）的出来事の間の関係を、「翻訳」をモデルにして考えている（AE222/287）。たとえば日本語と英語は、世界を記述する異なる二つの仕方である。両者は各々の秩序の基礎単位である単語も異なるし、基礎単位を結びつけて有意味な文を作る文法（規則）も異なる。この意味で、両者に共通なものはない。それにもかかわらず両言語が「同じ」事態を指し示すことができるのは、両者の間に「翻訳」が成り立つからである。この場合も、私たちの現実においては、両言語に共通のものとしてたとえば物理的世界の存在が認められているから、そのかぎりでこの関係は結局のところ「第三のもの」を有しているケースとなってしまうのだが（たとえば「机」と"desk"が同じ「物体」——「第三のもの」——を指示している場合）、ここではこの点を除外して考えてみよう。つまり、独立した二つの言語間の「翻訳」が成り立つという次元でのみ、心的出来事と物（理）的出来事との間の関係を考えてみるのである。この観点から、彼が心的出来事と物（理）的出来事の同一性を導き出した「証明」（AE224/289）を振り返って、検討してみよう。

先の第一の原理と第二の原理を認めるかぎり、心的出来事が物（理）的出来事を「惹き起こし」た場合（あるいは逆に、物（理）的出来事が心的出来事を「惹き起こし」た場合）、そこに厳格な法則論的決定関係が見出されるのは、その心的出来事が物的記述をもつかぎりにおいてである。つまり、そこに法則が見出されるためには、心的出来事が物的出来事へと「翻訳」されねばならない。しかし、もしそれが純粋な「翻訳」関係にあるのであれば（つまり、翻訳の正当性を担保する「第三のもの」を認めないとすれば——心的出来事と物的出来事との関係がこのケースにあたることは、いま確認した通りである——）、翻訳の不確定性は免れ難いものとなる（デイヴィッドソン自身もそのことをクワインの名を挙げて認めている。AE222/287, 222/297 参照）。つまり、翻訳されたものとその元のものとが、厳密に「同じ」ものであることを保証することはできないのである（このことは、現に私たちが、異なる言語間の翻訳においてしばしば直面する事実でもある。「Gemütlichkeit」、「もののあはれ」などの場合を考えてみればよい）。これは、心的出来事と物（理）的出来事が「同じ」ものであることを保証できないということにほかならないのではないか。

したがって、デイヴィッドソンがここで「同じ」ということを維持しつづけうるのだとしたら、その場合の「同じ」とは、いま見たような意味での「翻訳」関係においてではないことになる。それは、次のような関係以外ではありえないように思われる。すなわち、まず心的出来事のそれとしての自己同一性が確保された後で（たとえば、私のかくかく然々の「決心」がそのようなものとして記述された後で）、そのような「決心」に対応すると思われる物（理）的出来事を、たとえばそのときの脳状態の中から選び出すのである。これが、心的出来事の物（理）的記述ということの内実にほかならない[13]。したがって、その際になされているのは、あくまで心的出来事から出発しての、その（物（理）的記述への）書き換えなのである。

　かりに、ある特定の物理的状態が何らかの（物理的）基準の下で同定（自己同一化）されたとしても、それが何らかの心的状態とどこかで対応をもたないかぎり、少なくとも心脳問題に関してその物理的状態は一種の「遊び駒」になってしまうのだから、これらの書き換えの原理上の出発点はあくまで心的状態なのだ[14]。もっと言ってしまえば、いかに物理的とは言えども何らかの基準を設定するためには（こうした基準や尺度を設定しなければ、そもそもそこに「何」があるのかを記述することすらできない）、そこにすでに心的次元が関与してしまっているはずなのである[15]。このことは、いまの例とは逆に、何らかの心的出来事が認められるのに、それに対応する物（理）的状態が発見できないケースを考えてみれば、よりはっきりするかもしれない。そのような場合、当の心的出来事は決して「遊び駒」にはならず、たとえば原因不明の心的疾患として私たちを悩ませつづけるのであり、それが悩ましいものであればあるほど、それに対応する物（理）的出来事の探究が必死でつづけられるに違いないのだ。これは、それに対応するものを物（理）的出来事として検出するためにさまざまな基準を設定してみることに等しいのである。

以上の考察から見えてくるのは、この書き換えは互いに独立の二言語の間の「翻訳」関係ではなく、心的出来事から出発してその上に（ないし、その中に）、それに対応すると思われる物（理）的出来事を重ね合わせるという、一種の「重ね描き」の関係だということである。ここで見逃してはならない決定的な点は、この「重ね描き」があくまで「心」の上に（ないし、その中に）「物」を重ねるという関係になっているということである。[16] 日常的な理解では、一見すると胸（心臓）や頭（脳）に「心」が重ねられているように見えるのだが、事態は実は逆なのだ。[17] デイヴィッドソンの「同一」説は、「同一」ということの内実に孕まれたこの決定的な特徴が十分に見えてこない点で、事態の解明にとって不十分なもの、ないし不徹底なものにとどまっているのである。

この不十分さは、デイヴィッドソンの議論が惹き起こす奇妙さの、先に挙げた第二の点に密接に関わっている。それは、「同じ」ものが、記述の仕方を変えた途端に、法則に服さないものから厳格な法則論的決定に服するものへと変貌する（にもかかわらず、以前の記述の下での非法則性は温存されつづける）、という奇妙さだった。あくまで「同じ」ものでありつづけているのであれば、ひとたびそれが決定論的法則に服するものであることが明らかとなれば、もはや非法則性はその当のものについて破棄されてもよさそうなのに（還元主義や副次現象説 epiphenomenalism はそう考える。つまり、以前の記述の下での非法則性は見かけ上のものにすぎないとされる）、そうはならない理由が十分に説得的ではないがゆえに（つまり、いまや問題化されざるをえない第一の原理の再検討がなされていないがゆえに）、この奇妙さが払拭し難いものとなっているのである。

この点に関しては節をあらためて詳しく論ずることになるが、ここで確認しておきたいのは次のことである。すなわち、いま見たようにあくまで心的なものから出発してその上（ないし、その中）に物的なものを描き込むことがこの「書き換え」の実際だったことに鑑みれば、それは単に記述の仕方が違うだけの、それぞれの記述が並存する関係ではなく、後者つまり物的なものが前者つまり心的なものを或る種の仕方で前提にしているのだ。「心的なものから出発してその上に（ないし、その中に）」という言い方をこれまでしてきたが、このときの「その上に」や「その中に」という表現も、心的なものが「或る種の仕方で前提に」されていることを示唆するものなのである。だが、この「或る種の仕方で」の「前提」とは、いったいどのような仕方でのそれなのか。この点が立ち入って明らかにされなければならない。

2 「心の時間（マインド・タイム）」の遅延と遡行（リベット）

a 議論の概要

リベットの議論の中核をなすのは、現実世界（いわゆる「外界」[18]）において生じた出来事に対して私たちの意識によるそれへの「気づき（awareness）」が時間的に遅延している、という事実である。たとえば、私たちの皮膚への物理的刺激がそれとして「気づか」れるためには、最低でもおよそ〇・五秒（五〇〇ミリ秒）間、当の刺激が持続的に与えられていなければならない。逆に言えば、刺激がこの間持続しなかった場合には、私たちはそれに「気づか」ない（しかし、だからといってこの刺激への何の対応も為されないというわけではない――それが必要な対応であれば――。つまり、その場合には、その対応は私たちの意識に「気づか」れることなく、すなわち「無意識」の内に為されるのである）。この事実から、私たちの意識（における「今」）は、実際に起こった時点よりもおよそ〇・五秒ほど、つねに

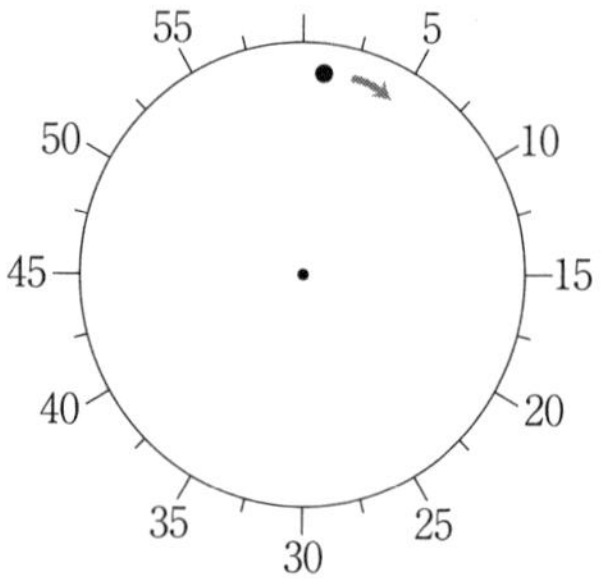

図1－2　「心の時間」を測定するためにリベットが考案した時計（Dennett, *Freedom Evolves*, Viking Penguin, 2003 より）

遅れているということが帰結する（MT70−72/82−84 参照[19]）。

ところがこの遅延にもかかわらず、私たちの意識はあたかもこうした遅延など存在しないかのように、つまり世界で生じた出来事にその（生じた）時点で、いわゆるリアルタイムで立ち会っているかのように感じ、またそのように振る舞っている。皮膚への感覚刺激が与えられたのがどの時点だったと感じられるかを報告するよう求められた被験者は、刺激への「気づき」が生ずる〇・五秒後ではなく、（それを〇・五秒ほど遡行した）その事態の実際に発生した時点で起こっているように感じていることが、実験によって示されたのである（MT72-79/84-91, 81/94）。これは、私たちの意識が事実上の遅延を時間的な遡行によって取り戻していることを意味する（図1-2）。これをリベットは、次のようにまとめる。

「私たちは、現在についての実際の「気づき」は事実上遅延しているけれども、意識をともなう**経験の内容**については現在との整合性が保たれている、という奇妙な状況に置かれている。つまり、実際に私たちが現在について気づくのが大脳皮質に感覚信号が届いてから最大〇・五秒経った後であるにもかかわらず、私たちが主観的にまさに生きているのは、前に戻った現在であるということになる」（MT88/102。強調は原文）。

したがって、「気づき」なしに状況への対応が完了した後で、「気づき」がその遅れを（主観的に遡行することで）取り戻し、あたかもリアルタイムで対応したかのように意識される、といったことも起こりうる。現にそのようにして、緊急を要する事態においても、私たちは現実へのとっさの対応をうまく成し遂げてもいるのである（もちろん、そうした対応にも物理的な制約から来る限度はあるが）。たとえば、車を運転していて突然子供がボールを追って車道に飛び出してきたような場合、この飛び出しに私が「気づく」のに〇・五秒はかかるにもかかわらず、子供が現われてから〇・一五秒たらずの時点で私はブレーキを踏むことができる。したがって、この行為は「気づき」なしで、つまり「無意識裡に」行なわれている。ところが、遅れてやって来たはずの私の「気づき」は、先の時間的遡行を行なうことで、「子供を見てすぐにブレーキを踏んだ」と報告できるのである（MT90-91/105-106 参照）。ブレーキを踏んだ時点ではまだ「見ていない」にもかかわらず、である。

意識における「気づき」の事実上の遅延は、次のようなケースにおいても見出された。行為を促す自分自身の意図ないし意志に当人が「気づく」のも、実は遅れているというのである。つまり、当人の「気づき」に先立ってすでに、その行為に結びつく脳の特定の活動が始まっているのだ（以下は、MT123-124/143-144 参照[20]）。実験が示すところによれば、自発的行為の五五〇ミリ秒（〇・五五秒）前には、すでに脳は起動過程を示す。他方、行為への意志の「気づき」（「……しよう」と思うこと）は、当の行為の一五〇－二〇〇ミリ秒前にしか姿を現わさない。したがって、当人がその行為をしようと思うおよそ四〇〇ミリ秒前に、自発的過程は無意識の内に起動していることになるのである。

この実験結果は、何を示しているだろうか。自分が何かをしようと思う前に、無意識の内にその行為へ向けての過程が始まっているのだとすれば、自由意志は否定されることになる、とリベットは考える。「自由意志というものがもしあるとしても、〔当の意志が関わる行為は、その意志が意識されるに先立ってすでに起動しているのだから〕自由意志が自発的な行為を起動しているのではない」ことになるというわけである（MT136/159）。自由意志といったものは、何かすでに「掻き立てられたもの」（MT149/175）なのだ。だが、そうだとすると、行為の一五〇－二〇〇ミリ秒前に現われる「気づき」（意志の気づき、つまり「……しよう」という思い）には、もはや果たしうる何の役割も残されていないのか。

そうではない、とリベットは言う。この「気づき」は、行為の生成過程の最終成果に影響を与えたり、それを制御しうるのである（MT137/161, 139/162, etc.）。「気づ」いてから行為までに残された時間的余裕は、一五〇－二〇〇ミリ秒しかない。しかしその間に「意識をともなった意志は、運動行為が現われないように過程をブロック、または拒否できる」（MT138/161）ことが実験的に示されるというのである（「人は行為を予定していた時点の直前一〇〇－二〇〇ミリ秒以内にその行為を拒否できるということが、少なからず示された」MT138-139/162）。以上から彼は、つぎのような結論を引き出す。

「意識を伴った自由意志は、私たちの自由で自発的な行為を起動してはいない」（MT139/162）。「〔しかし〕自発的な過程をブロックまたは拒否し、運動行為をまったく起こさせない能力が、意識を伴った意志にはある。換言すれば、意識を伴った自由意志は、無意識に起動した過程の成果を制御できる」（MT145/170）。

しかし、ここで当然浮かんでくる疑問は、このような拒否の意志にも、（起動の場合と同様）それに先行する無意識的な過程が存在するのではないか、というものだろう。だが、リベットは、このような先行する無意識的な過程の存在を、拒否の意志の場合には認めない。「意識を伴う拒否は、先行する無意識的過程を必要としないし、その直接的な結果でもない」（MT146/171）。その理由は、拒否にも無意識的過程が先行しているなら、「人は意識的に自分の行為を制御できないことになる」（MT145-146/171）からだという。

拒否という仕方で行為を制御しうる次元、すなわち意識を伴う意志の次元（それは本章の言う「心」の次元に属する）は、脳という物（理）的過程からの「創発」というメカニズムによるとリベットは考える。「創発」とは、たとえば無機物そのものの中には含まれていない性質が（それらの無機物を結合した）有機物の内に姿を見せるような場合、後者の性質が前者から「創発」した、というように用いられる。リベットが挙げている例で言えば、六つの炭素原子と六つの水素原子から構成される環状ベンゼンが、その構成単位である炭素原子や水素原子に対してもつ関係が「創発」である。「（有機溶媒などとして）ベンゼンが示した特性を、炭素原子や水素原子そのものの特性からア・プリオリに予測しておくことはできない。つまり、新たな特性が C_6H_6 の環状システムから創発したのである」（MT162/191）。主観的な意識経験をもたらす心的次元は、自然界に（物質の下に）存在するのとは別の独特な（新たな）根本的特性を伴って、当の自然界から創発したのだ（MT86-87/101 参照）。

このようにして脳過程から創発した心的次元の最大の特性は、脳過程に代表される物（理）的次元が互いに相対的に独立した驚くほど多様なユニットから成り立っているにもかかわらず（たとえば感覚に限ってみても、視覚、聴覚、触覚……といった大きく五つに区分される互いに独立のユニットがある）、意識経験それ自体は統合された単一なものである点にある。これら相互に独立した多様なユニットを一つに統合する原理が物（理）的次元には見当たらないのであり、この統合こそが新たに創発した「心」という次元の核心をなしているに違いないのだ。

そこでリベットは、心を「多種多様な脳の神経活動によって生ずる一つの場」（MT168/198）のようなものと考え、それを「統一された意識を伴う精神的な場」と捉える仮説を提唱し、この仮説を実証する実験プログラムを提示する。私たちの大脳はそれぞれ異なる機能をもった左脳と右脳からなり、両者が脳梁によって統合されているのだが、癲癇の治療などの目的でこの結合を解く場合がある。分離脳である。この分離が完全になされた場合には、それぞれの脳に固有の意識が成立するはずだが、もし、それにもかかわらずその場合にも一つの統合された意識（すなわち「統一された意識を伴う精神的な場」）しか経験されないとすれば、このことは（脳から）創発した新たな次元の成立を実証することになる、というのである（MT171/202-203）。

リベットの議論は、この「困難ではあるが原理的には不可能ではない」（MT180/213）実験プログラムの提示を以って終わっている。すなわち「統一された意識を伴う精神的な場」の理論は、いまだ実証されざる仮説にとどまっているのである。だが、彼は明言する。私たちは、心的次元がどのように脳の活動と関連しているかについての知識を得ることができるにすぎない。しかし、この知識では、心の次元がなぜ、どのようにして脳から生ずるのかを説明することはできない。それでも、心と脳の関係を研究することは、そのような関係がなぜ存在するかを知らなくても、可能である、と（MT184/218 参照）。本章も、リベットのこの立場に基本的には賛成する。しかし彼は、それ（心と脳の関係）がどのような関係であるかを十分に示しえただろうか。項をあらためて、検討しよう。

b　批判的検討

行為の起動意志への「気づき」に物（理）的な無意識過程が先行していることは、当の行為が物（理）的原因によって惹き起こされたことにほかならないだろうか。必ずしもそうではない、と本章は考える。私たちの行為が当人の能動的・意識的関与に先立って、ことさらに意識されることなく受動的なレヴェルでいわば自動的に調整されていることは、たとえばフッサールによる「受動的総合」の分析によってもすでに明らかにされており、この調整は行為の特定の「意味」[21]に応ずることによってなされているからである。つまり、私たちの行為を導くこの「意味」は、必ずしも当の行為の主体である私たちによって、みずからの「意志」ないし「意図」の相関者として明白に「気づか」れ＝意識されている必要はないのだ[22]。この意味で、「無意識」の内にすでに起動している行為に、リベットの指摘する「物理的な過程」が対応しているとしても（きっと対応しているに違いない）、そのことは当の行為をその「物理的過程」が因果的に「惹き起こし」ていることにはならないのである。行為はあくまでその「意味」において営まれているからだ（フッサールはこの営みを導くものを行為の「動機づけ」連関として捉え、物理的「因果関係」とは峻別した[23]）。

いま、行為の起動に関して述べたのと同じことが、その停止についても妥当すると考えるのは、自然だろう。すでに（無意識裡に）起動している行為に対して、それを停止するよう介入する過程にも、主体にとってはなお無意識なままにとどまっている部分があって一向におかしくないのである[24]。それどころか、行為の起動から停止（中止）にいたる一連の過程が、すべて当の主体にとっては明確にそれと意識されずに完了していることも、いくらでもありうるはずなのだ。ここで肝要なのは、主体が状況とその変化の「意味」に応じて行為を調整している点であり、物理的因果関係は「意味」を「惹き起こす」ものでもなければ、その「意味」に応じた行為を「惹き起こす」ものでもなく、かえって逆に、この「意味」に服するものである点である（ここで言う「服する」が正確にはどのような事態なのかは、本章3節で論ずる）。

この「意味」に主体が明示的に「気づき」、それを「意識」するにいたったとき、私たちの行為は「自由」と呼ばれる新たな次元の入り口に立つことになる。このときはじめて、或る行為をみずからの行為として認め、あるいは斥け、そのようにしてみずからの行為に責任をもつ余地が生ずる。或る行為をほかならぬ私が選び取り、あるいは斥けたのだとすれば（そのように主張することができるとすれば）、その行為の由来ないし出所はその私以外にはなく、これはすなわち私が「自由」な者であることを示すからである（先の主張が承認されたとき、私は自由な者とみなされるのである[25]）。

したがって、「自発性（自発的行為）」と「自由」は区別されなければならない。リベット（や、あるいはすでにフッサール）が示したように、いわゆる自発的行為には無意識ないし潜在的な過程が先行しており、その段階で、当の行為はさまざまな原因や動機に導かれている。自発性とはいわば「勝手にそちらの方から湧き起こってくる」ものであって、実はそれ自体を私たちがどうこうできるものではない。これに対して私たちには、そうした行為やそれへと向けての欲求を明白に意識した時点で、あらためてそれを肯定し・受け容れるか、否定し・斥けるかを判断する時間的な余裕が与えられている（この余裕は行為の種類によって、きわめてわずかなものから比較的長い時間にわたるものまである）。先の「自発性」が、いわば現実の真っ只中でそのつど待ったなしに当の現実に応じてゆくことだとすれば、そのような「自発的行為」をいったん意識化した上であらためてそれをみずからのものとして受け容れるか・斥けるかという段階で現われる「自由」（私の自由）は、現実からの何ほどかの距離を介して切り拓かれた〈明晰な認識と判断に基づく私の生〉という新たな次元を画することになるのだ[26]。たとえこの明晰な認識と判断といえども、なお隠れた（顕在化されていない）原因や動機に導かれている可能性がつねに残るとしても、である[27]（これらの点も、次節であらためて論ずる）。

明らかなように、この「自由」は、リベットの言うような、すでに起動してしまっている行為を単に停止させることにおいてのみ成立するものではない。当の行為をみずからのそれとして承認し・その責任を担うこともまた、私の「自由」の証したりうるからである。つまり、いまや「気づか」れ、「意識」されるにいたった行為に、みずからの行為としての承認を与えそれに参与するか・否認しそれを斥けるかという点において私の自由が発動するのであり、この承認・否認において私はみずからの行為をみずからのものとして制御し、おのれの支配の下に服させるのだ。したがって、私の行為に対する私の制御・支配は、その承認・否認において行なわれるのであって、行為を惹き起こすか・否かという（「自発性」に関わる）動機ないし因果関係において行なわれるのではない点が見逃されてはならない。

ところがリベットは、物（理）的次元と心的次元相互の間に因果関係を認めることによって、一方で行為の起動に関しては、心の次元での決定（気づかれ・意識された決定）に物（理）的過程が先行しているがゆえに自由の余地を認めず（すなわち、物理的決定論に与し）、他方で行為の停止に関しては、物（理）的過程の先行なしに心的次元が直接に物（理）的次元に介入する（因果的に作用する）として自由を擁護する。つまり、行為の肯定的起動に関しては物（理）的決定論に立ち、その否定的停止に関しては逆に自由を認めるという、実に奇妙な議論構成に陥っているのだ。たとえば、あるボタンを押す操作が、その明示的意志の顕在化（気づき）に先立ってすでに起動しているとき、事態の何らかの急変に直面してその明示的意志の顕在化に先立ってその操作を停止する筋肉の動きが（これも停止意志の顕在化に先立って）開始されるといった仕方で、行為の停止に関しても（起動と同様）無意識裡にその過程が進行すると考えて何ら不自然ではないにもかかわらず、である。[28] いや、運動の停止は運動の起動と同様、何らかの身体的状態を実現することによってしか為されえないのだから、一方の身体状態の実現にのみ無意識の物（理）的先行過程を認め、他方のそれには無意識の物（理）的先行過程を認めないということの方が、明らかに不自然な論の運びと言わざるをえまい。

リベットの議論で評価すべきは、何ごとかが意識に明示的に気づかれたときにはじめて、自由の成立する余地が生まれるとした点にある（それは何も、すでに起動している行為を停止する場合ばかりでなく、その行為を肯定し・承認する場合も同様であることは、先にも触れた通りなのだが）。彼はこの「何ごとかが明示的に気づかれる」次元を「統一された意識を伴う精神の場」として理論化しようとしているのだが、この新しい「場」が物（理）的次元に還元できず、その次元から「創発」という仕方で姿を現わした別種の秩序（次元）を形成すると捉えている点も、本章は評価する。次節で立ち入って論ずるように、本章も物（理）的次元と心的次元の異次元性こそ、両次元の関係を捉える上で決定的な事柄だと考えているからである。[29]

しかし、リベットが、「統一された意識を伴う精神の場」の成立を創発性において捉えた際そこに含意されていたはずのこの異次元性を実際には正確に押さえていないことは、彼が心的次元と物（理）的次元相互の間に双方向的な因果関係を認めている点にはっきりと表われている。同一次元にあるもの同士の間にのみ、相互の接触を介して一方が他方を「惹き起こす」といった関係（因果関係）が成立するのであって、次元を異にするもの同士の間にはそもそも一方が他方に接触するといったことの成り立つ余地がないのである。次元を異にするものの間の関係は、何らかの接触の生ずる関係とは異なる関係として捉えられねばならないのだ。彼が、すでに無意識裡に起動してしまっている行為を停止する場合にのみ認める〈心から物への媒介なしの直接的介入〉は、その奇妙さゆえにむしろ心と物の異次元性をはからずも露呈するものなのである（無意識の物（理）的過程が心的過程——「気づき」——に先行する起動の場合、その過程の無意識性のゆえに物（理）的次元と心的次元の異次元性がぼかされてしまい、あたかも前者が後者を「惹き起こし」ているかのような見かけが生じてしまう。彼の議論も、この見かけに引きずられてしまうのだ）。

リベットの議論が心の次元の成立基盤を十分に捉えていないことは、「統一された意識を伴う精神の場」の存立を実証しようとする彼の提案が、大脳の右脳と左脳の切断・分離にもかかわらず当の「統一された意識を伴う精神の場」が維持されることの実証を以って為されるとされている点にも、窺がうことができる。かりに両脳の分離・切断にもかかわらず「統一された意識を伴う精神の場」が成立しているのだとしたら、その「統一」に対応する物（理）的状態が必ずやどこかに実現していると考えるべきなのである。そうでなければ、分離された二つの脳が物（理）的基盤をもたないテレパシーででも情報を伝達し合っていることになってしまうが、心的次元はこのような意味で物（理）的基盤を欠いているのでは決してない。実際、リベットも述べているように、分離脳といえども完全に独立した二つの脳ではなく、間脳や脳幹といった部分でつながっているのであり、そのようにして一つの身体という一個の全体をなお形成しているからこそ、大脳レヴェルでのその分離にもかかわらず「統一された意識を伴う精神の場」が存立の余地をもつと考えるべきなのである（さらに言えば、「一つの身体という一個の全体」というだけではなお不十分である。本書が後に論ずるように、その身体がおのれに固有の環境と取り結ぶ特定の関係の下ではじめて、その関係にふさわしい仕方で特定のタイプの「心」が創発するのである[30]。

分離にもかかわらず統一が実現されている、というのでは不十分である。統一は何らかの仕方で分離が克服されているからこその統一なのであり、その統一がどのような仕方で分離を克服しているかが示されねばならないのだ[31]。「統一された意識を伴う精神の場」の存立を実証しようとする彼のプログラムの焦点がいま一つはっきりと定まらないのは、創発によって生じた新たな秩序（すなわち「統一された意識を伴う精神の場」）とそれ以前の秩序、しかも（単に先行するだけでなく）新たな秩序を支えてもいるはずの秩序（すなわち物（理）的次元）との関係が、リベットにおいてもいまだ正確に捉えられていないことに由来しているのである。

3 「基づけ」理論（フッサール）

a 議論の概要

本章は、デイヴィッドソンの非法則論的一元論が不分明なまま暗黙の内に前提にしていると思われる関係を、そしてまたリベットの「統一された意識を伴う精神の場」という考え方に欠けている確固とした基盤を与えることになるはずの関係を、フッサールによって提起された「基づけ」という関係として捉え直すことで、事態を明確にすることができると考えている。そこでまず、この「基づけ」関係とはどのような関係であるかの概略を確認することから始めよう。

この関係をめぐる議論の発端は、「直観」の及ぶ範囲をどこまで認めるかという問題に関わっている。たとえばカントは、直観なるものの立脚地を感性（Sinnlichkeit）の次元に限定した。「直観する」とは、何ものかをその直接性において端的に受け取ることにおいて成立する事態だが、それは私たちの下では、何ものかが感性を通して与えられること以外ではない、というわけである。具体的には、視覚・聴覚・触覚……等の知覚（五感）を通して与えられるもののみが、それをその直接性においてありありと捉えること、すなわち直観することを可能にするのである。逆に言えば、何かが感性において、すなわち五感において直接に現前していないのであれば、私たちはそれを直観することはできない。それはあくまで間接的に、あるいは或る種の推論を通して判断されるにすぎないのである。たとえば数学的対象は直接眼に見えることはないし、触れることもできない（たとえば「数」、たとえば「点」、たとえば「三平方の定理」）、あるいは「善さ」や「正しさ」もまた然り、というわけだ。これらは単に思考において捉えられるのみで、感官に直接与えられることはない。そのような（知性的・理性的な）ものを端的かつ直接に捉えることができるのは（カントはそれを「知的直観」と呼んだ）神の如き存在のみであり、私たちにはそのような直観は与えられていないのである。

これに対してフッサールは、単に思考されるにすぎないそのようなものにも直観の成り立つ余地を認めた。そのような思考対象も私たちに直接に・ありありと現前しうる、というのである。ただしそれらは、言うまでもなく感性的な仕方で与えられてはいない。それにもかかわらずそうした思考対象にも直観性を保証する機構《メカニズム》が、「基づけ」と呼ばれる関係性なのである。そのような直観をフッサールは『論理学研究』(32)の中で「範疇的直観（kategoriale Auschauung）」としてあらためて定式化し、その存立の機構を詳細に分析した。「範疇的直観」は、いわば命題のかたちで表わされる事態を直観にもたらす。たとえば、庭の芝生が青々とした緑色をしているのであれば、そこで私たちが受け取っているのは、単に「芝生」やその青々とした「緑色」ばかりでなく、「当の芝生が青々とした緑色であること」をも受け取っているのであり、つまり〈「芝生」の「緑色」存在〉もまた端的に・直接捉えられている、というのである。

このときの「緑色であること」、すなわちその「存在」それ自体は、決して見えるものでも触れられるものでもない。つまり感性的所与ではないにもかかわらず、私たちはそのことを（その「存在」を）推論を通して間接的に所持しているのではなく、端的・直接に捉えているのである。このとき、命題のかたちで表わされるいわば「志向的内容」は、芝生や緑色といった感性的所与に「基づけ」られつつ、それらとは次元を異にした、より高次の秩序（「何々であること」）を形作っているのであり、この高次の秩序において直観へともたらされているのである。ここで重要なのは、「基づけ」関係が、二つの異なる次元を一方は「基づける」次元として、他方は「基づけられる」それとして、低次と高次という階層性の下で設立するという点である。

この関係に立つ二つの次元の階層性がもつ際立った特徴を、より立ち入って・かつ明晰に表現にもたらし、それを私たちのこの現実の存在構造そのものにまで拡充してみせたのがメルロ゠ポンティである。「基づけ」理論がそのレヴェルにまで射程を広げたとき、それは私たちの現実を大きく二つに分かつように見える「物」の次元と「心」の次元をめぐる問題（デイヴィッドソンやリベットが格闘していたのもこの問題である）に新たな光を当てるものとなる。メルロ゠ポンティによる「基づけ」関係の定式化をここに掲げよう。

「〈基づけるもの〉としてはたらく項は、〈基づけられるもの〉が〈基づけるもの〉の一規定ないし一顕在態として現われるという意味では確かに最初のものであり、このことは〈基づけられるもの〉による〈基づけるもの〉の吸収を不可能にしている所以であるが、しかし〈基づけるもの〉は経験的な意味で最初のものだというわけではなく、〈基づけられるもの〉を通してこそ〈基づけるもの〉が姿を現わす以上、〈基づけられるもの〉は〈基づけるもの〉の単なる派生態であるわけではないのである」[33]。

心的出来事と物（理）的出来事が「同一」のものであり、かつ前者は非法則論的であるのに対して後者は厳格に法則論的であるとデイヴィッドソンが言うとき、彼の下では奇妙なものにとどまらざるをえなかった事態は、その「同一」性の内実を「基づけ」関係によって捉え直してみるとき、ようやく納得のいくものとなるのではないか。私たちがそれと意識する前にすでに起動してしまっている「自発的意志」過程に、それを停止する否定的意志のみは即座に介入しうるとするリベットの議論の奇妙さも、この「介入」の内実を「基づけ」関係によって捉え直してみるとき、まったく別様に議論し直されねばならないことが明らかになるのではないか。すなわち、メルロ＝ポンティによる「基づけ」関係の定式化において〈基づけるもの〉の次元に位置するのが〈物（理）的なもの〉であり、〈基づけられるもの〉の次元を構成するのが〈心的なもの〉なのである。先の定式化をそのように置き換えてみよう。

「〈物（理）的なもの〉は、〈心的なもの〉が〈物（理）的なもの〉の一規定ないし一顕在態として現われるという意味では確かに最初のものであり、このことは〈心的なもの〉による〈物（理）

的なもの〉の吸収を不可能にしている所以であるが、しかし〈物（理）的なもの〉は経験的な意味で最初のものだというわけではなく、〈心的なもの〉を通してこそ〈物（理）的なもの〉が姿を現わす以上、〈心的なもの〉は〈物（理）的なもの〉の単なる派生態であるわけではないのである」。

このように捉え直すことができるとすれば、メルロ＝ポンティによる先の定式化をいまや次のように、より簡潔に表現することができる（以下で〈物（理）的なもの〉としたところをさらに「脳」と限定すれば、それは心脳問題に対する有力な解答にもなるはずである）。

〈心的なもの〉は〈物（理）的なもの〉に基づけられてはじめて存立しうる上位の秩序ないし次元であるが、〈心的なもの〉という上位の秩序の中ではじめて〈物（理）的なもの〉という下位の秩序ないし次元がそのようなものとして姿を現わすかぎりで、〈心的なもの〉は〈物（理）的なもの〉を包摂している。

この新たな定式化は、〈物（理）的なもの〉としての世界の記述が〈心的なもの〉の次元での事態の同定（自己同一化）を前提にしてはじめて可能となると論じた本章前節の議論[34]を含むばかりでなく、それを事柄の半面としてさらにもう一方で、デイヴィッドソンやリベットの議論では扱われることのなかった決定的な事柄に私たちの目を向けさせてくれる。この点を含めて、「基づけ」理論を非法則論的一元論ならびに「心の時間」の遅延・遡行論と対質させることを通して、それが拓いてくれる次元の射程を見極めることにしよう。

b 「心-身（脳）」問題の進展に向けて

非法則論的一元論ではなお奇妙なままにとどまっていた二つの点を、「基づけ」理論はどのように捉え直すのか。まず、この点から確認しよう。

第一点は、心的出来事と物（理）的出来事が「同一」であるということの内実がデイヴィッドソンにおいては不分明ないし不透明なままであったことに関わる。その「同一」性が心的な次元を暗黙の内に前提していることは、すでに見た（先に引用した柴田正良の表現を借りれば、「脳生理学に対する素朴心理学の記述上の優位」である）。「基づけ」理論は、いまやその「前提」の在りようにさらに立ち入った解明の光を投げかける。すなわち、心的次元の優位は、基づけられた上位の秩序が下位の秩序を「包摂する」関係として示されるのである。

だが、それだけではない。基づける次元である物（理）的なものは、心的なものへの（その「上へ」の、ないしその「中へ」の）重ね描きにおいて、後者（心的なもの）が前者（物（理）的なもの）なしでは存立しえないものとしての位置を与えられることで、いわば（存在論上の）復権を果たす。つまり「基づけ」理論は、還元主義でも唯物論でもないが（この点はデイヴィッドソンと同様である）、物（理）的次元の基底性を正当にも保証する（この点はデイヴィッドソンにあっては次のように表現される。「すべての出来事は物（理）的である——物（理）的に記述できる——と主張する一方で、すべての出来事が心的であるわけではないという可能性を認める」AE214/273）。心的なものはあくまで物（理）的なものに支えられてはじめて存立を全うするのであり、そのかぎりでのみ物（理）的なものを包摂し・その上に立つことができるのである。[36]

この関係は、両者が単に「同一」な関係ではもはやない。なぜなら、基づける秩序と基づけられる秩序は次元を異にしているがゆえに、もはや正確には「同一」とは言えないからである。では、何と言えばよいだろうか。本章は、先にこの関係を「包摂する」と形容した。確かにこの形容は事態の半面を正しく表現してはいるのだが、それだけでは（還元による唯物論とは逆に）すべてが心的秩序に包摂される唯心論（ないし観念論）と見分けがつかなくなってしまう。いま見たように、物（理）的秩序を包摂する心的秩序はあくまでその物（理）的秩序に支えられており、それなしでは存立しえないという、事態のもう一方の半面が決して見過ごされてはならないのである。「基づける」という表現は、事態のこのもう一方の側面を正当に言い当てるはたらきをもっている。その上で、「基づけられた」次元がひとたび成立した暁には、この次元は単にそれを基づけている下位の次元に還元されないばかりか、下位の次元を内に包摂しつつ、おのれに固有の新たな秩序原理の下で作動するのである。これが、二つの秩序間に次元の差異があり、かつその差異の内実が階層性にあるということなのだ。このような関係が、互いに独立したに言語間の「翻訳」関係（デイヴィッドソンは両次元の関係をそのように捉えていた。本章第1節b参照）ではないことはもはや明らかであろう。[37]

いま触れた「階層性」ということについて、もう一歩だけ踏み込んでおこう。たとえば「物質」の次元と「植物」の次元について考えてみても、ここには階層性を中核とした基づけ関係が成り立っているのを見て取ることができる。単なる物理＝化学的状態としての酸素分子と二酸化炭素分子の間では生じなかったような新たな物質過程が、ひとたび植物的秩序が成立した暁にはその秩序の下で生じているのである。どんな植物的秩序もそれを支える（基づける）物質なしには不可能だが、その物質に、いわゆる物理法則だけでは説明できない動きが生ずる。葉緑素が行なう光合成である。

ここでは光を媒介にして、二酸化炭素から酸素への、この秩序以前にはなかった物質変換過程が生起している。この過程を指導する原理は、植物が炭素（炭水化物）を摂取することでおのれの存立を維持するという植物的秩序に固有の原理であって、物理的秩序だけからは説明できない。同時に、二酸化炭素や酸素といった特定の物質単位が何らかの仕方で植物的秩序に対してそのようなものとして（たとえば、おのれの存立に必要なものとして）姿を現わしているのでなければ、この物質変換過程は作動しえない[38]。まさしくメルロ＝ポンティの言う通り、「〈基づけられるもの〉（この場合は植物的秩序）を通じてこそ〈基づけるもの（物質的秩序）〉が姿を現わす以上、〈基づけられるもの（植物）〉は〈基づけるもの（物質）〉の単なる派生態であるわけではない[39]」のである。基づけられて成立した上位の秩序は、或る仕方で下位の秩序を「支配＝統御」する。だが、この「支配＝統御」は下位の秩序に一定の限度を超えた変異が生じたときには機能不全に陥り、場合によっては上位の秩序自身の存立が失われてしまう。この意味では、上位の秩序は下位の秩序に確かに「依存」しているのである。

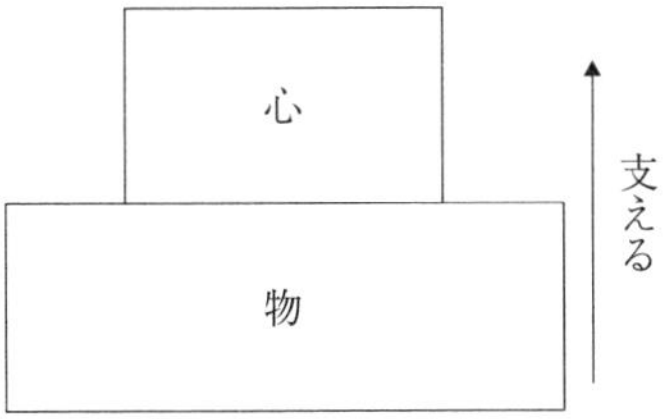

図1－3　物は心を「支える」

この種の関係が物（理）的秩序と心的秩序の間にも成り立っていることを、「基づけ」理論は主張する。フッサールの下でのそれは言うに及ばず、メルロ＝ポンティの下でのそれからもさらに一歩踏み出して、まずは「物」と「心」の間の関係について言えば、それはさしあたり図1－3のような関係と言ってよい。この図は、両者の間の階層性を表わ

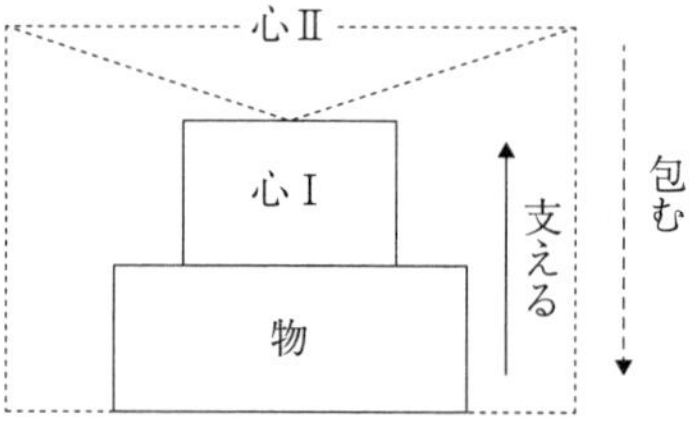

図1－4　心は物を「包む」

すために、両者を横から見た上下関係で描いている。物（理）的秩序の上に心的秩序が乗っていると同時に、後者の方が前者よりも幅（外延）が狭い（小さい）。これは、先にデイヴィッドソンが次のように述べた事態に対応している。「非法則論的一元論は、すべての出来事は物（理）的であると主張する一方で、すべての出来事が心的であるわけではないという可能性を認める」（AE214/273）。つまり、どんな心的出来事もそれに対応する物（理）的出来事（ないし記述）をもつが、すべての物（理）的出来事がそれに対応する心的出来事（ないし記述）をもつとはかぎらないのである。これを「心的特徴は或る意味において物（理）的特徴に依存する（dependent）、あるいは付随する（supervenient）」（AE214/273）と言ってもよい。本書はこれを、「物」は「心」を「支える」と表現する。

だが、これだけでは、事態の正確な描像にはとどかない。というのも、先にもふたたびメルロ＝ポンティを引き合いに出しつつ触れた「〈基づけられるもの〉（心）は〈基づけるもの〉（物）の単なる派生態であるわけではない」というもう一方の側面が、いまだ描き出されていないからである。この側面を図示するとすれば、それは、基づけられた次元である「心」が物（理）的次元を、みずからを支えるものとしてはじめて現われさせる（開示する）という事情を示すものでなければならない。図1－4の破線で示した部分がそれにあたる。基づけられた「心」は、おのれを基づけている「物」を「物」としてあらわにするという仕方で、実はみずからをも含めて「物」の次元全体を包摂する次元を開いているのである。(40)

「心」は、単に「物」を「物」として現出させ、或る仕方でそれをおのれの「支配」下に置くばかりでなく、さらにそれをも越えて、みずからを「物」に基づけられたものとして捉え、また、そのような仕方で他の「心」たちもまた世界の中に位置を占めていることを理解することによって、それらすべてをさらに「包摂」する次元へとおのれを開いてもいる。この次元をも通常私たちは「心」と呼んでいるだろうし、さしあたりほかに適当な言葉も見当たらないのでこれをそのまま踏襲すれば（すぐ後であらためて正確に言い直すが）、「心」という次元は、「物」に支えられたかぎりでのそれと（「心Ⅰ」と表記しよう）、おのれを含めたすべての「心」が「物」に支えられている或る開けた次元を指し示すそれ（「心Ⅱ」と表記しよう）の二義を含んで、成り立っているのである。

「物」と「心」の階層性を表現するために横から両次元を眺めたかたちで図示したもの（図1-3、1-4）を、いわば真上から（つまり「基づけられたもの」の側から）眺め直したかたちで（そして、そこにおのれ以外の他の心たちをも描き込んで）あらためて図示すれば、それは図1-5ならびに1-5′のようになるだろう。この場合には、「基づけるもの」を包む「基づけられたもの」の方が外延が広くなる。ここでフッサール現象学の用語を借用すれば、かつてフッサールが「経験的＝自然的自我」と呼んでいたものは「心Ⅰ」のレヴェルに存立する複数の私たちであり、彼が「超越論的主観性」と呼んだものは「心Ⅱ」のレヴェルにおいて、複数の自我たちのみならずすべての物的次元をも包摂する唯一の開けたところのことなのである。

この「開けたところ」を先に暫定的に「心Ⅱ」と呼んだのだが、実はこの次元は私たちが通常理解している「心」とは似て非なるものと言わなければならない。なぜなら、このように個々の心やあらゆる物体＝物質を、つまりは世界のすべてをその内に包摂する次元は、（いかに拡大して用いるとは言っても）もはやそれ自体が一個の生きたものを思わせる「心」とは呼べないからである。この次元は、むしろ「世界」に近いと言ってよい。したがって、この次元をフッサールのように「超越論的主観性」と呼ぶことも誤解を招く。「主観性」と言われれば、どうしても心ないし意識にそれを惹きつけて理解してしまうだろうからである。この間の事情について本書はこれから何度も立ち帰ることになるが、以後はこの次元を（可能なかぎり「心」との混同を避けるために）「超越論的次元（ないし超越論的領野）」と呼んで議論を進めることにする。

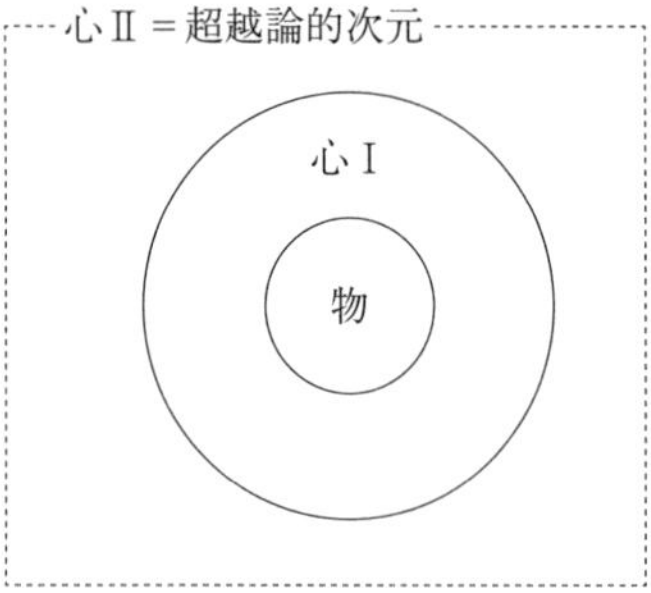

図1－5　超越論的次元が物に支えられた心を包む

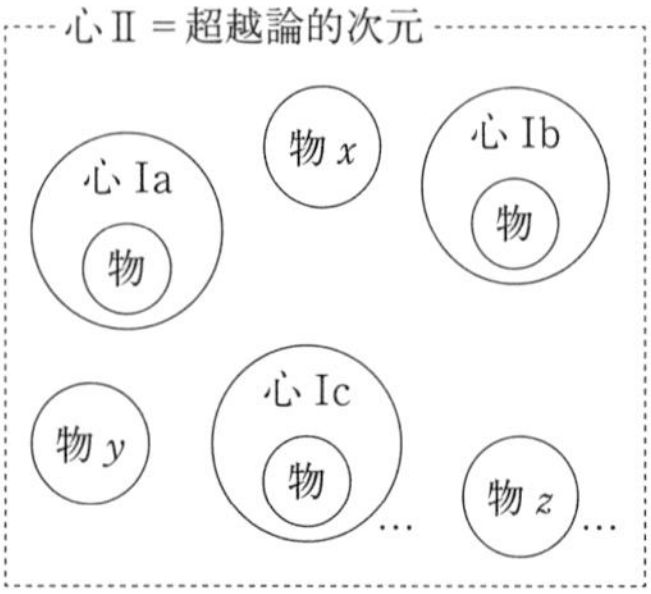

図1－5′　超越論的次元が物に支えられた心たちを包む

　さて、この「超越論的次元」は、物の秩序にも、通常の意味での心の秩序（「心Ⅰ」にあたる）にも属さないがゆえに、先に本章第1節bで検討した「第三のもの」に見えるかもしれない。しかし、そこで候補として挙げられたスピノザの「神」と「超越論的次元」は、次の点で決定的に異なる。すなわち、前者が（物的ならびに心的）「属性」に覆われていわば原理的に「見えない」にもかかわらず心と物の背後にあって両者の同一性を保証する「実体」であるのに対して、後者は心や物がそのようなものとして「見える」ことを可能にする或る「開けたところ」であって、それ自体は心と物の同一性を保証する何らの実体でもないのである。後者は、「机」であり、「他人」であり、「痛み」であり、「3」（という数）である……当のものが端的に「そのようなものとして」、そのようなものであるかぎりで姿を現わす次元なのであり、この次元において「そのようなものとして」姿を現わしてはじめてそれらは（いわば「そのようなものであること」に加えて）物的なものであったり、（「心Ⅰ」の意味での）心的なものであったりするのである。スピノザの「神」が、属性に覆われて原理的に「見えない」隠れたる神（逆に言えば、信仰においてのみ「見える」神）であるとすれば、本書の言う「超越論的次元」は、物や心（「心Ⅰ」）がそのようなものとしてそこにおいて姿を現わす或る開けた場所（「世界」）なのである。

以上の議論は「物」と「心」の関係に限定されたものであるが、私たちの現実を眺めてみれば、この両者の間にいくつかの中間段階を見て取ることができるはずである。その中間段階とはさしあたり植物的秩序と動物的秩序であるが、それらはさらに細かく区分される可能性がある。詳細は省くが、概略を示す図を掲げておこう（図1-6）。この図も、先の図1-5、1-5′と同様、基づけられた次元が基づける次元を包摂する関係を連続的に表示するために、基づけられたものの幅（外延）が基づけるもののそれより広く（大きく）なっている。つまり、基づけられたものの（内）側から、おのれを支えているいくつかの基づけるものの層を遡って覗き込んだ図である。このとき、基づけられた各々の次元は、たとえみずからの次元がさらに上位の次元を基づけているとしても、おのれの次元からはそれら上位の次元はまったく見えないことに注意しよう（見えている場合でも、それはせいぜい自

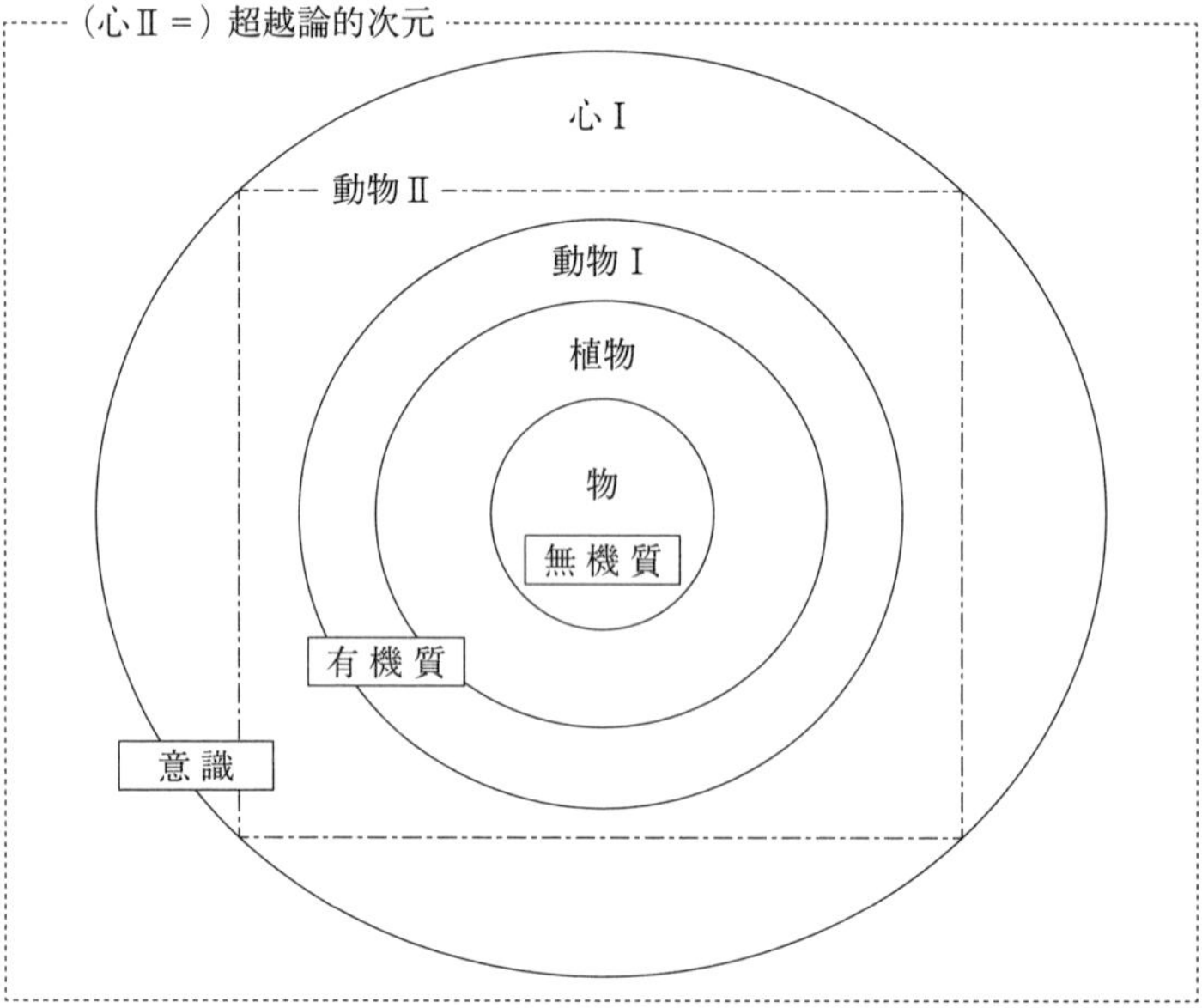

図1-6　すべては超越論的次元に包まれる

分たちと同等のものとしてであって、基づけ関係の上で上位のものとしてではない)。

たとえば動物的秩序においては、みずからを基づけている植物的秩序や物質的秩序は捉えられるが、おのれより上位の「心Ⅰ」より上は(そのようなものとしては)まったく視野に入って来ない。そうであるにもかかわらずこの図で動物的秩序がⅠ、Ⅱの二つに分かれているのは、少なくとも或る種の動物たちの下では、自分たちの同類(私たち人間も彼らにとってはその同類の一つ、すなわち一動物種以外ではない)と植物と物質が区別された上で、それらの布置の中にそれなりの仕方で自分たちを位置づけていると見てよいように思われるからである。そのような開けた次元を示すのが、「動物Ⅰ」と私たちの「心Ⅰ」の間に差し挟まれた破線の四角（「動物Ⅱ」として表示された部分）である。これは、私たちの下に見られる「意識」とすでに構造的には近しいものである可能性がある。

非法則論的一元論における「同一」性の内実を「基づけ」関係によって解明する試みはここまでとし、この論の奇妙さが由って来たる第二の点にも簡単に触れておこう。これは、「同じ」ものが一方の記述の下では法則に服さず、他方の記述の下では厳格な法則に決定論的に従うということの奇妙さだった。本章冒頭で引用したカントの問題提起に従えば、法則によって厳格に規定されているものがなおかつ自由であるということが、もしその自由が単なる錯覚か無知に由来するのでないとすれば、いったいいかにして可能となるのか。

「心」と「物」は決して「同じ」ものなのではなく、前者（心）の次元においてはじめて後者（物）の記述が可能となるのだから、事態を単に記述の仕方の違いによって説明することはできない点については、すでに論じた。事態は、そこに法則性が見出されるか否かとは独立に、すでに私たちの下に存立している心的なものの次元から出発して（そもそもそれ以外のどこから出発しうるというのか）、その次元の中に法則化可能な次元（部分）を記述を通して発見してゆくという仕方で進行している。世界の物（理）的記述は、つねに心的次元での事柄の同定（同一化）を前提ないし基準にしていたからだ。したがって、心的次元は決して消去されないが（もし消去されたとすれば、そもそも物（理）的記述が不可能になってしまう）、しかしこのことは、心的次元が一定の条件の下で（つまり、物（理）的記述を可能にする条件の下で）法則論的に説明されることを何ら排除しない（たとえば「痛み」を脳内のC繊維の発火（興奮）として記述し、そのように記述された「痛み」をC繊維の発火にまでいたる神経経路の因果連鎖と接続するのである）。だからこそ私たちは、日々の生活の中で便宜的に（プラグマティックには、と言ってもよい）心身の（心と物との）因果関係を法則論的レヴェルですら認めることができるし、現に認めてもいる（デイヴィッドソンの第一の原理と第二の原理である）。

しかしこのことは、存在論上の身分として心身が（心と物が）法則論的関係にあることや因果関係に立つことを決して意味しないのだ。大森はこの関係をその「重ね描き」論の構図の下で「即ちの関係」として示した[41]。これに対して「基づけ」理論は、言うところの「即ちの関係」に「心」と「物」が立つことが、単に重ね描きによるのではなく、次元の異なる二つの秩序が階層性を伴って一方が他方を基づけつつ、他方が一方を包摂し・統御することによるものである点を明らかにするのである。ここで統御を行なうのはあくまで基づけられた次元である「心」なのであり、たとえば私の「決心」が私の特定の「振る舞い（行為）」を「惹き起こし[42]」、そのようにして惹き起こされた「振る舞い」が物理的にも記述されうるのである。したがって「惹き起こす」という意味での因果関係（正確には「動機づけ」関係―註（42）参照）を心の次元においても認めるとしても、それはあくまで私の「決心」と特定の「振る舞い」の間に成立しているのであって、そのような「決心」や「振る舞い」とそれらの物理的記述との間に成立しているのではない。心と物の間に相互的な因果関係の成立を認めてしまうデイヴィッドソンとリベットは、そのことによって、この両次元の間に成り立っている関係の内実を捉えることを阻まれてしまったのである。

いまや、リベットを「基づけ」理論の観点から批判的に考察する作業は、必要最小限にとどめておくことができる。物理‐化学的次元において彼の実験が実証的に示した事実がきわめて興味深いものであるにもかかわらず、そうした物理‐化学的次元と心的次元との関係を彼が捉え損なったことが、すでに（無意識裡に）起動過程の内にある行為を停止するという否定のはたらきにのみ自発性を認めて起動そのものにはそれを認めないという不自然さの、そしてまた、この否定のはたらきには無意識的過程の存在を認めず起動にのみそれを認めるという不自然さの由来なのである。

デイヴィッドソンに戻ろう。彼がその論考「心的出来事」の末尾にふたたびカントからの引用を行なっている顰《ひそみ》に倣い、本章もここで、同じ引用を掲げよう。

「矛盾に関するその幻想が次の事実に由来するということを示すことは、思弁哲学の避けることのできない課題である。その事実とは、一方において人間は自由であると言われ、他方において人間は自然法則に従っているとみなされるとき、私たちは異なる意味において、そして異なる関係の中で、人間について考えているという事実である。……それゆえ、両者ともに完全に共存しうるということのみならず、両者は同じ主体において必然的に統一されていると考えられねばならないということもまた、示されねばならない……」（AE225/291-2）[43]。

ここでカントの言う「異なる意味において、そして異なる関係の中で」こそ、物と心との次元の差異を指し示している。そして最後に言われている心身の「必然的」な「統一」を可能とする関係性の内実をなしているのが「基づけ」関係であることを、本章は示そうとしたのである。

4　自由のために

本章を閉じるにあたって、なお一つ触れておかなければならない論点が残っている。それは、本章冒頭で〈自由と必然の両立〉がある独特な意味で「仮定」でありえ、かつ「仮定」でありつづける、と述べたことに関わる。(44)

物(理)的次元を記述し、そこに何らかの法則論的(決定)関係を見出すことができるためには、心的次元における出来事の同定(同一化)が先行し、基準を与えるものとなっていなければならないことを、すでに論じた。そしてこの心的次元が「非法則論的」なものであることは、デイヴィッドソンによっても認められていた。本章はこのことを、その次元が法則論的なものであるか否かとは独立にすでに与えられてしまっており、そこから以外にいかなる記述も出発しえない、とも表現した。つまりこの次元は、最初の記述を与えるものとして、したがって当然、いかなる証明や法則論的探究にも先立って、あらかじめ「自由」なのである(ここでの「自由」はさしあたり、いかなる条件や拘束からも「解き放たれている」という意味で使われている)。

しかしこのことは、この次元において、あらかじめは見通せない仕方で何らかの法則が決定論的な仕方で機能している可能性を何ら排除しない。そもそもこの次元において姿を現わしたものの物(理)的記述とは、そのような記述を通してこの次元の内に法則が決定論的な仕方で機能していることを見出す試みなのであり、この試みは現にそのかぎりで間違いなく成功を収めてもいるのである。だからこそ私たちは、人が特定の状況の下でどのように考え、どのような判断を下し、どんな振る舞いをするかを、ある程度予測することができるし、現にしばしばそのようにして予測した上で、みずから行動してもいる。

だが、それにもかかわらず、こうした法則論的な決定関係の探究が、いつも事態を完了の相の下で捉えた上で(つまり、いったんは記述された後に)なされる原理上の「後追い」(45)であることに変わりはない。過去の出来事も、事態の現状をいったん完了の相の下で記述した上で、法則に従ったその因果的展開を原因へと向かって遡ることで描き出されるのだから、やはり「後追い」なのだし、未来の出来事も、特定の記述の下での現在の（そして、過去の）事態の因果的展開の結果として描き出されるのだから、同じく「後追い」なのだ（未来の予測は、このような「後追い」に基づいて行なわれる）。これが、あらゆる記述は心的次元での同定（同一化）を前提にしているということなのである。

およそ何であれ、何かが何かとして姿を現わすのはこの心的次元（厳密には、そして最終的には、本章の言う「超越論的次元」）において以外にはないのだから、そしてどんな法則論的記述もそれを「後追い」するしかないのだから、この次元における何ごとかの現出は原理的にいかなる法則にも先行するのであり、この意味で「自由」でありつづける。この「自由」に、積極的な意味での「自由」も、根をもっている（ここで言う「積極的な自由」とは、先に本節が言及した「自由」が「いかなる条件や拘束からも解き放たれている」という意味で「……からの自由」であったのに対して、何ごとかをみずからの名の下にはじめて実現へともたらそうとする「……への自由」のことである）。この自由は、いわば「それ自身の内から」姿を現わす。

「……しようと欲する」ことそれ自体は、それに先立ついかなる原因をも有してはおらず（原因たりうるのは物（理）的なものだけだからである）[46]、せいぜいその「意志」ないし「意欲」を動機づけるものをもつにすぎない（これが、「意志」を本章の言う「心I」において記述した場合にあたる）。だが、動機は特定の行為へのいわば誘因ではありえても、その行為を決定するものではありえない。どんなに強い誘惑であっても、それが「誘い」である以上、どこまでもそれを斥ける余地が残るのである。たいていの場合、私たちはこの誘惑に「屈する」のだとしても、それが「屈する」ことでしかありえない以上、それを斥ける余地は原理的なものなのだ[47]。いわんや、動機の記述もまたそれを前提にしてはじめて成り立つところの「超越論的次元」の原理的先行性は、もはやこれを阻む何ものももたない。

しかし、繰り返せば、この「自由」は何ら証明されたそれではない。先にも見たように、この「自由」の或る部分は（心の次元に姿を現わし何ものかとして同定されたものに物（理）的対応物を重ね合わせることによって）物（理）的法則に服するものであったことが（「後から」）明らかにさえなるのだから（たとえば、大脳内の神経興奮の因果連鎖として）、そしてそのかぎりで、当の物（理）的過程に関して未来の出来事を決定論的な仕方で予測することも可能となるのだから、こうした特定の記述に先立つそれは、何の証明もなしに「自由」とされたものにとどまるのである。たとえば誘惑に「屈した」ことが、特定の動機を介して（場合によっては動機を飛び越えて）物（理）的原因によって規定されたものとしてあらわになり、かくしてその必然性（やむをえなさ）が「証明」されるのだ（だが、その逆、つまり「屈しなかった」ことも同様に、必然性において証明されうることに注意してほしい。つまり、記述が物（理）的次元に移ると、もはやそこに「自由」が姿を見せる余地はないのだ。その余地があらかじめ奪われる、と言ってもよい）。この意味では「自由」は、たんに「仮定」でしかありえない（そして遅かれ早かれ、因果必然性証明の下で姿を消す）。

だが、どんな因果必然性証明も、「仮定的自由」の下ではじめて姿を現わしたものを物（理）的に記述し直した上で、その記述し直されたものに関してのみ行なわれる「後追い」である以上、仮定的自由の下で姿を現わしたものにそのかぎりで当の自由をどこまでも「仮定」として保持し・掲げつづけることの可能性もまた、揺るぎないものであることを忘れてはならない。「自由」は、それが「仮定」でありうるということの内に、そしてそのことの内にのみ、おのれの存立の基盤を有しているのである。どんな行為も、それがひとたび為されてしまったならば、果たしてそれが真に「自由」に為されたものなのか否かに関して疑念が生ずる。すでに見たように、少なくとも部分的には、つまり物（理）的に記述し直された部分に関しては、そこに因果的必然性の網の目を被せることができるからである。

しかし、そうした因果的記述が原理的に「後追い」でしかありえない以上、法則論的決定に先立つ次元が空白のまま残されざるをえない。この意味での「自由」は、因果必然性証明が為されたとしても、決して消えうせることはない。その証明が為される物（理）的次元を〈みずからを「基づけるもの」〉としてはじめて現出させる心的次元は、そのような仕方で物（理）的次元を包摂し・統御しつづけているからであり、このかぎりで物理的次元に還元することができないからである。これはすなわち、当の行為が「自由」に基づくものなのか否かが決定不能となることを意味する[48]。このことこそが、そこに「自由」が可能性として居合わせつづけていることの証しなのである。

そして私たちは、可能性としてのこの「自由」をみずからのものとして引き受けることで、現に自由となるのだ。自由な者として承認される、と言ってもよい。つまり、或る行為をみずからのものとして引き受け、すなわちその行為に責任をもつことによって、当の行為の担い手にして主体である私が、誰の目にも明らかなかたちで姿を現わすのである。当の行為がどこまでも物（理）的に記述可能であり、その記述の下で因果的必然性に服しているにもかかわらず、その行為がいまや私の行為である以上（つまり、私がそれを行なったと当の私が認めている以上）、それは私という主体が私であるかぎりで為した行為、私以外のどこにもその由来をもたない振る舞い、すなわち私の自由に基づくものとなるのだ[49]。この自由は、物（理）的に記述された世界に対していわばその「外部」から、ないし物

（理）的世界に基づけられた「上位の」次元から、到来したのである。(50)

しかし最後に、もう一度だけ繰り返そう。この「上位の」次元は、その存在を私が認めるかぎりでしか、その存在を示すことのない次元なのである。ある振る舞いを私のものとして担い・引き受けようと欲する私の意志（思い）以外に、この次元の成立を担保する何ものもないのだ。明らかなように、この次元は徹頭徹尾「私が欲する」ことによってのみおのれの存立を維持しうるにすぎないのだから、誰が・いつ・どこから見てもその存立が証明されるような類いのものでは原理的にないのである。それどころか、当の私ですら、はたしてみずからの行為がどこかに（みずからに対して）隠された原因や動機を潜ませていなかったかという疑念に、つまりは、自分が真に自由だったのか否かという疑念に、たえず曝されつづけているのだ。この疑念に抗してのみ、自由はみずからを支えることができる。これが、自由はあくまで仮定にとどまり、そのかぎりでのみおのれを全うするということなのである。(51)このとき私たちの振る舞いは、物（理）的には（物（理）的記述の下では）因果必然性に法則論的に服しながらも、なお自由でありうるのである。(52)

本書は以上の検討を経て、ようやく「自由」をめぐる問題の入り口に立った。だが、そうした自由が生命とどのような関係にあるのか、生命という秩序の中でどのような位置を占めているのか、占めうるのかといった問題には、あらためて第Ⅱ部で取り組むことになる。それに先立って、私たちの現実の存立構造と、その解明に取り組む私たち自身の立っている地点に関して、いま少し検討を加えておかなければならない。

第2章 脳科学・心理学・現象学——交錯と離反

先に本書は、生命と心ないし意識（以下、本章では、意識と同義の心を単に「心」と表記する）とが密接に関係しているのではないか、両者は不可分の関係にあるのではないかという見通しを述べた。現代においてこの「心」に関わる代表的な学として、脳科学、心理学、現象学を挙げることができる。ところがこれら三つの学は、いずれもが何らかの仕方で心に関わりながらも、互いに別々の方向を、いわばソッポを向いているようにさえ見える。すなわち、本章の副題に掲げた「交錯と離反」である。こうした事態の根底にあるのは、それらいずれもが関わっているはずの「心」なるものをどのように捉えたらよいのかをめぐる齟齬である。換言すれば、心とは何であるか、そして心が世界の事物と取り結ぶ関係はいかなるものかがいまだに明らかでないために、これらの学は互いに交錯しつつも離反してゆかざるをえないのだ。本章が試みるのは、これらの点を明らかにすることを通して、新たに捉え直された心とこれら三つの学が取り結ぶ関係に光を当てること、その結果としてこれら三つの学相互の関係を明示することである。

1　「もの」と「こころ」

現代において心を問題とするとき、それを脳という身体器官とまったく無関係に取り扱うことはできない。以下で検討するように、心のさまざまなはたらきが脳という器官と何らかの関係をもっていることはいまや自明の理に属するように思われるからだ。科学が未発達であった長い間、心の在り処《か》は心臓だと思われていたのだが、いまや心臓はその地位を脳に譲ったのである。だが、「心臓」という言葉を見過ごしてはならない。さまざまな臓器（器官）からなる身体には、その身体を身体たらしめている或る原理が、すなわち「中心」が存在しているのであって、その中心の名が「心」であり、しかしてその「心」が宿る臓器が心臓なのだ。つまりこの言葉は、身体を（単なる物体と区別して、ほかならぬ）身体たらしめている何らかの原理が存在するに違いないという見通しをすでに表明しているのであり、その原理を主として担う臓器が従来の予測に反して〈身体のほぼ中央にあって血液を身体中にめぐりわたらせるあのポンプ〉ではなかったということなのだ。したがって、この言葉の成り立ちから言えば、いまや脳こそが心臓と呼ばれて然るべきなのである。

かくしていまや、身体を身体たらしめている原理の宿るところは脳である。脳が身体の中心であり、心の座なのだ。そして問題は、ここでの「宿る」や「座」という言葉が、いったい脳と心の間のどのような関係を指し示しているのかである。

あらためて注目しなければならないのは、先に指摘したように〈心とは身体を身体たらしめている原理に与えられた名だ〉という点である。ここで言う身体とは、私たち人間のそればかりではない。

人間以外の哺乳類も、さらには爬虫類も甲殻類も昆虫も、およそあらゆる動物が皆それぞれの身体をもつ。これらの身体は、一面では確かに「もの」である。すなわち、さまざまな物質が何らかの仕方で組織化（オーガナイズ）されたものである。そして、この組織化の原理それ自体は「もの（物質）」ではないという洞察が、この原理を（「もの」と区別して）「こころ」と呼ばせたのである。

　この意味では、動物ばかりでなく植物も身体をもつ。なぜなら、植物もまた単なる「もの（物質）」ではなく、物質が或る種の仕方で組織化された存在だからである。すなわち、「もの（物質）」が「こころ」というそれ自体はもはや「もの」ではない原理によって組織化（オーガナイズ）された存在が有機体（オーガニズム）なのであり、このような組織化に先立つ単なる「もの」が非‐有機体、つまり無機物なのだ。物質同士の結合を、同じ物質のレヴェルで説明し尽くせるものが無機物だと言ってもよい。ここで登場した有機化の原理の名が「こころ」なのだとすれば、およそあらゆる動物は「こころ」をもつことになるし、それどころかすべての植物もまた「こころ」をもつことになる。したがって、ここで言う「こころ」は、先に本論が「意識」と同義に用いた「心」とは区別されなければならない。アリやハエが、ましてや植物全般が、私たちの下で意識と呼ばれているものをもつとは、ふつう誰も思わないだろうからだ。

　しかし、アリやハエや植物がもはや単なる「もの」ではなく、「もの」を或る種の仕方で絶えず組織化してゆく原理の下にあることもまた確かなのだから、それらはすでに（「もの」の秩序とは別の）ある新しい秩序の住人である。この新たな秩序化の原理としての「こころ」を、先の（私たち人間の下で典型的に見られる）「心」（ないし意識）と区別して、ひらがなで表記することにしよう。ふつう、この有機化の原理は生命と呼ばれるだろうが、本章があえて生命と「こころ」を等置するのには理由がある。それは、この原理の下ではじめて、いまや組織化されるにいたった有機体に対して何ものかが何ものかとして、つまり当の有機体にとって何らかの意味をもった存在として姿を現わす、すなわち現象するからである。ここで登場した「意味」なるものの最も原初的な在りようは、有機体の構成要素として組織化さるべきもの、つまり当の有機体にとってのプラス（正）の価値と、逆にそこから排除・排泄さるべきもの、つまり当の有機体にとってのマイナス（負）の価値といったほどの単純なものだろう。

しかし、いずれにせよ決定的なのは、いまや「もの」が何らかの価値という「意味」の相の下で有機体に対して現象するという点である。有機体は、みずからの存続に関わるものを、それの現象を通して認知するのだ[1]。単なる「もの」は、それが「もの」の次元にとどまるかぎり（つまり、そこに「もの」以外の次元が介在しないかぎり）、決して現象するということがない。あえて言えば、そのかぎりでの「もの」は単に「ある＝存在する」だけなのだ。さらに言えば、それは何かとして——たとえば机として、水として、二酸化炭素として……「ある＝存在する」ことすらない。なぜなら、「何かとして」は、いま考察したように、現象するものだけがもちうる「意味」の次元に属する事態だからである。単なる「もの」の次元においては、すべてが「何かとして」の輪郭を失って単なる「ある＝存在」の闇に没したままなのだ。同じことを逆から言えば、生命とは、いまや組織化されるにいたった有機体に対して何ものかが何ものかとして（意味を担って）現象する新たな秩序のことであり、そのようにして何ものかが現象するところが「こころ」なのである。生命と「こころ」が本質的な連関をもつ所以である。

そして、（心臓や脳を器官として含む）身体は、「もの」が組織化されることで「こころ」の次元が開かれるちょうどその地点・時点に位置している。つまり身体は、空間的にも時間的にも、この両次元を媒介する位置にある〔後に論ずるように、正確にはここで生じている事態は、〈「もの」が組織化される、すなわち「こころ」の次元が開かれる〉と表現されねばならない〕。私たち人間のように高度に発達した「こころ」（つまり「心＝意識」）をもつには脳という固有の器官の形成が必要であるにしても、何ものかが何らかの価値を担って意味として現象するには、環境との間で「もの」の遣り取りをすることを通じておのれを組織化（オーガナイズ）する身体で十分なのである。(2)

以下では議論をさしあたり人間の脳と心に（心脳問題に）限定するが、原理的には身体と心に（心身問題に）、さらには「もの」と「こころ」一般にまで視野を拡げうるような展望がこの議論の背後に開けていることを忘れないようにしよう。そもそも脳は孤立して存在するものではなく、身体のあらゆる部分と結びつくことで機能するのだし、身体は身体でその環境と結びつくことなしには一瞬たりとも存立しえないのだから、実は心脳問題は「こころ」と「もの」を介しての「世界」問題なのである（あらかじめ述べておくならば、この最後の点が現象学と結びつく）。

a　因果関係と動機連関

さて、それでは脳と心の間にはどのような関係があるのか。まず思いつくのは、私たちがよく知っている身近な関係概念をここに当てはめて理解しようとする途である。実際、心脳問題においても、そのような議論が積み重ねられてきた。その際の主要な関係概念は、大きく言って二つあった。先に第1章で見たように、因果関係と動機づけ関係である。(3) 言うまでもなく因果関係とは、二つの物事の間を原因と結果としてつなぐものである。海風が吹くのは、日中の太陽光で温められた陸地上の大気が上昇し、そこに相対的に温度の低い海上の大気が流れ込むからである。このとき、海風という結果を惹き起こしているのは日中の陸地での大気の上昇であり、後者が前者の原因なのだ。このように因果関係は、「もの」の次元で生ずる事態をとてもよく説明してくれる。

他方、動機づけ関係は、「こころ」の次元で生ずる事態をよく説明してくれる。あなたがいまそこに座って読書を始めたのは、本書の考えを検討するためである。つまり、あなたはひょっとして本書の考えが検討に値するかもしれないと思ったから、そこに座って読書を始めたのだ。このときのあなたの「ひょっとして検討に値するかもしれない」という思いは「こころ＝心」の次元で姿を現わしたのであり、そのように思ったから、つまりそのような理由で、あなたは読書を始めたのである。同じ事態を、「あなたは本書の考えを検討するために、そこに座って読書を始めた」と説明することもできる。すなわちあなたは、本書の考えを検討するという目的でそこに座ったのだ。このときの理由や目的が、あなたの特定の振る舞い（行為）の動機（モチベーション）なのである。

以上で見たように、因果と動機というこれら二つの関係概念は、それぞれによる説明が有効な固有の次元をもっている。因果は「もの」の次元、動機は「こころ」の次元、というわけだ。だが、いま問題なのは心と脳の関係である。つまり、関係項の一方は明らかに「こころ」の次元に属し、他方の脳は少なくともその一面において紛れもなく「もの」なのである。脳科学がさまざまな実験を通してアプローチしているのが、「もの」としての脳のその仕組み（機構や構造）であることに大方の異論はないだろう。だが、ここで問われているのは、「もの」と「こころ」という異なる次元にまたがる関係なのだ。はたして異次元にまたがる関係を解明するにあたって、先に述べたそれぞれに固有の有効次元をもつ関係概念は有効に機能してくれるだろうか。検討してみよう。

因果関係をこの場面でも適用するとすれば、それは本来「もの」の次元で有効な関係概念だから、「もの」であるかぎりでの脳が原因となって「こころ」の次元に何らかの結果（帰結）を惹き起こすと考えることになる。確かに、このように考えてよさそうなケースは枚挙に暇がない。交通事故で脳に重大な損傷を被ったために意味の世界をつかさどる言葉を思うように操れなくなった（失語症）とか、あるいは、麻薬という化学物質を摂取したために幻覚を見た……。いずれも「もの」の次元の変化が原因となって、「こころ」の次元に何らかの変化や異変がその結果として惹き起こされたように見える。精神医学の用語で言えば外因性精神疾患と呼ばれるものがそれで、その内の器質性が前者であり、中毒性が後者である。

他方で、動機づけ関係を適用できるように見えるケースも確かに存在する。その場合、それは本来「こころ」の次元で有効な関係概念だから、「こころ」の次元での何らかの出来事が引き金となって、つまり動機となって、「もの」の次元での変化が出現すると考えることになる。たとえば、対人関係のこじれがストレスとなって顔面に痙攣が出たり（チック）、胃に穴があいたりする（胃潰瘍）。あるいは、仕事上の悩みによって職場に出勤できなくなり（引きこもり）、ひどい場合には自殺にまでいたる（このケースは、現在では労働災害と認定されることがある）。先と同様、精神医学の用語で言えば、これらはいずれも心因性精神疾患と呼ばれる。ここで「心因性」という言葉が用いられていることからも窺い知れるように、本来動機づけの関係であるはずのものも、自然科学が地盤とする「もの」の次元の関係概念である因果性に置き換えられている点を見逃してはならない。

つまり、脳から心へ（「もの」から「こころ」へ）であれ、心から脳へ（「こころ」から「もの」へ）であれ、そこで有効に機能するとされているのは、因果性という本来「もの」の次元で成立する関係概念なのである。はたして脳と心の間にも、「もの」と「こころ」の間にも、「もの」の次元の論理である因果性が十全の妥当性をもって通用するだろうか。この場面にも「もの」の論理で対処しようとすることが、「こころ」の次元の独自性を見失わせ、ひいては「もの」と「こころ」の関係をも見誤らせることになってはいないか。

この点を考えるためにも、先の問い、すなわち「もの」が原因なのか、それとも「こころ」が原因（正確には動機）なのかという問いの行く末に注目することが役に立つ。次のような実験を考えてみよう。伏せられた五枚のカードがある。その内の任意の一枚を選んでめくるよう被験者は要請され、どのカードをめくるか決めた時刻を報告するよう求められる。この間、被験者の脳の状態は逐一モニターされ、記録される。このように実験を組み立てることで、被験者がたとえば「よし、右から二番目だ」と決めた時刻、すなわち「こころ＝心」における決定の時刻と、当の決定を示す脳の特定の状態が出現した時刻、すなわち「もの」における決定の時刻を比較してみようというわけである。

「もの」の次元における決定の時刻と「こころ」の次元におけるそれの一方が他方に有意に先行していることがこの実験によって確かめられれば、先行している方が原因で他方はその結果ということになり、脳と心、「もの」と「こころ」の間に〈いずれかがいずれかの原因であり、結果である〉という関係が成立する。はたして、被験者がその心において「よし、右から二番目だ」と決めたから、それに対応する特定の脳状態が出現したのか、それとも逆に、特定の脳状態が出現したから、それに応じて被験者が「よし、右から二番目だ」と思うのか。

問われている事柄がコンマ以下のミリ秒に関わるだけに、そのような微細な時間スケールでは通常営まれていない私たちの心の次元を一方で含んでしまうこの実験から有意な結論を引き出すに足るだけの装置を組み立てるにあたって技術上の困難があり、また、すぐあとで論ずるように原理的な問題もあり、長らく単なる思考実験にとどまっていたこの実験に有意な測定結果を得たとする報告と、その測定結果に基づく一連の刺激的な考察が発表されたのは二〇〇四年、アメリカの神経生理学者ベンジャミン・リベットによってだった(4)。彼の測定と考察はここで取り上げたタイプの実験(同じものではない(5))とそれ以外のものとの組み合わせによって成り立っているのだが、ここでは先のタイプの実験に関わる測定結果に限定して検討しよう。

彼によれば、ある自発的行為(本章の実験で言えば「右から二番目」のカードを選んでそれをめくる行為)には、当の行為を行なうために必要な準備電位が脳内で当の行為に先立って起動していることが認められたという。具体的には、自発的行為の〇・五五秒前(五五〇ミリ秒前、以下ミリ秒表示は略す)にはこの準備電位が起動しているのだが、この行為への意志(「よし、右から二番目だ」)を当人がもつ(つまり、当人がそれをそのようなものとして意識する)のは、その行為の〇・一五秒から〇・二〇秒前にすぎないのである。この事実は、当人が「……しよう」と思う(「よし、右から二番目だ」と思う)およそ〇・四秒前には、もう自発的行為が無意識の内に始まっていることを示す。ここにリベットは、意志に対する脳の先行決定を見て取り、行為の起動に関して自由意志は否定されたと考えるにいたる。つまり、脳という「もの」の次元が「こころ＝心」の次元に対して、その原因として先行しているというのである。

彼の用いた測定結果からこのような結論が直ちに出てくるものでないことはすでに第1章で検討した(6)ので、ここでは同じ批判を繰り返さず、別の観点からの批判を補足しておこう。ポイントは次の点にある。すなわち、ある行為へ向けての脳内の準備電位の起動が当人によるその行為への意志の気づきに先立っているという事実は、行為への当人の意志が「こころ」の次元において（すなわち、それが当人にはっきり意識され＝気づかれるに先立って）、すでに起動していることを何ら排除しないのである。「もの」の次元での先行的起動が、「こころ」の次元でのそれを必然的に排除するわけではないのだ。私たちが或る行為を行なったとき、なぜその行為を行なったか、つまり当の行為の理由や目的（すなわち動機）を必ずしも明確に意識しておらず、後からその理由や目的に思い当たるといったことは、しばしば起こる。

たとえば、私が本章の元になった講演(7)を引き受けたのは、本人の意識の上では単に「面白そうだ」と思ったからにすぎないのだが、後でよくよく考えてみれば必ずしもそうではなく、これまでのところ何の反響もない自分の考えを少しでも多くの人に聴いてもらいたい、とりわけ心理学者に聴いてもらいたいと思ったからだったのかもしれない。あるいは、講演を依頼してくれた人物に義理を果たしたいと思ったからかもしれないし、日本有数の学会で講演することを名誉だと思ったからかもしれない……、というわけだ。

私たちの意思決定にこうした必ずしも当人が明確に意識しているわけではない多くの事柄が関与している可能性をいち早く指摘し、それをはっきりと心的システムの構造論として展開したのは、言うまでもなくジークムント・フロイトである。私たちの「こころ」の領域は当人に意識され＝気づかれている部分をはるかに越えて広がっているのであり、それを彼は「前意識」や「無意識」と呼び、それらと「意識」とが力動的に相互作用しあう場所として「こころ」を捉えたのである。

「心」が受け容れることを拒否する傷（心的外傷＝トラウマ）が意識されることを回避するために「こころ」が行なうさまざまな方策、たとえば意識をそれとは別のことへと向かわせてトラウマに気づかなくさせるべく繰り返される反復強迫は、ドアの鍵をかけたかどうかを何度も確認する行為として、あるいは枕をあるべき位置に正確に置くために何度も置き直し、ついには定規をもち出して測らないでは気がすまなくなるにいたる行為として、身体レヴェルで具体化されざるをえない。すなわち、神経症である。事態をこのように捉えたときには、「こころ」の次元から「もの」の次元へと行為のヴェクトルは向かっているのであり、しかも事態は、本人が当の行為への意志に気づくのに先立つ心的過程の存在をはっきりと示しているのである。さらに言えば、リベットが見出した準備電位のような脳内の特定の物理的状態が、そうした先行する心的過程に対応していることもまた、この事態は決して排除しないのだ。

「こころ」の次元において、明確な意志（への気づき＝自覚）に先行する過程の存在を示唆する研究をもう一つだけ、挙げておこう。「こころ」の次元そのものの時間構造の構造化のされ方の違いからいくつかの精神疾患の本質に迫ろうとする、木村敏の精神病理学研究である(8)。彼は、統合失調症、鬱病、そして真性癲癇のそれぞれに特徴的に見出される時間意識の在り方をアンテ・フェストゥム、ポスト・フェストゥム、イントラ・フェストゥムと名づけ、そこからそれぞれの精神疾患に固有の振舞いを解明しようとした。これらの命名はラテン語のポスト・フェストゥムが「祭りの後」を意味し、その特徴的な心的虚脱状態を古来表現してきたことにヒントを得たものであり、アンテ・フェストゥムは「祭りに先駆けて」を、イントラ・フェストゥムが「祭りの真只中」を意味する。

木村は、統合失調症患者の多くが次のような趣旨の発言をしていることに注目する。すなわち、他人や未来の事態に「出し抜かれない」ように、絶えずそれらに「先駆け」、「先回り」しようとして「出ずっぱり」になり、先へ先へと進むこうした時間に間断なく追い立てられることで気の休まる暇もなく、アップアップしている、というのである。彼らの下で時間は、通常のそれに比べてはるかに速く、かつ急き立てるような調子を帯びて流れているのだ。逆に、鬱病者における時間は停滞し、なかなか流れ去ろうとせず、ときには過ぎ去った出来事に向かって逆流しさえする。過ぎ去ったこと、既定のものに固執し、それらを墨守しようとする後ろ向きの時間の中ですべてが新鮮さを失い、色褪せ、重く澱む。時間の方向性と力動性が正反対の性格をもつこれら二つの時間構造体に対して、真性癲癇においては、通常は連続的に流れる時間が突然寸断され、いわば時間の中に口を開けた非日常の穴の中にすべてが落ち込んでしまったかのような様相を呈する。患者当人は、この状態が訪れる直前に、自分と世界のすべてが一体となったかのような恍惚と高揚感に包まれるが、時間の寸断とともに意識を失い、その間のことをほとんど記憶していない。

このように統合失調症、鬱病、真性癲癇はそれぞれの「こころ」の次元における時間の構造化のされ方が大きく異なるのだが、そのような構造化を当人が意志的・能動的に行なっているわけではない。逆に、当人の意識の方がこの構造に規定されているのである。すなわち、意識化され・気づかれるに先立って当の意識の在り方を先行的に決定しているのは、そうした自覚的意識を部分として含む時間的構造体としての「こころ」の次元そのものなのだ。したがって、このような意識の在り方を変えようとするのであれば（精神疾患の場合なら、それを治療しようとするのであれば）、こうした心的構造体そのもの（の構造化のされ方）にはたらきかけなければならない。付言すれば、こうした心的構造体に何らかの遺伝因子や脳内での特定の物質の分泌が対応している可能性をこの議論が排除するわけではないことも、先のフロイトの場合と事情は同様である（現に昨今では、大変よく効く抗鬱剤などの薬物が開発されてもいる）。

以上の検討を経てあらためて先の問い、すなわち「もの」が「こころ」の原因なのか、逆に「こころ」が「もの」の変化を惹き起こす原因、正確にはきっかけ＝動機なのか、という問いに立ち戻ろう。いまやはっきりしてきたのは、「もの」と「こころ」はそれぞれに固有の論理をもった独自の次元であって、これら二つの次元を媒介しうるような第三の次元は存在しないという事態である。「もの」の次元は因果性の論理によって個々のもの相互が密接に結びついており、それらは何らかの大きさ（物理量）をもって存在している（それらは、さまざまな装置や器具の助けを借りるにしても、原理上見たり・聴いたり・触れたり……することのできる知覚の対象である）[9]。

他方、「こころ」の次元は動機連関の論理によって構造化されており、この次元内に存在するものはいずれも大きさ（デカルトの言う「延長」）をもたず、したがって知覚もされず、ただ「思われる」（それとしてははっきり気づかれることのない前意識や無意識も含めて）のみである。そして、この両次元以外の仕方で存在するものは私たちの現実において見出されない（力やエネルギーは物理量として測定可能である）。そうであれば、「もの」の次元と「こころ」の次元の間を媒介するような関係は存在しない。因果性によって媒介しようとしても、「もの」の次元での変化（たとえば脳内への麻薬物質の摂取）がどのようにして「こころ」の次元での変化（幻覚を見る）を惹き起こすかを示すことができないのである。因果の連鎖が及ぶのはあくまで「もの」の次元の内部であって、そこから一歩足を踏み出して「こころ」の次元に入った途端にその鎖は切れてしまうからだ。逆もまた然りである。動機連関は「こころ」の次元においてのみ互いにつながりあうのであって、そこから一歩踏み出して「もの」の次元に入ったとたんにその連関は断ち切られてしまい、どのようにして私の意志が私の手にこのような運動をさせているのかを示すことができないのである[10]。

かくして、先の問いに与えうる唯一のもっともに思われる答えは、次のようなものだろう。「もの」と「こころ」の間に、何らかの媒介を経て為される相互作用は存在しない。だが、両次元は無関係に存在しているわけではない。一方の次元の変化に対応する他方の次元の変化は確かに観測されるのだから、「もの」の変化すなわち「こころ」の変化、「こころ」の変化すなわち「もの」の変化なのである。この「すなわち」の関係を先の思考実験で具体的に示すなら、「よし、右から二番目だ」と私が決めた（無意識の部分を含む一連の心的過程の）時刻と特定の脳状態が私の脳に出現した（一連の物的過程の）時刻は厳密に同時刻なのだ（同時刻であるほかなく、そのことは、実は測定するまでもないのである）[11]。

さて、ここまでの議論は、たとえば大森荘蔵がすでに三十年以上前に行なっていたものであり（彼はこの事態を「即ちの関係」、「共変関係」と呼んでいた）[12]、さらに言えば、神という唯一の実体を持ち出したことを除けば三百年以上前にスピノザが心身並行説（「もの」と「こころ」は同じものの二つの現われである）を唱えたとき、すでに原理的には到達していたものである。だが、「もの」と「こころ」の関係を考えるためには、この「即ちの関係」ないし「並行関係」という〈媒介をもたない関係〉の内実にさらに一歩踏み込まなければならない。というのも、「即ちの関係」にせよ「並行関係」にせよ、それらはこれら二つの次元の間に媒介がないということしか、事実上述べていないからだ。本書がこの関係の内実に迫る手がかりとして導入するのが、現象学の創始者エトムント・フッサールの言う「基づけ」という関係概念であることについては、すでに第1章で触れた[13]。「基づけ」関係について、ここで簡単に整理しておこう。

b　基づけ関係

「基づけ」関係とは、彼がその最初の大著『論理学研究』において、独墺学派の論理・哲学者アレクシス・マイノンクの用語を継承しつつ論理学上の主要な概念に精錬し、後に現象学派の哲学者モーリス・メルロ＝ポンティがそれをさらに存在論上の概念にまで拡張して用いたものである。それは、私たちの世界に存在するさまざまな存在者の間にみられる階層関係の内実を言い当てる基礎概念であると言ってよい。

階層性とは、一方の存在者のグループが他方のそれの「上」に（逆から言えば、他方が一方の「下」に）あるという関係である（以下、第1章で用いた図1－3から1－5を適宜参照されたい）。ここで「上」とは、存在者の或るグループなり次元が別のグループなり次元に「支え」られていることを意味する（以下、「次元」は省略する）。「上」にあるものは何ものかに「支え」られることなしには存立しえないのであり、この「支え」るものが先のものの「下」に位置するのである。「下」にあるもの、すなわち「支え」るものは、先の「上」にあって「支え」られるものとは異なり、その存立のために「上」のものを必要としない。「支え」るものが「支え」られるものになることはないという意味で、両者の間にみられる「上」「下」関係は不動であり、その関係は非対称である。これが、階層性ということにほかならない。

だが「基づけ」関係は、単なる「上」「下」関係、単なる「支え」構造ではなかった。「下」にあって「支え」るものがそのようなものとして姿を現わすのは、それが「支え」る「上」のもののもとではじめてなのであり、かつ「上」のものは、そのようなものとして姿を現わした「下」のものに、そのかぎりで（つまり、「下」のものがそのようなものであるかぎりで）、関与することができるのである

(ここで言う「関与」の内実については、すぐ後で触れる)。この意味では、「下」のものは「上」のものを単に「支え」るという一方向的な関係にあるのではなく、逆に「下」のものは「上」のものからそのようなものとしての存在を付与され・関与されるという(「支え」るという関係とは別の・内実の異なる)関係に立ってもいる。同じことを「上」のものについて言えば、「上」のものは「下」のものに単に「支え」られるという一方向的な関係にあるのではなく、逆に「下」のものにそのようなものとしての存在を付与し・関与するという関係に立ってもいるのである。

「支え」るという関係とは異なるこの関係性は、いわば一方が他方を「包摂」し・「統御」する関係である。ここで「包摂」とは、〈「下」のものは「上」のものの下《もと》にある(「上」のものに含まれる)ことによってはじめてそのようなものとして存立する〉ことの謂いであり、「統御」とは、〈「上」のものは「下」のものに、その「下」のものがそのようなものであるかぎりで関与しうる(はたらきかけることができる)〉ことの謂いである。両次元の間には、一方の「支え」/「支え」られる関係と、他方の「包摂・統御」し/「包摂・統御」される関係という、内実の異なる二つの関係が、いわばその能動/受動の向きを互いに交差させるような仕方で取り結ばれている。関係の内実を異にするこうした双方向的な関係性の全体が、「基づけ」関係なのである。

したがって、「もの」と「こころ」が「基づけ」の関係にあるとは、「もの」が「こころ」を「支え」、「こころ」が「もの」を「包む」(「包摂・統御」する)ことにほかならない。ここで「もの」とは、さしあたり私たちの脳という物理・生理学的存在者(身体を構成する一器官)、ならびにそこで生ずる一連の物理・生理学的過程と考えてよい。他方「こころ」とは、そこにおいて何かが何かとして姿を現わし(「現象」し)、すなわち(最広義で)「意識」され(いわゆる「無意識」や「前意識」もここに含まれる)、「認知」される次元だった。しかし、「基づけ」関係は単に「もの」と「こころ」の間にだけ成り立つのではなく、およそ世界のすべての存在階層間に成り立つ。つまり、「もの」と「こころ」それぞれの次元の内部にも、「基づけ」によって関係しあういくつもの存在階層を見て取ることができるのである(第1章の図1-6参照)。これらもろもろの存在階層のそれぞれに多少なりとも立ち入って検討を加える作業は、本書第Ⅱ部が行なうことになる。

2　脳科学と心理学

脳と心の問題に戻ろう。ここで脳とは私たち人間の脳を、心もまた私たち人間のそれをさす。脳科学と心理学において他の動物種(サル、ハト……)が参照されることはあるにしても、それも最終的には私たち人間における脳と心の解明に向けられていると言ってよいからである。

さて、私たちの脳は私たちの身体を一つの組織された全体(有機体)として構成するはたらきを担う、それ自身一つの身体器官である。つまり、それは一面から見れば紛れもなく一個の「もの」であるが、同時にそれは単なる「もの」ではなく、「もの」を一定の秩序の下で組織化《オーガナイズ》(有機化)する原理として「生命」の担い手でもある。生命という新たな秩序が成立するためには、「もの」が或る価値をもった意味として生命体(個体)に対して何らかの仕方で現象する(認知が成立する)のでなければならないことを先に見た。何ものかが何ものかとして現象するところ(次元)を「こころ」と呼ぶとすれば、「こころ」の成立と生命の成立は等しいのだった。脳を中枢器官として含み、外部の環境と遣り取りする私たちの身体は、「もの」の組織化＝有機化の原理である「こころ」によって包摂され・統御されているのである。そして言うまでもなく、「こころ」がそのようなものとして存立するためには、それは脳を中核として含む身体という「もの」によって支えられていなければならなかった。心は「こころ」の自覚的・意識的部分なのだから、心は脳に支えられているのであり、そのような仕方で脳と心は一個の統一体を形成している。この統一体の形成原理が「基づけ」関係なのである。

では、脳科学が目指していることは何か。基づけの構造が明らかにしたように、脳が脳として姿を現わすのはあくまで心においてである。この意味で脳科学は心を前提にしている。だが、それは心を直接に探求の、あるいは解明の対象とはしない。あくまで、心を支えているかぎりでの脳を対象とする。「もの」としての脳がどのような因果関係のネットワークの下で構造化され・機能しているのかを解明しようとするのである。このときの因果の個々の項や一連のネットワークがそのようなものとして姿を現わすのはもちろん心に対してであるし、それらが心の次元において現象するどのような意味形象に対応しているかを見て取るのも心である。たとえば、この痛み（という意味形象）に対応するのは脳内の然々の場所のC繊維の発火（興奮）であり、そのC繊維の発火を惹き起こす化学物質はこれこれである、というように。つまり、「もの」の次元に固有かつ有効な因果性という論理も、実は心において現象した「もの」という〈みずからを基づける次元〉にふさわしい論理として、いわば心が「もの」の構造につき従う仕方で発見したものなのである。

だが、そもそも心は、すべてが有機体に対して何らかの価値という意味の相の下で姿を現わす次元だった。したがって、「もの」も因果性も当然そうした価値を担った意味なのであり、みずからを基づける「もの」をみずからの生命の存続へと向けて統御するべく心に対して・心において現象しているのである。有機体にとってのいわば至上命令である自己の存続と再生産に資するものを脳にまで遡[14]

って見出し、それをこの至上命令のために役立てること、これが脳科学が実際に行なっていることなのだ。このように捉えたとき、しばしば脳科学が見せる唯物論的（物理主義的）で還元主義的な傾向、つまり心の正体は脳という「もの」であって、この「もの」のレヴェルの構造が結局はすべてだと考えたがることにも納得がいく。なぜなら、脳科学にとって心はその（隠れた、意識化されるには及ばない）前提なのであって、その心の次元に現われた「もの」との遣り取りの内にこそみずからの使命を、すなわち有機体の自己維持と再生産の途を追求し・見出してゆくものだからである。

そのような基本姿勢に立って行なわれる脳科学の探求にとって心は、せいぜいがあってもなくてもよい副次現象＝随伴現象（epiphenomena）であり、その探求が直接心に関わらないかぎりで、心などないとする（心なしで済ませる）唯物論で十分なのだ。脳科学は、みずからの取り組む「もの」が「こころ」とどのように関係しているかについて、対応関係があるということ以外を言いえない以上、そのような「こころ」に言及することはこの科学にとって遊び駒になってしまうのであり、そうであれば「こころ」などないことにしておいて一向に構わないというわけだ。これは、自分にできないことには踏み込まない一種の節約《エコノミー》にすぎない。

だが、このように言ったからといって、脳科学の重要性と必須性はいささかも減ずるものではない。事態の全体としての把握には不十分かつ不適切であっても、脳がそこに含まれる「もの」の次元は生命を支える「基づけるもの」として、それに基づけられた生命＝心にとって決してそれなしでは済ますことのできない次元だからである。私たちにとって水や空気（これらも脳と同じく「もの」である）が生きていく上で不可欠であることの延長上に、脳科学もまた位置しているのだ。つまり、いまや脳科学は、私たちの生の構造にとって必要なものなのである。もちろん、脳科学なしでも私たちは生きていけるが（これまでの長い人類の歴史のほとんどにおいてそうであったように）、それがもたらしてくれる知見と成果を私たちの生に組み込むことは、私たちの生をより豊かなものにしてくれるのだ。

ところが私たちにあっては、話はこれで終わらない。「もの」に基づけられた「こころ」の次元がもたらした意味という価値はすでに「もの」をも包むものであったのだが、同時に単なる「もの」を越えてみずからに固有の領域を形作っていくからである。ちょうど脳科学にとって「もの」であるかぎりの脳のみが関心の対象であったのと類比的に、有機体の自己維持と再生産にとっての価値であるかぎりでの「意味」が追求されねばならない領域が、次第に明確なかたちを取ってくるのだ。いささか下世話な言い方をすれば、「人はパンのみにて生きるにあらず」ということである。どういうことだろうか。

先に、仕事上の悩みによって出勤できなくなり（引きこもり）、ひどい場合には自殺にまでいたるという事例に触れた。仕事などというものは生きるために必要な糧を得られればそれでよいと割り切ることができれば、たとえ職場でいやなことがあっても、仕事がつまらなくても、そんなに悩むには及ばないかもしれない。ところが、実際はそうではないのだ。生きていくためには仕事はやり甲斐のある面白いものでなくてはならないし、職場は楽しくあるべきなのだ。そうでないのならそんな仕事に出かけるには及ばず（引きこもり）、人生どこにも面白いこと・やりがいのあることがないなら死んだ方がマシでさえある（自殺）。現にこれほど多くの引きこもりや自殺が存在し、社会問題にさえなっている実情を見れば、私たちが生きていく上でいかに意味という価値を必要としているかは明らかだろう。「もの」に基づけられた「こころ」の次元は、その次元に固有の論理である「理由」や「目的」を追求することを、その次元の由来からして課せられているのである。そして「理由」や「目的」の追求は、そのようなものを追求する存在としての私たち人間の在り方そのものの解明を含み、さらには「理由」や「目的」をどのように統合することがより充実した生命の展開に資するかの探求を含む。

このように「こころ」の次元においてはじめて姿を現わすさまざまな意味を、それが心的形象であるかぎりで解明しようとする学こそ、心理学の名にふさわしい。それは生命を、基づけられたものの側から解明する学であり、基づけるものである「もの（物質）」をも、あくまでそれが基づけているもの、すなわち「こころ」との関わりの中で解明する学である。この後者の点が、原則として「もの」であるかぎりでの脳の解明に専心し、その前提になっている心との関係を探求の実際においては度外視する脳科学から心理学を分かつのだ。

ここで、脳科学と心理学の関係という観点から二十世紀の心理学の主要な潮流の一つとなった行動主義心理学を眺めてみると、興味深い事実が浮かび上がってくる。すなわち、行動主義が心そのものをブラックボックスとしていわば棚上げし、身体レヴェルで観察可能な私たちの振る舞い（行動）に探求のターゲットを絞るそのやり方は、脳科学が〈身体の中枢を占める脳という器官〉に探求の照準を合わせるのと同じ方法論的限定なのである。つまり、どちらも身体の「もの」としての側面に依拠してみずからの学を立ち上げているのであり、違いは身体のどこにさらにターゲットを絞り込むかという点にあるにすぎない。

この意味で行動主義は、言葉の本来の意味での心理学というよりは、明らかに脳科学に近い位置に立っている。したがって、脳科学が行なう〈基づけるもののレヴェルでの解明〉が、それに基づけられた心それ自身の解明にとって、あくまでその心を支える「もの」の次元からの解明であるかぎりで一定の寄与を為しうるのと同じ仕方で、そして同じ仕方でのみ、行動主義心理学もまた心の解明に一定の寄与を為しうるし、現に為してきたのである。

行動主義についてのこうした考察から見えてくるのは、ここで述べた脳科学と心理学の区別は一種の理念型（Idealtypus）であって、実際の学問研究においてこれら二つの学は多かれ少なかれ他方の観点や方法を暗黙の内に含んだり、あるいは顕在的な仕方でそれらを導入したりするという事実である。こうした対応は、それぞれの仕方で前提とされたり導入されたりする観点や方法が、〈身体という仕方で「もの」を組織化＝有機化する「こころ」〉という統一体にどのような側面からアプローチしているのかを見失いさえしなければ、文字通りそれぞれの仕方で「こころ」の解明に寄与しうると言ってよい。いま述べたように、それぞれの学が〈身体という仕方で「もの」を組織化する「こころ」〉という同じ一つのものに関わっている点に変わりはないからである。

確認しよう。生命が「もの」を組織化する原理として「こころ」を本質的に含んでいるかぎりで、この「こころ」の次元から出発し、その次元がそのような次元であるかぎりでみずからのフィールドとする学である心理学（理念型としての）は、「もの」という〈「こころ」を基づけるもの〉の次元から出発し、「もの」であるかぎりでの「もの」をみずからのフィールドとする学（現代においては、典型的には脳科学）と並んで、生命の探求に不可欠の学なのである。不可欠であるどころか、「もの」を「もの」であるかぎりで扱う学（この意味での物理学）はすでに「こころ」の次元を前提にしてさえいたのだった。このことは、物理学の世界においても量子力学や相対性理論の登場によって観測に関わる問題が避けて通れない問題として意識されるようになった現在、ますます明確になってきたと言ってよい。観測とは、光と特定の力学系（慣性系）の下で何ものかが何ものかとして現象することにほかならず、そのようにして何ものかが現象する次元こそ、本章が「こころ」と呼んだものだからである。

3　現象学、あるいは世界という場所

本章で最後に取り上げるのは、これまで検討してきた脳科学（を含む広義の物理学）ならびに心理学と現象学との関係である。より正確には、脳科学（を含む物理学）はそれが基づけている「こころ」の次元に関わる学としての心理学に（「もの」が「こころ」に含まれるかぎりで）含まれる以上、そのような心理学と現象学との関係がまずもって検討されなければならない。これは、草創期の心理学の旗手の一人だったF・ブレンターノの下に一時期学びつつも、やがて心理学から袂を分かって現象学を創設するにいたるフッサールにとって、自身の問題意識とその学の存立にかかわる切迫した問題だった。

数学や物理学をも含めたあらゆる学問的探求の最終的な基盤を明らかにしようとした彼にとって、私たちの現実のあるがままの姿を見出しうる不可欠の地点として、すべてが現に私たちに思われている通りの仕方で姿を現わす「こころ」の次元に着目するのは、いわば当然の成り行きだった。なぜなら、数のような理念的存在も含めてすべてが何らかのもの（対象）として姿を現わさないかぎり、それらについての学が成立するいかなる余地もないからだ。たとえその現われの背後にものの真の姿が隠れているのだとしても、何らかの現われを経由せずにその真の姿に迫ることはできない。この意味で、ものがそのようなものとして姿を現わす次元を可能なかぎりそのありのままの姿で確保することが、喫緊の課題となるのである。

そのような次元の第一の候補としてフッサールが注目したのが、私たちの心だった。私たちの現実はさまざまな事物（「もの」や出来事）から成り立っているが、それらがそのようなものとして姿を現わすのは（現象するのは）、それらの事物を〈みずからを支え・基づける基盤〉としてもつ私たちの心において以外ではないように思われるからである。かくして彼は、およそ私たちの現実に属するもののすべては私たちの心において成立すると考える心理学主義にいったんは与することになる。一見すると極端な主観主義に見えるかもしれないこの立場は、少なくともフッサールがそれを解した意味ではそれほど無理な主張をしているわけではない。

たとえば、太陽系の中に地球が誕生する時の宇宙のありさまに関わる真理は、その時点で心をもった私たち人類など存在していなかったのだから存立の余地がないのかといえば、もちろんそんなことはない。現在の宇宙に残されているさまざまな痕跡と、真であることが確かめられている物理法則から合理的な推論によって導き出されるその時点での宇宙の在り方についての知見は、十分に確からしいものであることが認められてよい。ただ、決して欠かすことができないのは、そのような推論とその材料となる痕跡（物的証拠）や物理法則は少なくともいったんは私たちの心において姿を現わさなければならないという点であり、この条件が充たされないかぎりどんな学問的真理もありえないのである。この意味で、心をもった私たち人類が誕生する遥か以前の宇宙の状態についての真理は、あくまで「もしこのような心をもつ私たちがその時点に居合わせていたなら、宇宙はかくかく然々なものとして姿を現わしたはずだ」ということなのだ。

同じことは「1＋1＝2」とか三平方の定理といった数学上の真理についても、あてはまる。一つのものに一つのものを加えて数える操作を行なったり、三平方の定理を三角形の定義から演繹する私たちのような存在がいなくても、「1＋1＝2」であること、「直角三角形の対辺の二乗は他の二辺の二乗の和に等しい」ことに変わりはない。人類誕生以前には「1＋1＝2」でなかったとか、人類滅亡以後に三平方の定理が成り立たなくなるといったことはありえない。だが、これら数学上の真理も、数や図形に対してそのような操作を行なえばそのような結果が得られる、ということ以外ではない点は動かない。実際にそうした操作を行なうか否かとは独立に、そのように言うことができるのである。そして、そのようにはたらきかけうるためには、数や図形がそのようなものとして姿を現わすことがどこかで保証されていなければならないのだ。フッサールが心理学主義と訣別して、数学的対象を典型とする論理的・理念的存在を心から独立のものと捉える論理学主義に転じた後も、この点が彼の中で揺らぐことは決してなかった。

では、いったい何がフッサールをして、心理学主義にとどまることを許さなかったのか。それは、次のような事情による。先に、フッサールの思考の根底には〈数学や物理学をも含めたあらゆる学問的探求の最終的な基盤を明らかにしようとする〉いわゆる「学問論的（wissenschaftstheoretisch な）動機」があったことに触れた。ことは、この点に関わる。さしあたりそのような基盤の候補として登場したのが、およそすべての「もの（事物）」がそこにおいてそのようなものとして現象する私たちの心だった。だが、本当に心はすべてがそのようなものであることの最終的な基盤だろうか。この点があらためて吟味されねばならない。

というのも、心もまた他の「もの（事物）」が然々のものとして規定されて現象するのと同様の仕方で、たとえば〈各人の脳に座をもつ意識活動の繰り広げられる次元であって、当人にのみ直接に与えられ、他人のそれは間接的にしか姿を現わさないもの〉として（という規定をともなって）現象する一個の思考対象だからである。もし、心もまたそのような対象なのだとすると、世界の中に存在する他の無数の事物と同様、はたしてそれが本当にそのような現象した通りのものであるか否かがあらためて問題とならざるをえない。私たちは、何ものかが何ものかとして現象したとしても、それは私たちの思い違いや勘違いであって、実際には事態は別様でありうることを知っている。だからこそ、たとえ「1＋1＝2」であることが確実だと思われたとしても、あるいは三平方の定理が真理らしく思われたとしても、本当にそう言ってよいかをあらためて吟味にかけ、加法の演算規則や数の表記法（十進法か二進法か——後者の場合、「1＋1」は「10」である）を確認したり、三角形の定義からの演繹を試みたりして、それが真であるのはいかなる条件の下であるかを明らかにする必要があるのだ。個々の学問的探求の基盤を明らかにするとは、このことにほかならない。

　そうであれば、心に関しても事情は同様でなければならない。ましてやそれが、あらゆる学問の最終的な基盤の候補の一つなのであれば、いっそう厳密に吟味が尽くされねばならない。はたして心は、そのような吟味に耐えるだろうか。

　先に見たように、何ものかが何ものかとして姿を現わさないかぎり、いかなる学問的探求も始まりようがない。この意味で、まさしく何ものかが何ものかとして現象する次元としての心が、学問的探求の最終的基盤たりうる可能性が追求された。すなわち心理学主義である。しかし、何ものかが何ものかとして現象しただけではいまだ真理の名に値しないことは、いま数学の例で確かめた通りである。ところで、心もまた何ものかとして現象するところの何ものかである。これも先に見た通り、たとえば〈各人の脳に座をもつ意識活動が繰り広げられる次元であって、当人にのみ直接与えられ、他人のそれは間接的にしか姿を現わさない〉ところのものとして、それは現象する。そうであれば、心が単にそのようなものとして現象しただけでは、いまだそれはおよそあらゆる学問が追求する真理の最終的基盤たりうるだけの強度をもち合わせてはいないと言わざるをえない。

すべてがそのようなものとして姿を現わす最終的基盤であるかに見えた心は、それ自身もまたそのようなものとして姿を現わす一個の現象である以上、あらためてその真理性に関して吟味にかけられねばならず、その真理性は、数学においてもそうであったように、いくつかの条件の下ではじめて定まる。ところが、心に関してはそれが何であるかについてすら必ずしも十分な解明がなされておらず、しかもそうした吟味が正当なものたりうるためには、こうした心をあらかじめ前提とすることはできない。したがって、心はあらゆる学問的探求がそれに依拠する最終的基盤ではありえないと言わざるをえないのである。

しかし、何ものかが何ものかとして姿を現わすことなくしては、学問的探求は言うに及ばずそもそも私たちのこの現実が成り立たないことも、すでに何度も確認した。何ものかが何ものかとして現象することはこの世界の最初の一歩であり、原点であり、起源なのだ。問題は、この原点を心とすることができるかどうかだった。結論はいま見たとおり、否である。そうであれば、次のように考え直さなければならない。

心がこの世界の最終的基盤なのではなく、何ものかが何ものかとして現象することそのことの方が、この世界の起源なのだ。現象することは、それが心における出来事であるか否かに先立つ、いわば原初的事実なのである。もちろん、何ものかとして現象した当のものが事物の真の姿であるか否かは、つねに問われうる。つまり、現象した当のものを以ってすべての最終的基盤とすることはできない。だが、それにもかかわらず、何ものかが何ものかとして現象したということそのことの方は、もはやそれ以外から世界が始まりえない原初的事実、すなわちすべての最終的基盤たりうるのだ（最終的基盤たらざるをえない、と言っても同じことである。それ以上遡ることができないからだ）。

以上を、デカルトに倣って次のように表現することもできる。何かが何かとして思われたとしても、その思われた何かは疑いうる。欺く神が私たちの理性を誤るように創ったかもしれないからだ。だが、現に私に「1＋1＝2」であると思われているということそれ自体は、いかに神が私を欺こうと消去することはできない。私が神に欺かれて錯覚を見ているのだとしても、その錯覚を見てしまったこと自体を取り消すことはできないからだ。この意味での「思われること」それ自体は、いかなる疑いを束ねてかかっても決して疑うことができない。かくして、この「思われること」があらゆる知の最終的な基盤なのである（デカルトとフッサールの間にある微妙だが決定的な違いには、ここで立ち入らない[15]）。実際、フッサールの思考の先の歩みは、デカルトのこの方法的懐疑の遂行に大きな示唆を得てなされたのである。

かくして、あらゆる学問的探求の最終的基盤、およそ世界の（という）すべての原点は、もしそのようなものがあるとすれば、この〈何ものかが何ものかとして現象すること〉、フッサールの別の表現で言えばこの「純粋な・単なる思われ」以外にはないのであり、しかもそれは「思われ」とは呼ばれていても、心の（において起こる）ことではないのだ。逆に、心の方がこの「単なる思われ」の内に、なお吟味されねばならないその疑わしさ・不確かさとともに包摂されているのである。フッサールが心理学主義を放棄した所以は、ここにある。彼は、心をも（ということは当然、およそあらゆる「もの」をも）その内に包摂するこの最終的基盤に「超越論的主観性」ないし「超越論的領野」の名を与え、この基盤に身を置く新たな学を「超越論的現象学」として創設するにいたる[16]。

ここで、彼がこの基盤の位置する次元に超越論的主観性という名を与えたことについて、一言触れておかなければならない。主観性とは、通常、私の意識のことを指すだろう。だが、この端的な「現象すること」の次元は心のことではなかったのだから、それを私の意識と等置することはできない。ふつうに受け取れば、意識とは心のことであり、私もまたかくかく然々の性格や気質や能力やをもった人物として現象する者のことだからである。この意味では、現象学が身を置く次元を超越論的「主観性」と呼ぶフッサールの振る舞いはミスリーディングであり、単に「領野」と呼ぶ方が事態を正確に表現していることは明らかである。[17] にもかかわらず彼が「主観性」という呼称を手放さなかったのには、そこに別の問題が伏在していたと考える余地が残されている。つまり、私という表現は、〈世界の中に存在する他人たちと並ぶ一人の人物〉という規定態とは別の事態を示唆している可能性があるのだ。それは〈何ものかが何ものかとして現象すること〉の端的性・直接性とでもいうべき事態である。他人や他の生物に対して世界が現象している現場に、私が直接居合わせることはできない。あくまでそれらは、間接的に私に現象するにすぎない。それに対して、すべてが端的に何ものかとして現象する次元こそ、他の誰でもないこの私の次元、私という次元なのだ、というわけである。[18]

だが、そのような、いわば次元としての私は、人物としての私と違って現象することができない。私が然々の人物として現象したときには、そのような何者かとしての私がそのような者として規定される次元（端的な現象することの次元）がそこに開けているはずなのだが、その次元自体は何かとしてのどんな規定にも先立ってしまうからである。かりにその次元に何らかの規定を与えたとしたら、あらためてその規定がそこにおいてなされた次元を想定しなければならなくなり、以下同様にしてここに無限背進が生じてしまう。この地点でそうした無限背進が生じてしまうこと自体が、そこが現象することのもはやそれ以上遡りえない臨界点であることの証しなのだ。この臨界上に立つ次元を指し示すべく「私」という呼称があらためて使われたのだとしても、そのような私にはいかなる規定もいかなる意味も与えることができないのであり、すなわちそれはいかなる現象するものでもないのである。

したがって、この次元に「すべてがそこにおいて何ものかとして端的に現象する次元」という規定〈らしきもの〉を与えたとしても（現に本章もそのようにしてきたのだが）、何らそれはこの次元がいかなるものであるかについての内実をもたらすことができない。それは、「すべてがそこにおいて」というまったく空虚で形式的な規定、規定とすら言えない規定でしかないのだ。たとえてみれば、すべてをそこに容れることのできる容れもの自体には（そのようなものがあるとして）形がないようなものである。あえて言えばそれは「空間」であり、空間自体はいかなる形ももたないのだから、実はそれは「容れもの」（という何らかの「もの」）たりえない。だからこそその次元はもはやそれ以上遡れないのであり、そこがこの現実の、この世界の最終的な地盤、地盤と言ってもいわば〈底の体をなさない底〉、〈底の抜けた底〉なのだ。

すべてが現に然々のものとして姿を現わしている以上、その現場に私たちが居合わせている以上、もはや何ものとしても現象することのないこの〈底のようなもの〉もまたこの場に開けているに違いないのだが、現象学はそれについてもはや内実をもった言葉で語る術をもち合わせていないことになる。フッサールが「主観性」ならびに「私（自我）」という言葉で指し示そうとしていたのは、超越論的現象学がやがて直面せざるをえなくなるこうした問題の伏在する地点だったのだ。かつてヴィトゲンシュタインが語った「世界とぴったり重なって、その輪郭線の内に消失してしまう私」もまた、このようなものだった(19)。

このような経緯を辿って成立した現象学は、経験科学としての脳科学や心理学とは異なる次元に身を置いて、「もの」と「こころ」に関わるすべてを、それがすべてであるかぎりで解明しようと試みる存在論ないし形而上学の伝統に棹差す。古来、形而上学とは、「すべてが存在であるかぎりで、すなわちおよそ存在するかぎりの存在を、その存在に関して問おうとする」（アリストテレス）試みである[20]。現象学にとって存在とは、およそ何ものかが何ものかとして現象するかぎりでの存在である。何らかの仕方で現象することとの関わりをそれが保っていなければ、存在は何ものかとしてのおのれの輪郭を失って、何ものでもない闇へと没し去ってしまうからだ。存在に実質を与える〈何ものかが何ものかとして姿を現わすこと〉の構造を、すなわちその「いかにして」を徹底して問うこと、そして最終的にその「現象すること」の基盤にまで到達すること、これが現象学がみずからに課した課題である。

したがって、現象学のこの試みは、何ものかがそのようなものとして現象する（経験的な意味で）まずは第一の場所である「こころ」に基づけられたものであり、このかぎりで「こころ」なしにはありえないと同時に、そうした個々の「こころ」がそのようなものとして現象する次元（「超越論的領野」）[21]にあらためて身を置き直して遂行される。そして「こころ」の次元はその下に、おのれを支え・基づけるものとしての「もの」の次元を包摂しているのだから、それら「もの」と「こころ」に基づけられた新たな次元からそれら基づけるものを、そして基づけるものと基づけられたものとの関係を、その全体において理解しようとするのである（具体的には、階層をなす各存在領域がどのようにして構成されているかの分析と、各領域間の関係がどのようになっているかの分析が中心となる。本書は主として第Ⅱ部で、この分析に取り組む）。

そして、この全体の他に何かが存在するわけではない以上、現象学が身を置きつつみずからの課題として追求しようとしているのは、すべてであるかぎりでの「世界」なのだ。世界という、この或る開かれた場所（次元）にこそ、先にも触れたように、フッサールは「超越論的主観性」ないし「超越論的領野」の名を与えたのであり、そこにおいて「もの」も「こころ」も、文字通りすべてが姿を現わす。この次元それ自体は、個々の「こころ」をその内に含んでそれらに基づけられ、かつその次元以上のものがもはやない次元であり、そのようにして基づけ関係の最上位にありながら（いや、最上位にあるがゆえに）もはや内実をもった規定を与えることができないという意味で、（先の表現を繰返せば）「底（Grund）の抜けた底」、あるいは端的に「深淵（Ab-grund）」なのだ。形而上学としての、哲学としての現象学は、もはや内実をもった規定を与えることのできないこの次元とあえて格闘する途へと進んだのである。[22]

はたしてこれは、脳科学や心理学からの離反だろうか。本書は、そうは考えない。脳科学や心理学が「もの」や「こころ」に立ち向かうその現場には、いつもすでにこの次元が開けてしまっているからである。ちょうど、あなたが本書を紐解いている「いま・ここ」においても、現にこの次元がこうして開かれているのと同様に。

第3章 間主観性と他者——超越論的現象学における他者問題

本書は前章で超越論的現象学の位置する次元を見定めた。この次元が本書の位置する次元であり、同時にそれは生命の哲学が自由の問題を糸口にして形而上学へと接続する次元でもある。本章はこの超越論的次元の全体を概観しつつ踏破することで、本書自身の立脚する地点の内実を明らかにする。以下では、この次元の開拓者であるフッサール現象学に敬意を表してその用語を手がかりにしつつ、おそらくはフッサール自身の下で明確な像を結ぶことのなかった地点にまで歩みを進めることにしよう。

1 超越論的主観性とは何か

現象学が身を置く次元は（フッサール自身の表現に従えば）「超越論的主観性」である。それは本書の理解するところによれば、およそ世界の（という）すべてがそこにおいて姿を現わす、或る開かれた場所である。何ものも、それが何かとして姿を現わすことなくしては、存在することができない。何が存在するかを定めるのは当のものの「何」としての現出（現象）であり、この現出を欠くとき、存在は主語＝実体＝本質を失って空洞化する。存在することができるのは何かであって（確かに私たちの現実は「何かが在る」ことを以って成り立っている）、その「何」を失った単なる「在る」は、もはやいかなる事態も指し示すことができない。単なる「在る」は無意味であり、すべてが何かとして姿を現わすことを以ってはじめて、世界は存在する。何かが何かとして姿を現わすこと、すなわち現出＝現象は存在の中核をなし、存在に実質を与える。この意味で、現象は存在に優越する。現象学が依拠するのは、そのようにしてすべてが何ものかとして現象する、或る開かれたところであり、この場所に与えられた名が超越論的主観性なのである。

すでに前章で明らかにしたように、それは私たちが心と呼んでいる世界内の存在者のことではない。なぜなら、そのような心もまた、机や椅子や川や谷……といった世界内の他の存在者たちと同様、超越論的主観性と呼ばれた或る開かれたところの内に、そのような場所において、姿を現わすもの以外ではないからである。場所において姿を現わすものと、場所自体は区別されねばならない。超越論的主観性がこうした「すべてがそこにおいてある場所」なのだとすれば、それをこそ「世界」と呼ぶこともできる。そして、それがこの意味で世界にも等しいものならば、それは超越論的主観性というよりは、むしろ超越論的領野ないし次元と呼ばれるべきものであることになる。このことの次第に、本書はすでに言及して来た[1]。現にフッサール自身、しばしばそれらを超越論的主観性と等価な表現として使ってもいたのである。

だが、そうだとしても、なぜそれは主観性でもあるのか。フッサールはそれを、「超越論的自我」とすら呼ぶことがあるのだ。この場合の主観性ないし自我とは、以上の考察に鑑みれば、心ないしその主体としての人物のことではありえない。心や人物はこの開かれた場所において姿を現わすものであって、この場所自体とは異なる次元に位置することはいまも確認した通りだからだ。では、主観性や自我という言葉はいったい何を、あるいはいかなる事態を指し示そうとしているのか。それは、何ものかが何ものかとして姿を現わすことの直接性・端的性の表示なのである。いま・ここで・現に、たとえば本書が本書として、そして本書をその上に載せた机が机として姿を現わすことの直接性・端的性である(2)。

ここで注意しなければならないのは、これが本書であることやこれが机であることの端的性は、私がそれを見ているから、つまり私がそれを見ることによってもたらされるのではない、ということである。私が本書を見ているからそれが端的に姿を現わすのではなく、それが端的に姿を現わすことによって、そこに私が何らかの仕方で居合わせることが可能となるのだ。たとえば、本書をその上に載せた机が現に・いま・ここでそのようなものとして姿を現わしたのであれば、それはこの部屋の中の特定の位置に物理的身体を伴って座っている一人の人物としての私の心に対してだ、といったようにである。このとき、その現われの端的性に、心をもつ特定の人物としての私の私性が重ね合わされることになる。いま・ここで・現に端的に姿を現わしたものに関してはじめて、それが「何に対して」そのようにして姿を現わしたのかが問われうるのであり、それに対する通常の解答が、それは心に対してであり、その心は私の心、すなわち私は当の心の主体だ、ということなのだ。

そして、たいていの場合、この重ね合わせは、それと気づかれることすらなく瞬時になされ、しかも重ね合わされた双方の間にいささかのずれやぶれも見出されないため、双方は同じものと受け取られることになる。かくして、何かが何かとして端的に姿を現わしているなら、それは心をもった特定の人物である私に対してであり、そのような私が何かを見たり、聴いたり、触れたり……すれば、それらは同様の端的な直接性において姿を現わすのである。つまり、何ものかの現出の端的性と、世界の内に存在する人物の一人である私との間に、等号が成立したのだ。

　この等号の下ではじめて、何ものかの現出の端的性を「私」の名で指し示すことが可能となる。〈そこにおいて何ものかが何ものかとして端的に・その直接性において姿を現わすところ〉を指し示す超越論的領野ないし超越論的次元とは、「超越論的主観性」ないし「超越論的自我」である、というわけだ。だが、この言明がもともと次元の異なる二つのものの重ね合わせと等置の下ではじめて可能となったことが見失われるとき、つまりこの間の事情が忘れ去られるとき、この言明は事態を誤認させる危ういものとなる。なぜなら、「主観性」や「自我」の名の下でふつう私たちが理解しているのは、世界の内で、世界において姿を現わす特定の人物のことだからだ。

　そうした世界内の個々の存在者の存在に事柄の上で先立つ、それらがそのようなものとして姿を現わす或る開けた場所を指し示していたはずのものが（先にも見たように、現象——何かが何かとして姿を現わすこと——は存在にその実質を与えるものとして、存在に優越するのだった）、その場所の中に位置する特定の存在者へと局在化され、そればかりか、人物の心は当人にしか近づけないとされるがゆえに（外からは見えないとされるがゆえに）、その人物の内面の中に回収されてしまう。すべてがそこにおいて以外に姿を現わすことのない或る開かれた場所が、その内部の一地点のさらにその内面へと秘匿されてしまうのだ。世界は間違いなくいま・ここで・現に開かれ、すべてがそれぞれの何かであることにおいて姿を現わし、かくして存在しているにもかかわらず、である。

　そのような開かれた次元を発見したはずのフッサール自身もこうした誤認と無縁ではなかった可能性が大なのだが、ここではその点には踏み込まず[3]、むしろ超越論的領野という或る開かれた場所においてそれぞれの私という主観性（人物）が姿を現す次第に注目することにしよう。世界の内には、私やあなたを含めて無数の人物が、無数の心が存在することもまた、確かだからだ。

この考察においては、何ものかの端的で直接的な現出とそれの特定の人物の心への重ね合わせが、通常のように瞬時に・いささかのずれもなく行なわれるのではないケースを参照することが役に立つ。本来次元の異なる二つのものの重ね合わせが事態の実相なのだとすれば、この重ね合わせは、通常のように重ね合わせであることすら気づかれないほど上首尾に終わる場合もあれば、必ずしもそのように寸分の隙間もないほどぴったりと重なり合わない場合もあるはずだからである。しかも、その場合のいわば「ずれ方」には、いくつかの可能性を考える余地がある。このことを私たちに教えてくれるのは、〈何ものかの現出の端的性〉と〈特定の心やその主体としての人物（私）への当の現出の重ね合わせ（人物の内面への当の現出の回収）〉のずれ（偏差）として捉えることのできる精神疾患の豊富な実例である。件の重ね合わせが上首尾に行なわれるためには、充たされなければならないいくつかの条件があるのだ。これらの条件を、超越論的主観性に依拠するフッサール現象学から帰結する二つのテーゼに即して探ってみよう。

2　超越論的主観性は間主観性である

a　現出の間主観的構造化

超越論的主観性とは、世界のすべてがそこにおいて姿を現わす或る開かれた場所のことだった。この場所において姿を現わすすべてのものの現出は、間主観的な仕方で構造化されている。つまり、すべてのものの現出はつねにすでに間主観的である。これが、本節の表題に掲げたテーゼ「超越論的主観性は間主観性である」の言わんとするところである。事態の見えやすい知覚の場合で考えてみよう。世界が知覚的な仕方で／知覚という仕方で現出するケースである。

まず、何ものかがその端的な直接性において姿を現わす。たとえば、いま・ここで・現に本書をその上に載せた机が姿を現わしている。だが、私がちょっと視線を移すだけで、あるいは顔の向きや身体の位置を少し動かすだけで、同じ机が先ほどとは別の姿で現象する。つまり、何ものかのそのつどの端的な現出は、同じものの異なる側面（パースペクティヴ）の現出であることが明らかになる。同時に、そのそれぞれの知覚側面は、それを見て取る観点（パースペクティヴ）に応じて変化することも明らかとなる。視線を移したり、顔や身体の位置を動かすことと相関的に、側面の知覚的現出の仕方も変化するからである。

こうして、現象するもののそのつどの側面性は、それと相関する特定の観点と結びつけられて、当の観点の内に位置づけられる。当の観点の移動に伴って端的な現出の仕方もそのつど変化していくのだから、その観点の位置するところで端的な現出が受け取られているに違いないのであり、そこが私の心の位置する場所なのだ。そして、その観点のごく近傍にはいつも特定の特別な物体、すなわち身体が見出されるので、この身体と私の心もまた重ね合わされる。それは私の身体なのであり、その身体のあるところに私の心もまたある（はずな）のだ。

ところで、この心がほかならぬ私のそれであって、他の誰のものでもないと言えるためには、この心とそれ以外の心との区別がすでに成立していなければならない。この区別は、どのようにして成立するのだろうか。いま・ここで・現に机の特定の側面が端的に現出しているのだとすれば、そのとき机の他の側面は端的な仕方では現出していない。しかし、机が他の側面をもたないわけではないことは、視線を移すだけでも直ちに他の側面が姿を現わすことから明らかである。つまり、端的に現出する特定の側面以外の他の側面は、他の観点と相関する仕方でこの端的に現出する側面の許に、共に居合わせている。それらは直接的で顕在的な現出の仕方とは区別された間接的で潜在的な仕方で、すでに共に現象しているのである(4)。これら他の側面は、私が視線や身体を移動させることで直接的な現出へともたらされるとともに、他の観点のところに位置する他人がそちらの側面を通して同じ机を指し示す事実からも間接的に現象する。そうであれば、この間接的な現出は、もし私が現に他人の占めている観点に立つことができれば直接に現象するはずのものだ、と言ってよい。

ここで、いま現に他人の下で直接的な仕方で現象しているものがいかなるものかを、私が私の下での直接性において確かめる術がないと心配する必要はない。確かにそれはできない相談だが、そのような他の側面が、いま・ここで・現に直接性において現象している側面と共に姿を現わしているこの同じ机の側面であることさえ保証されていればよいのである。直接性において現象するはずの側面ですら、視線や身体の移動に伴ってほとんど無数と言ってよいほどの多様な変異（ヴァリエーション）の内にあり、実際に現象するのはその内のごくわずかにすぎない。肝要なのは、それらが直接性において現象しうるということが何らかの仕方で保証されていることなのである。そして、そのことを保証しているのは、多様な現出の仕方の下で、それら諸現出を貫いて、この机ならこの机という、ある同一の対象が姿を現わすという事実以外ではない。

この事実を確かめるとは、視線や身体の移動に応じて多様な側面が直接性において現象するにもかかわらず、あくまでそれらが同じこの机の異なる側面だと言えるかどうかを確かめることに等しい。

そして、この確からしさは、直接性においては与えられない他の諸側面を通じて特定の対象を同定している他人の下での当の対象と、直接性において与えられた諸側面を通じて同定されたこの対象（たとえば、本書をその上に載せているこの机）が合致するとき（合致すると言えるとき）、飛躍的に高まる。単なる直接性は、それだけでは多分に錯覚や夢の可能性に付き纏われたままだが、他人が同定している対象との合致は（それも複数の他人たちとの合致であればあるほど）、当の対象の存立を錯覚や夢の嫌疑から大幅に解放してくれるからである（もちろん、それら他人自体が錯覚や夢である可能性が完全には払拭できない以上、これらの嫌疑からの完全な解放がありえないことは、すでにデカルトがその方法的・誇張的懐疑の下で示した通りである）。[5]

以上を要約しよう。世界の内に存在する知覚対象（たとえば、本書をその上に載せているこの机）は、直接性において現象する諸側面と、そのような直接性においては現象していない他の諸側面の双方を通じて、それらの諸側面をおのれの諸側面としてもつ同一の対象として姿を現わすのであり、直接性において現象しない諸側面の内には、他人の下での現象という定義上決して直接性において現象しないそれらがあらかじめ織り込まれているのである。他人の観点の下での現出という要素が織り込まれることによって、直接に現象した（特定の側面を通して同定された）対象のリアリティーは格段の強度を獲得する。これが、「超越論的主観性における世界の現出は間主観的な仕方で構造化されている」ということなのである。

ここで確認しておかなければならないのは、何ものかが何ものかとして現象することの内には、直接性におけるそれと共に、そのような直接性をもたない現出がはじめから含まれていること、それも視線や身体の移動によって直接的な現出へといたりうるものとは別に、原理的にそうした直接性をもちえないものが含まれていることである。何ものかが直接性において現象することが私性（主観性）と結びついてそのメルクマール（指標）となりうるためには、そのような直接性におけるのでは原理的にない現出の仕方が、それも一つの現出の仕方として見出されることが不可欠であると共に、そのような原理的に直接性をもたない現出が、世界の内に机や椅子、山や川と並んで存在する他人なるものの下に位置づけられることが不可欠なのだ（このかぎりで、その「原理的に直接性をもたない現出」は、すでにあらかじめ何らかの仕方で「知られたもの」であることに――「直接に現象しないもの」として現象してしまっていることに[6]――注意しよう）。

原理的に直接性をもたない諸現出が他人なるものの下に帰属させられるにいたる機構（メカニズム）は、直接的な諸現出がそれとの相関関係の下にある特定の観点のごく近傍につねに見出される身体という特別な物体に重ね合わされたときのそれと類比的である。いま・ここで・現にその直接性において現象している側面が、この身体の下に居合わせている私という人物のもつ心に帰属させられるのであれば、同じ対象を捉え・指し示していることが私との身体を介した遣り取りを通して確認できるもう一つの身体の下には、私には決して直接に現象することのない諸側面がそこにおいて直接に現象しているもう一つの心をもつもう一人の私が居合わせているに違いないのであり、その「もう一人の私」が他人なのである。

言うまでもなく、この類比を可能にしているのは身体という特別な物体である。ここにあるこの物体が身体という特別な（他の物体とは何か異なる在り方をしている）物体として捉えられたときには、より正確に言うと、心的側面と物的側面の両面を具えた存在（フッサールはそれを「心的‐物的（psycho-physisch）存在」と呼ぶ）として捉えられたときには、あそこにあるあの特定の物体も（他の物体とは区別されて）すでに他の身体として、もう一つの身体として捉えられている。なぜなら、相互の遣り取り（という身体的以外ではありえないもの）を通じて同一の対象の指示が達成されているからである。

もちろん、同一対象のこの指し示しは、ときに失敗することがあっても構わない。同一対象の指示が可能であることが互いの遣り取りの中で確認されれば、十分なのである（この確認は互いの遣り取りの中でしか行なわれえない）。しかも、この「もう一つの身体」ははじめから「こちらにある身体」とペア（「対（Paarung）」）になって姿を現わしているのだから、ある意味ではこれらは一体である。「もう一つの身体」は、直接的な現出を裏打ちする間接的で潜在的な、他の観点の下での現出の内にあらかじめ織り込まれており、そのようにして同一の現出体系の一部をなしているのだ。

こうして、身体という一方で机や椅子や山や川と並ぶ紛れもない物体の下に何ものかの直接的な現出のそれぞれが位置づけられ、それらがそれに対して現出するところのものであるそれぞれの心と、その主体であるそれぞれの私もまた、それぞれの身体の下に局在化される。身体を媒介とした「類比化的統覚（analogisierende Apperzeption）」の完成である。このとき、原理的に直接性において与えられることのない諸現出は他人という他の私にのみ接近可能な内面性の内に位置づけられ、この私はこの私で固有の内面性の内へと囲い込まれる。心とは或る閉じた内面性の領域なのであり、諸現出は原理上直接性において与えられるか否かに応じてそれぞれの心に配分される。世界の現出の間主観的構造は、世界の内部に存在する身体の下へのそれぞれの内面性の領域画定（テリトリー化）へと展開したのである。

こうして、内面性の領域として画定された各人（各人物）の心は世界内の特定の位置を占めている各々の身体の下に局在化されるにいたったわけだが、端的な直接的現出がこの局在化された心にいつもぴったり収まるものなのかどうかは、おのずから別の問題である。世界の直接的現出と局在化された心は、通常ほとんどその間のずれが気づかれることがないほどに一体化しているが、この一体化の綻びは注意深く眺めてみればあちこちに見出される。たとえば、この机の直接的現出は私の身体の位置する場所に重ね合わされた私の心の内にいまや存在しているはずだが、当の机は決してそのような私の心の中に現象してはいない。心がそこに位置づけられている身体の明らかに外部に位置するここやあそこに、机は現象しているのである。そうだとすれば、机の現出が一体どのようにして心という内部空間（内面性）からその外へ出て行くことができるのか（あるいは逆に、外にあるはずの机がどのようにして心という内部に入ってくることができるのか）をあらためて説明しなければならなくなる。そこで登場するのが、たとえば（内に与えられたものの外へ向けての「投射」を仮構する）投射説であり、たとえば（外のものの内における代理物《リプリゼンテーション》＝表象を仮構する）表象説である。だが、これらの説明で成功したものは、一つもないのである。(7)

もう一つだけ、局在化が必ずしも上手く行っていない例を挙げよう。私の心は私の身体に重ね合わされたわけだが、いったいその身体のどこに心があるというのだろうか。髪の毛や爪先にも心はあるのだろうか。歩行中にうっかり足元の石を蹴飛ばしてしまえば、確かに爪先は痛むだろう。しかし、散髪に行って髪を切っても、のびた爪を切っても、痛くも痒くもない。あるいは、交通事故で片足を失っても、そのことで私が私でなくなるとはふつう思わないし、心の一部が欠落したとも考えないのではないか。心臓移植をしても、私の心が別物になるとは考えないはずだ。では、脳はどうか。脳の特定の部分に損傷を被っても、脳の他の部分がそれをある程度カヴァーできることはよく知られている。

　では、脳を丸ごと入れ替えることが可能になったとしたら、どうか。ここまで来ると記憶の同一性（保存）の問題が出てくるので、多くの人が立ち止まるだろう。脳の特定の部分（たとえば海馬）が、記憶に関与しているらしいからだ。よろしい。心の座は脳だとしよう。だが、その脳のいったいどこに私の心はあるのだろうか。頭骨を切開して脳を仔細に観察しても、あるのは脳味噌ばかりで、心など影も形もない。私が自分の脳を直接見るのは脳と視覚器官の配置上むずかしいが（とはいえ、手術をして脳の側に目を向けることは不可能ではないし、画面でモニターすることならもちろんできる）、手で触れることならできる。局所麻酔をして切開した頭骨の中の脳に私の手が触れたとき、少なくとも手の側に特定の感触が生ずるだろう。その感触を感じ取っているのは私の心である。そのとき私の脳は、触覚の対象として私の心に対して姿を現わしたことになる。そうだとすると、私の心は当の私の脳よりさらに手前に開けていることにならないか。だが、脳よりさらに手前とはいったいどこのことか。ここでも、何かが何かとして現象する場所と、現象する世界の内に特定の位置を占めている私の身体（いまの場合は、私の脳）との重ね合わせが、実は上手く行っていない可能性が大なのである。この重ね合わせは、もともと重ね合わせることのできないものの重ね合わせであると言ってもよい。

　こうして見てくると、何かの端的な現出を世界の内に存在する特定の人物の心に帰属させ、かつその心を特定の身体に重ね合わせる一連の操作は、必ずしも現に私たちが行なっているようにしなければならないものではなく、何らかの事情や条件の下で、そのようにすることに何らかの利点があってなされているのかもしれない可能性が視野に入ってくるだろう。その利点は、生物学的なものから社会的・文化的なものまで、多様なものであることが予想される。しかし、ここではそれらの問題の検討に踏み込まず、こうした帰属化や重ね合わせの不具合をこれまでの例とは別の仕方で教えてくれるいくつかの精神疾患に目を移すことにしよう。

b　現出と局在化された心とのずれ

これまでの考察の観点からすると、端的な直接性において現象したものがこの内面性（としての私の心）の内に上手く収まらず、その結果として当の内面性と重ね合わされている私の身体との間にもずれを生じてしまう状態として、さしあたり精神疾患を捉えることができる。別の言い方をすると、端的な直接性における現出が帰属させられるべきその行き先が定まらず、その領域の画定が分明でない、と言ってもよい。領域画定のこの相対的な「弱さ」（それは、もともと重なり合うはずのないものに対する感受性の「鋭さ」と言っても同じことなのだが）を、二通りの仕方で捉えることができる。第一は、領域画定がもともと脆弱であって他の領域との境が分明でないため（領域の画定未然）、直接性における現出が領域の外部に漏出してゆくかたちで捉えられたり、あるいは、一見すると逆に（その動勢において対極的に、ネガティヴに対するポジティヴとして）、直接性の位置する領域自体が拡大・膨張してゆくかたちで捉えられるケースである。

直接性の漏出として捉えられる場合、本来そうした直接性が具えているはずの強固なリアリティー、ありありとした実感が希薄化し、失われてしまう、といった事態がまずは想定されるだろう（自明性の喪失）。具体的な形態は多種多様でありうるが、私が私の外に脱落して空っぽになってしまうような感覚（喪失感、空虚感、空しさ）、あるいは、領域画定が十分に強固でないがゆえに閉じた内面性の空間を形成することができず、すべてが外部や他人に筒抜けに感じられたり、いつも誰かや何かに監視されているように感じられたりもするかもしれない（たとえば、いつもテレビやラジオで自分のことが報道されている、といったように）。

逆に、直接性の位置する領域自体の拡張として捉えた場合には、「すべてが私である」「私と世界が一体となった」といった高揚感・全能感が前景に出てくることになるだろう。言ってみれば、直接性の汎世界化である。このような心情に支配された人物を他人から見た場合、それは傍若無人で横柄な態度、厚かましさ、子どもじみた無頓着といったふうに映るのではないか。先に見た直接性の漏出と、いまのような直接性領域の拡張は、いずれも領域画定がいまだ十分に為されていない状態を基礎的状態として共有しており、その基盤の上で事態が消極的・否定的に捉えられているか、逆に積極的・肯定的に捉えられているかによって、具体的な行動やそれにともなう気分・感情が著しいコントラストをなして現われるように思われる。

気分や行動において好対照であるにせよ、それらが一定の限度を越えた場合、当人の生活に何らかの支障をきたすことは十分考えられる。つまり、当人にとってそれらが困った事態として捉えられたときには、そうした事態を回避するための何らかの対応が、自発的にせよ不本意ながらにせよ取られることになる。一種の防衛反応と言ってもよい。そうした場合、もともと直接性の領域の画定がいまだ十全でないことが根本にある問題なのだから、その領域を区切る境界（隔壁）を何らかの仕方で確立しようとすることになるだろう。

次々と漏出してゆく直接性に対しては、それらに追いつき・さらには先回りをしてみずからの下に回収しようとして絶えず「出ずっぱり」の状態になるだろうし、放って置くと見境いなく拡大・拡散して行ってしまう領域に対しては、これまたそうした拡大に先回りをして、それをいわば外から内に向かって押しとどめるように防壁を築かねばなるまい。いずれにしてもここでは、「内から外へ」というヴェクトルが優勢であることになる（閉じない内面性）。その意味では、内から外へ向かって湧き出し・溢れ出る或る種の秘められた力ないしエネルギーがこの基礎状態の背後に控えているようにも見える（これを若年性と関連づけることもできるかもしれない(8)）。

領域画定の相対的脆弱さに関わる第二のケースとは、次のような場合である。先の第一のケースとは逆に、すでにある程度、直接的現出が位置づけられるべき領域は形成されているにもかかわらず、何らかの事情でその領域を画定している隔壁が弱体化しているのである。つまり、直接性において現象するものはなるほどこの内面性の内にあるのだが、そこに弱体化した隔壁を通り抜けて外部が侵入してきてしまうのだ。その結果、直接的であるはずのものが異他化されてよそよそしく感じられたり、直接性自体が剝奪されてしまう。それはもはや自分ではない、と感じられてしまうのである。

自分の中に他人が入って来てしまう、誰か他人の声が耳元で聴こえる、一々の行動を他人に介入されたり・命令されたりする。もっとも、これらの症状は、この第二のケースの場合、隔壁は曲がりなりにも立てられているので、実際にそのように感じられるというよりは、一種の予兆のようなものとして受け取られるかもしれない。実際にそのようなものとして感じられた場合とは、すでに隔壁が隔壁として機能していない状態だから、境界の曖昧な先の第一のケースにこそふさわしいと言うべきかもしれない（第一のケースの消極的・否定的側面（漏出型）の反転型としての、内面性が閉じた領域を構成していないがゆえの「異他性の侵入」）。

むしろ第二のケースで支配的な感情は、曲がりなりにも立てられた隔壁の内側に立てこもり、一歩も外に出ようとしない内向きの姿勢である。領域の外との接触は、弱体化しつつある隔壁を崩してしまうかもしれない危険な行動として、極力回避される。何としても守らなければならないのはこの内面性であるから、すべてはこの内部において処理されようとする。その結果、行動は慣れ親しんだルーティンワークの中を堂々めぐりする。新鮮なものは何もないが、したがって気分は沈滞し・すべては色褪せて見えるが、その方が安心なのである。気分の沈滞が亢進すると、もはや何もする気が起きないといった無為・無気力に陥るかもしれない。逆に、外部との接触を極力避けようとするがゆえの「外への無関心」と、自己中心性が目立つようになるかもしれない。この場合は、隔壁の内部では事がうまく回っているかぎりで、気分の沈滞と無気力化に向かう場合よりも心的エネルギーのポテンシャルはむしろ高いと言えるかもしれない。

　これら第二のケースにおけるさまざまな行動パターンや気分の根底にある基礎的状態は、曲がりなりにも立てられた隔壁にその外部から襲いかかる外圧に対して、隔壁の内部に立てこもって何とか抵抗しようとする、「外から内へ」と向かうヴェクトルの優勢である[9]。領域を画定する隔壁がいまだ十分に立てられていなかった第一のケースとの最大の相違は、第二のそれにおいては、単にヴェクトルの向きが逆なだけでなく、ヴェクトルの力線を遮る隔壁が間に立てられている（第一のケースに比べて、隔壁の強度が相対的に高い）点である。したがって、この状態が日常の生活に何らかの不都合を惹き起こすことが気づかれるようになったとき、それを回避すべく取られる防衛反応は、いずれかの仕方でこの隔壁を強化しようとすることに向かう。

　人物を一個の人物として他から区別してくれる分かりやすい隔壁、つまり「鎧」は、特定の社会的役割である。人物がどのように行動すべきかはその役割が定めてくれるのであり、その定められた行動を取っているかぎり他人は怪しむこともなく、干渉もしてこない。役割の内側には波風が立たない、というわけである。こうした特定の役割に過度に同調して・そこから離れようとしない頑なな生活態度は、このタイプの防衛反応の典型的な一例だろう。逆に言えば、常同化・パターン化した生活態度が大きな変更を余儀なくされる引越しや職場での昇進・転勤などは、事態を悪化させる危険な出来事なのである。[10]

超越論的主観性が間主観的に構造化されていることに由来するいくつかの機能不全は、一口で言って、〈私が「私たち＝われわれ」の一員として上手く他人たちと領域を分かち合うことができない〉という仕方で、その基礎的状態を構成する。この基礎状態を、〈世界の内部のどこかに、自分が安心して居られる場所を見つけることができない〉と表現することもできる。つまり、超越論的主観性の空間化において、何らかの不具合が生じているのである。[11]

しかし、すでに見たように、超越論的主観性をどのように空間化したらよいのかは、決してあらかじめ定まっている事柄ではない。〈何ものかが端的な直接性において姿を現わす〉というこの原初的事実を空間的な仕方でどう具体化したらよいのかについては、そのつどの事情と条件によって対応が異なるはずだからだ。たとえば、端的な直接性をどのように空間的に配分したらよいのかは、その配分に関わる境界設定を行なうどのような隔壁が求められているかによって変わってくるだろう。どんな範囲でどの程度強固な隔壁の確立が求められるかは、「われわれ」として具体化される社会がどのような在り方をしているかに多分に左右される。

歴史的に見れば、社会の全体性が優位に立ち・あくまで個々人はその全体の中でのみ生きてゆくことができた古代社会においては（あるいは、近代以前の社会においては、と言うべきかもしれない）、個々人を隔てる壁はそれほど強固なものである必要はなかったに違いない。必要がなかったどころか、壁が強固に過ぎることは社会の統合上の障害にすらなったかもしれない。その場合には、端的な現出は自他の一種の癒合状態において十分にその居場所を確保できたのである。王制や独裁制（という仕方での社会の統合化）が登場して財の偏った配分が行なわれても、支配者も被支配者もそれぞれの仕方で一個の全体と一体化することを通じて互いに存在するところを得ることができれば、格別の不都合は生じなかっただろう。

しかし、個々の領域が、その下にエネルギーを集中させて相対的に強固な壁を形成し・相互の独立性が高まれば、そうした強固な隔壁の確立に失敗することは当該社会の中で居場所を失うことに直結する。生きてゆく上でのさまざまな必要性を担保していた全体の力が相対的に弱まれば、個々人がそれらをみずから調達せねばならず、さまざまな行動の責任も個々人が負わなければならなくなる。市民社会成立以降の近代は、こうしてより強力な隔壁の確立を要求することになり、そのこと自体が個々の領域化に強いストレスをかけることにもなるだろう。ひるがえって、近代以後（ポスト・モダン）の社会における間主観性の在り方には、そうした近代的な強固な自我への志向とは別の方向性が垣間見られはしないだろうか（たとえば、「頑張らない」といったような仕方で）。このことと、近年言われている統合失調症の軽症化と境界例の増加との間には、領域化（間主観化）構造の変化に伴う何か必然的な関連が見て取れはしまいか[12]。

以上は超越論的主観性における直接的な現出とそうでない現出の空間的な配分の仕方に関わる一連の問題であり、私たちの世界がどのような構造の下で空間化されるかという問題次元を形作っていた。そのとき、この構造化の要の位置にあったのは、それ自体が空間的な拡がり（大きさ）をもつ身体であり、諸現出とこの身体との重ね合わせの場面でさまざまな可能性（ヴァリエーション）と問題が生じるのだった。私が「私たち＝われわれ」の間でどのように居場所を確保することができるか、私が「われわれ」の一員として他人たちとどのように共存していくことができるのかが問題であり、課題なのだ。空間とは、多様なるものの同時的並存の形式だからである。しかし、世界のさまざまな現出は、そうした空間的構造化のみによって成り立っているのではない。世界が空間的な仕方で拡がりをもって現出するためには、すでに時間を必要としている。

視覚のように一挙に遠方までを見渡すかに見える遠感覚ですら、「ここ」から「あそこ」までの距離を・隔たりを視線が横切っていくこと（踏破すること）が必要なのだし（そうでなければ奥行きは知覚できない）、向こうに見える対象の形を把握するためには視線は当の対象の上下左右を行き来（往還）しなければならない。これら「横切り・踏破」と「行き来・往還」には、どんなにわずかであれ、どうしても時間が必要なのである。触覚ともなれば、事態はより明らかだろう。この机の表面がどうなっているのか（ざらざらしているのか、すべすべしているのか）、どんな形をしているかを手で触れて捉えるためには、手が机の表面や四隅をまさぐる時間が必要なのだ。

このように、世界の空間的現出はすでに時間を前提にしている。時間のないところに空間は成り立たない。逆に、時間は必ずしも（知覚的に）空間化されて同時的並存の秩序を構成せずとも、諸現出の単なる絶えざる継起と変転としてすでに成立する（そしてこの継起と変転を貫くのは一なる持続である）。たとえば、目を閉じ、耳を塞ぎ……といった仕方で五感をすべてシャットアウトしても、何かを（次々と）「思う」ことは妨げられない。だとすれば時間は、世界というすべてが現象する或る開かれた場所である超越論的主観性の現出構造の、空間よりさらに深い層を成している可能性がある。[13] 節をあらためて、何ものかが端的に姿を現わすことの時間的構造を考察することにしよう。

3　超越論的主観性は外部＝他者をもたない

a　現出の時間的構造化

本節の表題が意味しているのは、次のような事態である。超越論的主観性とは、およそ存在しうるすべてが何ものかとしてそこにおいて姿を現わす、或る開かれた場所のことだった。いかなるものも、何らかの仕方でそれがそのようなものとして姿を現わさないかぎり、存在することができないのだった。存在の中核にあってそれに実質を与えるのは、「現象する」という事態だったからである。この意味で、超越論的主観性は世界そのものに等しいとすら、言ってよかった。

まず、空間的な仕方において超越論的主観性は、およそ何かとして現象しうるものの全幅をその内に収める、或る開かれた場所である。現在のところ私たちの知りうる最もミクロな素粒子の世界から、最もマクロな宇宙の彼方の諸銀河にいたるまで、それらの内に観測以前の（観測不能な）素粒子の状態や未知の暗黒物質（ダークマター）をそのようなものとして含みつつ（つまり、それらもまたそのようなものとして――「観測不能なもの」として、「その存在が予想される未知のもの」として――現象するかぎりで）、それらのそのようなものとしての現出の場所として超越論的主観性は拡がっている。もちろん、直接的な仕方で現象するものの数は限られているが、何らかの仕方で間接的に現象するもののすべては、それが現象するものであるかぎりでこの超越論的主観性の内に含まれている。この意味で、超越論的主観性はその外部をもたない[14]。かりに、その外部が何らかの仕方で外部として現われるのであれば、それも現出である以上、すでに外部ではなく内部となってしまうのである。

それでは、時間的に見た場合はどうか。先に見たように、世界が空間的な仕方で現象するとき、それはすでに時間を必要としていた。時間を前提にしていた、と言ってもよい。事実、現出は絶えざる時間的変転の内にあって一瞬たりともとどまるところを知らない。ここでも、世界内の一存在者であるかぎりでの私に直接的な仕方で現象するものの数は限られているにしても、間接的な仕方で地球や太陽系の誕生の時にまで遡ることができるし、さらにはこの宇宙の創成の時とされるビッグバンにまですら遡りうる。果てしなく膨張をつづける宇宙の未来（あるいは終焉）もまた、密度最小（無限小）にしてエントロピー最大（無限大）の状態として、視野の内に入る。

　こうしたマクロの時間ばかりではない。一秒の何千分の一、何万分の一……という微小なスケールでの物質の現出もまた、私たちの視野に入っている。特定の素粒子のきわめてわずかな間の寿命すら、計測されているのである。さらには、点的存在とみなされる素粒子の実体をなすとされる揺らぎと振動の内にある「弦＝紐」の世界すら、現代科学の視野の内に入っている（「超弦理論」）。それらがそのような状態として現象するかぎりで（観測――間接的であってよい――を通して計算されるかぎりで）、それらはすべて超越論的主観性の内部に属する。かくして、時間的な観点から眺めても、超越論的主観性は外部をもたない。世界が何らかの仕方で現象するものであるかぎりで、時間的にも空間的にも、そこに外部はありえないのである。けだし、現象することはすべて、時間・空間の内部においてだからである。

　先に本章2節で考察したのは、このようにして世界の隅々にまであまねくいきわたる多様な諸現出を、直接的なそれも間接的なそれも含めて、世界内のどこに・どのような領域に帰属させるかという次元で生じる諸問題だった。世界の空間的構造化の問題であり、それは私たちの下では〈私と「私たち＝われわれ」〉という間主観的構造化の問題に帰着した。[15] では、時間的な意味でも遥かな過去から遥かな未来にいたるまで絶えざる流動の内にある諸現出に関しては、事情はどうなっているだろうか[16]。

　この時間的流動と変転は、〈どこまで遡ってもさらにその手前があり、逆にどこまで行ってもさらにその先がある〉という仕方でその外部をもたなかったのだから[17]、それ自体は広い意味で一個の統一体ないし全体である。流動と変転のそれぞれがどんなに支離滅裂でばらばらに見えようと、各々の現出間に見出されるそうした切断と断絶にもかかわらず、それらを包み込んで一つの流れないし持続が形作られている。この流動に外部はないのだから、そしてそこには切断と断絶が含まれているのだから、「一つの流れが形作られている」という表現すら不適切である。それは、「おのずと一つであらざるをえない」のだ。さらに言えば、ここでは「一つ」に対立するほかの「一つ」、つまり複数（多）がありえないのだから、「一つ」ということすら、もはや厳密には意味をなさないのである。

　ところが、こうした時間的全体（すべて）のあちこちに諸現出が無秩序に散乱したまま明滅を繰り返しているのが私たちの現実かというと、事態はそのようになっていない。直接性において現象するものに限ってみても、それらの内実は実に多様で、いまこの机が姿を現わしたかと思うと、次は窓外の鳥の声が耳に飛び込んで来て、さらに次は今晩の夕食に思いをいたしたり、そこにいきなり小学校時代の或る体験が思い出されたり……といった具合であるにもかかわらず、必ずしもそれらは支離滅裂でもなければてんでばらばらというわけでもないのだ。つまりそこには、現出の絶えざる変転と多様を統合するような仕方で或る種の統一が、或る種の同一性が形成されているのである。

　このときの同一性は、先に見た外部をもたない全体の特異な「統一性」、最広義で「一つ」でしかありえないすべてのもつそれとは明らかに異なり、他の同一性との何らかの区別と差異の下で成り立つ同一性である。どうやらこの種の同一性としてもまた、世界は構造化されているようなのだ。すなわち、世界の、超越論的主観性の、時間的構造化という問題次元である。それはいったいどのような構造化だろうか。

　超越論的主観性における世界の現出が絶えざる流動と変転の内にあることはこの現実における一つの動かしがたい事実であり、この意味でそれは原初的事実に属する。どんな存在もそれが何ものかの存在であるかぎり、何らかの仕方でそのような何ものかとして現象することなくしては存在することすら叶わなかったのだから、すべてはこの原初的事実としての絶えざる変転の内にある。これが、「超越論的主観性は外部をもたない」ということの一つの意味（時間的な意味）だった。このとき、原初的事実としての絶えざる変転は、速さ（速度）といったものをもつだろうか。

　流動が速さをもつためには、当の変転をそれに即して測る何らかの基準が立てられなければならない。そして、その基準を立てるためには、基準となる何ものかがそのようなものとして姿を現わしていなければならない。かつてのそれは太陽や月の運行であったし、現代のそれは特定の原子の振動である。いずれにせよ、それらが何らかのものの運行として、振動として姿を現わすことを以って、それによって他のすべてのものの流動を測る基準となる。だが、このとき基準として立てられた太陽や月の運行、特定の原子の振動自体が、すでに変転における一個の現出以外ではない。つまり、ここで行なわれているのは、特定の変転を以って他の変転を測るということである。

　では、それはいったい変転の何を測っているのだろうか。ここで測られているのは、変転の中での一つの特定の現出ともう一つの特定の現出の間に経過した時間の「長さ」である。たとえば、特定の原子が或る位置を占めている現出と、その同じ原子が（いったん別の位置に移動して）ふたたび元の位置を占めるにいたった現出の間に経過した時間の「長さ」を基礎単位として、変転する他の現出同士の間に経過した時間の「長さ」を測るのだ。このときの「長さ」の基礎単位を定めるのが、時計なのである。そして、この基礎単位を以って何らかの運動にかかった「長さ」を測り、当の運動がその間に移動した「距離」をこの「長さ」で割ったとき、はじめてその運動の「速さ」が定まる。つまり、速度とは基礎単位あたりの移動距離にほかならない。

かくして明らかなように、速度を算出するための基礎単位である「長さ」を測る時計自体の進行に速さはない。したがって、時計がそこから「長さ」を取り出すところの流動する現出の変転にも速さはない。このように、超越論的主観性における世界の現出の原初的事実としての変転には速さがないのである。それは単に変動し・流動していくだけであって、それ以上でもそれ以下でもない。速さなきこの変転の中で、あの最広義での時間的統一体として（一つでしかありえないものとして）世界は現象する。

この現出の各々に、基準として立てられた特定の「長さ」を基に振られた数である時刻を対応させることによって、それら諸現出は世界内部の特定の時間位置に配分され、互いに先後の関係に立つと共に、その先後の隔たりの「長さ」を比較することのできる一つの出来事となる。たとえば、さまざまな現出の内で特定の時刻から特定の時刻の間に配列されたものたちを一まとめにして、それを特定の身体に重ね合わせたとき、それが一人の人物としての私が生きた時間となるのである。或る年の或る月に生まれ、或る年の或る月に没した何某なる人物の下に姿を現わした諸現出の総体がその人物の経験のすべてであり、それがその人物の生涯なのだ（これは、特定の諸現出のまとまりを特定の人物の経験に重ね合わせることに等しい）。このようにして、多様な諸現出の内の特定のものたちが一つの統一体を構成する。この統一体は、超越論的主観性における現出のすべてが（その外部が存在しないがゆえに）おのずから一つであらざるをえないという意味での「一つ」とは明らかに異なる。それは、並び立つ他の統一体たちの中の一つだからだ。

そのようにして他の統一と区別される諸現出の結びつきは、このように時計で計測されて特定の身体という空間的なものと重ね合わされることによって成立した。そうだとすれば、ここにも、世界の空間的現出が世界内の特定の身体の下に重ね合わされて私のそれとなったのと同様の事情が伏在している。つまり、世界の時間的現出が時計によって計測される時間に重ね合わされて私のそれとなったのである。であるならば、世界の時間的現出それ自体は、必ずしも時計によって計測されるそれと同じではないことになる。絶えざる変転の中で何ものかが何ものかとして端的に現象した、あの原初的事実の現場に立ち戻ってみよう。

現象するすべてを測る基準として立てられた時計もまた、それがそのようなものとして現象することなくしては時計として機能することができない。であるならば、いま時計なら時計が、そしてそれの指し示している時刻が、そのようなものとして現象したことを以ってはじめて、時が定まるのである。その時々の時刻の連続体としての時間の内のいつが「今」であるかを決めることができるのは（そして、そのことと連動して、いつが「過去」であり、いつが「未来」であるかを決めることができるのは）、何ものかのそのようなものとしての現出の方であって、時刻自身はいつが「今」であり、現出の時であるかを知らない（したがって、いつが「過去」であり、いつが「未来」であるかも知らない）。つまり、現出の方が、それが現象したことを以って特定の時刻を「今」として定めるのであって、時刻の方が現出の時を定めるのではない。ところが、世界内の一人物である私の生涯が何年何月から何年何月までで区切られ、そこに諸現出の特定のグループが一まとめになって帰属させられるとき、それら諸現出の時を定めているのは時計で測られた時刻の方なのだ。ここには、何が「時」を定めるかに関して、ある逆転が生じている。[18]

しかし、通常の場合、ここに生じている逆転が気づかれることはほとんどない。なぜか。世界が端的に現出する原初の「時」と、時計が測る世界内部の特定の位置としての「時間（時刻）」との重ね合わせに何らの齟齬も生じないからである。齟齬が生じないどころか、かえって好都合なようにこの重ね合わせは設定されているのだ（この間の事情については、すぐ後で検討する）。そして、いまや重ね合わされたそれは、そのそれぞれが特定の時刻をもった流動的現出として、絶えざる時間的変転の内にある。けれども、ここで絶えざる変転の内にあるのは、世界がそこにおいて現出する或る開かれた場である超越論的主観性における当の現出の方であって、超越論的主観性自身が変転するわけではないことを見逃してはならない。過去も現在も未来も、そのような（重ね合わされた）「時＝時間（時刻）」として超越論的主観性において現象するが、超越論的主観性自身はそのような特定の時＝時間に属するものではなく、それらすべての時＝時間をおのれの内に含んで微動だにしない。この不動性は変転の一様態としての静止ではなく、それら変転と静止がそこにおいて生ずる場所の絶対的不動性である。

したがって、超越論的主観性（という一つの次元）自体は速さをもたないばかりでなく、[19]そもそも変転も静止もしない超‐時間的なものであり、そのようなもののみが時間を定める最終的な基準たりうるのだ。あらゆる現出が絶えざる変転の内にある（静止はその一様態にすぎない）と言ってよいのは、それらが、それ自体は一切の変転を超えて絶対に動かない超越論的主観性において現象するからなのである。フッサールは、これを「コペルニクス説の（再）転覆」と呼んだ。「大地（それはこの文脈では超越論的主観性のことにほかならない）は動かない」のである[20]（現代であればこれを「アインシュタイン説の再転覆」と呼んでもいいかもしれない。ただし、それはアインシュタインに反対しているのではなく、時間（正確には「時空」）の相対性を述べるその理論がすでに前提にしている次元——時間の進行の仕方が異なる複数の系を比較するとき、すでに前提になっている次元——にあらためて私たちの目を向けさせるのである）。

超越論的主観性における世界の現出に、さらに注目してみよう。それは絶えざる変転の内にあるとこれまで述べてきたが、それは決して一様な連続性における絶えざる変転ではないことに、ここであらためて注意する必要がある。確かに諸現出は変転して止むことがないが、その現出のそれぞれは単にそのつどそのつど姿を現わすというだけで、それぞれの「そのつど」と「そのつど」の間に何らかの時間間隔があるわけでもなければ、それぞれの「そのつど」がどれくらいの長さつづくのかも定かでないのである[21]。一つの「そのつど」と別の「そのつど」とは切り離されているからこそ、それらは別々の現出の時を形作るのであって、それらの間をつなぐものは何もない。言ってみれば、超越論的主観性における現出は時間的断続体なのであり、一切の断絶なしに一様に流れていく連続体ではないのだ。

そのような連続体は、先に見たように、変転する諸現出のすべてを一つの基準に従って測り、それぞれにこの時間的現出内の然るべき位置を与えることで、それらを（ある程度）制御・操作可能にする必要性に応じて要請され・設定されたものなのである（これを可能にするものがすなわち、時計にほかならない）。太陽や月の運行、原子の振動も、それらの現出においては、そのつどそのつどの断続的なものでしかありえないが、そうした断続性をつないで一様な一つの時間が流れているとすることで（そのような時間を設定することで）[22]、どんなにわずかな間の現出にも（たとえば、素粒子の寿命）、どんな長大な期間にわたる現出にも（たとえば、太陽系の寿命）、それぞれの時間位置を与えることが可能となる。こうして、どんな現出も、それ固有の時間位置をもつにいたるのだ。そのおかげで待ち合わせということが可能となったのだし、一秒の何千分の一・何万分の一の単位で生じては消滅する素粒子レヴェルの出来事を観測＝計測することも、何億光年もの彼方で生じている超新星の爆発を観測＝計測することも可能となったのである。

こうした多様な現出の内で特定の時間位置をもつものの、さらにそのごく一部が特定の身体と重ね合わせられるとき、それらが何某という特定の人物の体験として一つの統一体を形作り、別様の体験の統一体と区別される。だが、時計によって計測されたこのような時間の助けを借りなくても、直接性における現出とそれ以外の間接性における現出は、通常截然と区別され、この区別を以ってすでに私は特定の時間的現出の統一である。時計は、このすでに成り立っている統一をより精密に規定し、そのようにして私たちの日常の営みを時間的な側面からより効率的に制御できるようにしてくれているにすぎない[23]。私たちの生活が、時間を「測る」ということをきわめて重要な要素として含んでおり、もはやそれなしでは成り立たないほどまでに時計時間をその内に組み込んでいるにしても、である。では、必ずしもそのような測られた時間を必須とするわけではない時間的現出の私としての統一は、いつもすでに、おのずから成り立つものなのだろうか。

そうではない。直接性における現出は、必ずしも人物としての私の時間的統一とぴったり重なり合うわけではないのだ。そのことを教えてくれるのも、さまざまな精神疾患の存在である。世界の時間的現出が、端的で直接的であるままに、生き生きした親密さを伴って私を裏打ちしてくれない場合や、変転の柔軟性を失って収縮・凝固してしまう場合が少なからず存在するのである。その実際に、多少とも目を向けてみよう。

b　現出の強度の変容

現象する原初の「時」の断続性を一様に流れる一つの連続体としての時間に統合する重ね合わせが、先に見たようにもともと次元を異にするものの重ね合わせであることから来るちょっとした齟齬は、通常目立たない。ほとんど問題となることがない。そのような連続体の下に時間を秩序づけ、管理する方が、私たちが生活してゆく上で圧倒的に便利だからだ。そのように私たちの社会が構造化・組織化されているのである。現代の私たちの生活において、時計時間を免れるものはほとんどない。時計とカレンダーに従ってきちんと時間を管理できることが、一人前の大人の条件なのである。

　だが、ここでもその気になって日常生活の細部に目を凝らせば、この重ね合わせの下で生じている小さな齟齬をいくらでも見つけることができる。たとえば、何かに熱中しているときの時間は「あっ」という間に過ぎてしまう。逆に、退屈な授業はなかなか終わらない。それぞれの時間的現出がもつ現出自身の時間性格と、それらが時計で測られたときの時間間隔（時間の「長さ」）との間に、ずれが生じているのである。このずれを、いったい私たちはどう処理しているだろうか。

　かりにいまの例で、どちらも時計時間で測ったら一時間だったとしよう。そうだとすると、何かに熱中していた一時間は速く過ぎ去ったように感じられたのだ。逆に、退屈な授業の一時間は、時間の進行がとても遅く感じられたのだ。それらは、同じ時間の感じられ方の違いにすぎないのである。本当は同じ一時間なのに、人によって・時と場合によって、その感じられ方はさまざまだ、というわけだ。つまり、すべての現出に共通する連続体としての時計時間の側から事態を解釈することで、件のずれを処理するのである。現出のそれぞれの「時」がもつ固有の性格を、特定の期間存続する時間的連続体としてのいずれかの人物の心に配分し、その現出を時計によって計測される時間の側から、〈人（人物）によって・時と場合によって、速くも遅くも感じられるもの〉として解釈するのだ。このとき、時間の流れそのものは、時計の例で検討したように速くも遅くもなく、一定にして一様に（連続的に）ひたすら流れつづけるものとして設定されている。

だが、事態を現出の原初の時の側から眺めてみると、様相は一変する。何かに熱中している現出の時は（速く感じられるのではなく）現に速いのであり、だらだらとつづく授業の現出の時は（遅く感じられるのではなく）現に遅いのである。この場合の「現に速い」「現に遅い」といったそれぞれの「時」に固有の性格は現出自体がもつものであって、あらゆる現出をつないで一様に流れるものとして設定された時計時間を尺度として測られるものではない（現出の「長さ」が速さをもつものでないことは先に見た通りだし、速さを測るためにこの「長さ」で割るべき移動距離といったものが、現出にはそもそも存在しない）。それぞれの「時」に固有の性格としての速さとは、諸現出すべてにあてがうことのできる何らかの尺度に照らして測られるもの（計量されるもの）ではなく、現出自身のもつ性質としての「強度」のことだと言ってもよいかもしれない。

つまり、この場合の「速い」は現出することの強度の高さ（集中と緊張）を、「遅い」はその低さ（解離と弛緩）を表わしているのである。諸現出は、現象するものの現象することがもつそのつどの強度の違いによって「遅く」なったり「速く」なったりしつつ、そのつど到来しては失われてゆくのだ。(24)

時計時間の側からする解釈では、なぜ同一の時間が速く感じられたり・遅く感じられたりするのか、なぜ熱中すると速く感じられ・退屈だと遅く感じられるのかは、十分に説明されたとは言い難い。それは現出それ自身がもつ強度の違いによるものなのである。

以上の考察に鑑みれば、世界の現出の原初的な「時」性と、一様に流れる連続的時計時間との間の落差は明らかだろう。そして、この問題次元においてもまた、この落差が、共通の尺度である時計時間の下での各人のそのつどの感じ方の違いとして処理できる範囲を越えてあらわになるケースとして、さまざまな精神疾患を捉えることができる。つまり、現出自体がもつ強度の全体としての変容が、もはや各人のそのつどの気分の変化として処理できる範囲を逸脱してしまうのである。

この逸脱の第一の可能性は、現出のもつ強度の亢進である。これは、現出の各々がいずれも「あっ」という間に過ぎ去ってしまうかのような、時間の流れの急速化として現われる。この「速さ」(急速さ)が現象する対象の側に見て取られるとき、それはたとえば何かが何かとして姿を現わしたかと思う間もなく別のものと入れ替わってしまうといった、「すり替わり」体験として具体化するかもしれない。同じ事態が対象の側ではなく、対象の現出に立ち会う側の時間様態として具体化したときには、一つの現出と次の現出との交替のめまぐるしさやせわしなさ、現出相互間のつながりが弱体化することで惹き起こされる「すかすか」した感じ、さらには現出相互間の断絶の激化による「ばらばら」な感じ……、総じて時間の流れの希薄化となって現われる。こうして急速化した諸現出のめまぐるしい交替の中に、それらを一つの時間的連続体の下に取りまとめて制御すべき主体(それらを「私の諸現出」として取りまとめて保持することのできる主体)が呑み込まれてしまい、もはや当人はそれらの交替を前になす術もないかのように見える。比喩を用いて表現すれば、急速な流れに巻き込まれ・押し流されてアップアップしている溺れかけた人のようなのである。

　このような事態を改善するために残された手段は、そのようにして急速に流れ去る諸現出にとにもかくにも先回りして、それらをみずからの下につなぎとめ・回収しようとする死に物狂いの奔走となるほかない。つねに時間に追い立てられながらも、その時間にさらに先駆けるようにして先へ先へと急がないではいられない、言わば出ずっぱりの状態である。こうした出ずっぱりの奔走にもかかわらず、諸現出はそれをみずからの下に取りまとめようとする当人の手許から、まるで砂を掴もうとするかのように逃れ去っていく。諸現出をしっかりと時間的につなぎとめておくことができないのだ。計測された時間のレヴェルでは何の異変もないにもかかわらず、である。世界の現出がもつ強度の亢進が、こうして当人を疲弊へと追い込んでゆく。こうした状況の下では、私が確固として私「である」ことができないのだ[25]。

　これに対して、世界の現象する強度が全体として低下し、これまでのように時間がスムーズに流れなくなるという、第二の可能性を考えることができる。気分の一時的な浮き沈みといった誰にでもあるレヴェルを逸脱して、世界の現出の全体が停滞する時間の中で光を失い、薄暗がりの内に沈み込んでしまうのである。現出自体の交替もその勢いを失い、いつまでも同様の変化のない現出が凝固したかのように居座る。現出相互間の違いが際立たなくなり、それらが癒着するために、時間はなかなか流れ去らず、澱む。このように停滞した時間の中に主体は沈み込んでしまって、もはや時間をみずからの未来に向けて投げかけ、新たな途を切り拓いていくことができないかのように見える。ここでも比喩を用いて表現すれば、澱んだ淵に深く沈みこんでしまって、もはや自分で水面に浮かび上がることも、水面を泳いでゆくこともできないかのようなのである。

こうした事態を少しでも改善しうる方策としては、そのようにして沈みこんでしまった淵の中でかろうじて手許に残った常同的な諸現出を後生大事に抱え込むことによって、わずかに時間に対するおのれの主体性を確かめることだけなのである。つまり、おのれの過去を墨守し、そのような過去と同じでありつづけようとすることのみが、時間を制御しうる唯一の途なのだ。そのようにすることだけが、互いに癒着してしまって「何」かとして際立つことのない時間を、かろうじてほかと区別して私の時間として維持することを可能にする。現出同士の結合が柔軟性を失って固着し、新たなものの到来を拒んでいるかのようなのだ。このように堂々めぐりする時間の内に蹲《うずくま》ることによってのみ、わずかに私はおのれ自身であることができるのである。こうした状況の下では、私が私「である」ことが何かとても窮屈なのだ(26)。

第三の可能性として、現出の強度が現出を可能にする極大値を越える地点にまで亢進してしまうケースを考えることができる。これは、それとは逆の、現出を可能にする極小の値を下回るまでにその強度が低下してしまったケースと、現象面では見分けがつかない。なぜなら、いずれもが現出の不成立を惹き起こしてしまうからである。心の用語で表現すれば、いずれもが意識の欠落とならざるをえないのだ。だが、意識の単なる欠落は、それだけでは精神疾患を構成しない。夢さえ見ることのない深い眠りにおいても意識は欠落するが、それは精神疾患ではない。事故による脳の損傷で惹き起こされた植物状態においても意識は欠落するが、これも精神疾患ではない。

意識の欠落が精神疾患を構成するのは、それが多様な現出の絶えざる交替の中に特異な仕方で差し挟まれたときである。現出の強度が現出を可能にする極小の値の近傍を上下する場合には、もはやその主体は通常の生活を維持できなくなった衰弱状態にある。これに対して、現出の強度が通常の値から極大の値を越える地点までの間で推移する場合、その主体は意識の欠落をはさんで通常の諸現出へと復帰するにもかかわらず、当の意識の欠落をみずから制御できないがゆえに、それは一種の問題状況として精神疾患を構成するのである。

現出の強度が極度に高まったとき、それは「瞬間」という、もはやいかなる時間の幅も速さももたない特異な時間様態をとる。より正確に言えば、「瞬間」がいわば「裸で」露出してしまうのだ。何かに熱中している時間は、それがいかに速く過ぎ去ろうと、そのような何かが何かとして現象している。ところが瞬間においては、それが到来したときにはすでにそれは失われているのである。すなわち、何かが何かとして現象するためのいかなる時間の幅も成立しない。したがって、そこに現出の時の（「めまぐるしさ」や「澱み」といった）固有の性格を云々する余地もないし、現出同士の結合の余地もまたない。現出と現出の間に口を開けた裂け目に落ち込んでしまったかのようなのである。それはたいていの場合、何ごとかが到来するという予兆を伴うのだが、気づいたときにはすでにそれは過ぎ去っており、その間の記憶はない。つまり、その間の意識が欠落しているのである。時間はその瞬間において途絶する。こうした状況の下では、私「である」ところの私自体が失われてしまうのだ(27)。

すでに見たように、現出の原初の時においては現出と現出の間に断絶がある。そして、この断絶はいかなる現出でもないのだから、それはいま述べた意味における瞬間である。つまり、瞬間は現出の原初の時にすでにつねに差し挟まれており、いわば新たな現出を可能にするものなのだが（したがって、「世界は瞬間において現象する」と言ってよい）、通常は現出の絶えざる交替に隠れて気づかれることがない。だがそれは、すべてが何らかの仕方で現象することを以って成り立っているこの世界に、この意味で一切の外部をもたないこの世界に、そこを通ってそのつど新たな現出が到来することを可能にするいわば開口部のようなものなのである。なぜなら、どのような現出もひとたびそれが現出にもたらされたならば、それはすでに世界の内部なのだが（この意味で、世界に外部はなかったのだが）、現象すること自体は、世界にとっても、それを受け取るものにとっても、まったく意のままにすることのできない徹底して受動的な事態として、何か世界の外部としか形容のできない次元をわずかに示唆するものだからである。

どのような現出が新たに到来するかについて予想や予期をすることはできても（そのようにして予期されたものが、世界の中に現出する時間様態の一つとしての未来である）、そしてそのようにして予期されたものが実際に到来することも・しないこともあるが（この意味で、未来は一定の制御可能性の範囲内にあると言ってよいが）、そもそも何かが現象することそれ自体は世界の側からもそれを受け取るものの側からも如何ともし難い。何ものかが現象することを以ってはじめて世界が成り立つのであって、世界はこの現出におのれのすべてを負っている。つまり、現出は世界が被るものなのであり、したがって、すべてであってその外部をもたない世界が、何もの／ごとかを被るという仕方でその〈存在しない外部〉と触れる唯一の接点が、何ものかが現象するその瞬間なのである[28]。

とはいえ、何かが現象したときにはこの到来の瞬間はすでに失われ、現出と現出の間の断絶としてわずかにその痕跡を残すのみなのだ。すなわち、瞬間は、瞬間として現象することはなく（したがってまた、時間として現象することもなく）、現象した何ごとかと何ごとかの間の非連続性の内に、そこを通って新たな現出が世界に到来したことをわずかに暗示するのみなのである。瞬間は、現出を以って埋め尽くされたこの世界の、そうした諸現出間に差し挟まれた断絶というそれ自体は現象しないものの中に、外部をもたない世界を〈存在しないその外部〉へと開き・そのような外部を被らせてしまうべく密かに穿たれた開口部の如きものなのだ。この瞬間の下で、外部をもたない超越論的主観性は、何ものとしても存在することのないその外部、すなわち超越論的主観性の「他者」に曝し出され、その外部を被る。超越論的主観性における諸現出の絶えざる時間的交替の中には、その〈ありえない外部〉への開口部が潜んでいたのであり、そうした外部と超越論的主観性との接触を告知するのが、諸現出間に穿たれた断絶を介して新たな現出が到来するその瞬間なのである。

超越論的主観性が現出の到来の瞬間において被る外部としての他者は、現象する世界の内部を間主観的な仕方で構造化することで私を「私たち＝われわれ」の一人として形作る他人たちとは異なり、私の同類、私の仲間となることが決してない[29]。世界の時間的現出の内にはそのような外部としての他者が、徹底して外部にとどまりつづける他者が潜んでいた可能性があるのであり、世界の内部に現象するものの強度の全体的な変容としてのさまざまな精神疾患は、連続的に流れる時計時間との落差とそれからの逸脱の内に、そのような外部としての他者との接触を、私たち（いわゆる健常者）の下でのそれとは別の仕方で告知しているかもしれないのである。

本書はこのような「外部としての他者」との接触の内に、生命の内に孕まれた「自由」の最終的な可能性を見て取ることになるが、そのためにはあらためて生命という秩序の成立の現場に立ち戻らなければならない。

第II部

生命と自由

第4章 生命の論理——西田幾多郎と生命の哲学

1 生命の／と論理

第Ⅰ部において本書は、主として超越論的現象学をみずからの足場として、「現象すること」がこの現実の中核をなす事態である所以を明らかにしてきた。そしてこの「現象すること」が生命という存在秩序と本質的な関係をもつはずのものであることに、すでに何度か触れた。以下の第Ⅱ部で本書は、著しい進展を遂げつつある現代の生命科学の知見をも参照しながら、生命の問題に正面から取り組む。最初に取り組むのは、生命とはいかなる存在秩序なのかということ、いわばこの存在秩序の論理構造を明らかにすることである。その論理の中に「現象すること」が然るべく位置づけられてはじめて、本書のこれまでの考察が生命の哲学へと展開してゆくことの必然性が示されたことになるからだ。

この最初の課題に取り組む本章が手がかりにするのは、その晩年の思索においてとりわけ生命の問題に集中することになった西田幾多郎である。もとより彼がそのような思索に集中した時代と現代とでは、生命科学の進展において大きな懸隔がある。とはいえ、すでに前世紀の初頭には生物学の新たな潮流がはっきりと姿を見せ始めており、西田は持ち前の鋭敏なセンスをはたらかせていち早くそれらの動向に取り組み、みずからの思索の糧とした。おのれの生の現実に向かい合うことを一時も怠ることのなかった彼の思索が、それらの糧を養分としつつ同時代の西欧における生の哲学との対話と対決を通して剔抉するにいたった生命の論理は、超越論的現象学を足場とする本書にとっても、そして現代の生命科学が捉えた生命の論理的骨格を明らかにする上でも、学ぶところが多い。まずはそのような西田の生命論と本書が、生命を思考の課題とする上で共通の土俵に立っていることを確認することから、彼との対話に入っていこう。

これまでの本書の歩みは、次の点を明らかにした。この現実は徹頭徹尾「現象すること」から成り立っている。すなわち、何ものかが何ものかとして姿を現わすことを以って、この現実は成り立つ。このことを措いて、ほかに現実の成り立つ余地はない。そして、この「現象すること」は、生命という秩序の成立にその起源をもっているに違いない。生命という秩序が成立したときはじめて、何ものかが何ものかとして姿を現わすということが可能となったのである。これはすなわち、生命の誕生を以って現実は現実となったということであり、逆から言えば、生命以前に現実というものはない。なぜなら、何ものかが何ものかとして姿を現わすことのないところでは、「何かがある＝存在する」という事態が成り立つために必須の「何」（主語）が失われてしまうために、そもそも「ある＝存在する」ということが成り立たなくなってしまうからだ。かりに述語のみから成る世界があるとしても、それはいまだ現実たりえない。生命以前にはすべては「無＝ない」の闇に沈み込んだままなのであり、

いや、正確に言い直せば「闇」すらなく、現実なるものの存立の余地もまた「ない＝無」のである。(1)

このように言ったからといって、生命以前の物質の世界、たとえばいまだ生物が誕生する以前の地球や太陽系や銀河の存在を否定しているのではない。もちろん、それらはかつて存在していたし、現在は私たち生命とともに存在しているし、将来生命が失われたとしてもなお存在するだろう。だが、それらが過去から未来にわたって存在しつづけるとしても、それはそれらがそのようなものとして（地球として、太陽系として……）姿を現わすそのかぎりにおいてなのであって、それらがそのようなものとしての存在を獲得したのはあくまで生命の下においてである点は動かない。それらのそのようなものとしての存在は生命に裏打ちされているのであり、遠い将来に地球や太陽の寿命が尽きてそれらの地球としての、太陽としての存在が失われるときにも、そこに生命はそれらの末路を見届けるかのように居合わせているのである。たとえ、その時点においてはすべての生物がすでに死に絶えているとしても、である。

この意味で、ひとたび成立した生命という秩序は確かに太古より未来永劫にわたって「永遠」なのだが、(2)そのことと、この秩序がかつては成立していなかったし、いずれ失われるかもしれないこととはまったく矛盾しないのだ。念のため言えば、これは、宇宙の歴史の中に特定の起源の時をもち、おそらくは特定の終焉の時をもつ生物とは別に、どこかに「生命」なる実体が太古より未来永劫にわたって存在しつづけるということではまったくない。あくまで生命は生物とともにしか存在しないにもかかわらず、それは時間的にも空間的にも現実のすべてに（太古の昔から永劫の未来まで、極小の量子空間から何億光年の彼方に横たわる諸銀河まで）浸透し、現実を現実たらしめているのである。

このような生命という秩序に固有の論理とは、いかなるものだろうか。そもそも論理とは〈何かであるかぎりでの何かを構成する固有の筋途〉のことなのだから、論理ということもまた〈何かが何かとして姿を現わすこと〉と共にはじめて成立する。この意味で、生命の論理を問うことはこの現実の論理を問うことに等しい。この現実においてはじめて論理なるものが姿を現わすのだが、その成立の現場が生命なのである。かつて、そのように考えた哲学者がいた。西田幾多郎である。

彼は「非合理の合理化の機関[3]」として私たちの身体を捉えることで、身体という生きたものの下で世界に「合理」が、すなわち「論理に合った（理に適った）もの」が到来するその現場に肉薄しようとした。問われるべき事柄を的確に名指した「論理と生命」という表題をもつ西田晩年の論考（一九三六年＝昭和一一年）を中心に、その前後の（一九三二年＝昭和七年の「私と汝」から一九三三年＝昭和八年の「私と世界」、一九四〇年＝昭和一五年の『日本文化の問題』を経て、西田の死の前年一九四四年＝昭和一九年一〇月に前半が、没後の一九四五年＝昭和二〇年八月に後半が公刊された「生命」にいたる）諸論考を手がかりに、以下生命と論理、そして生命の論理をめぐって彼との対話を試みる所以である。

先に本章は、生命以前に現実はない、生命誕生以前の物質の世界も生命においてはじめて存在へともたらされる、と述べた。物質と生命の間に成り立っている一見奇妙に響くかもしれないこの固有の関係を、本書は現象学の創始者エトムント・フッサールから借用した「基づけ」関係として捉えるのだが、その内実は次のようなものだった。すなわち、物質は生命を「基づける」ものとして生命を「支えている」が（つまり、物質による「支え」なしには生命は成り立たないが）、生命においてはじめて物質は物質として姿を現わし、そのことを以って存在するにいたるのだから、物質に「基づけられた」生命は物質をおのれの内に「包摂している＝包む」のである。このような〈「基づける」項が「基づけられる」項を「支える」とともに、「基づけられる」項が「基づける」項を「包む」〉関係が、

「基づけ」関係である。物質は、生命を「支える」ものとして生命に「包まれる」のだ。

物質と生命の間に成り立つこの関係を、西田は、「基づけ」という言葉こそ用いないが、すでに正確に捉えている。まず、彼は「物質から生命は出ない」と言う。「物質の世界から生物の世界が成立し、生物の世界から人間の世界が成立するのではなく、かえってその逆[4]」だというのである。つまり、人間の世界から生物の世界が成立し、生物の世界から物質の世界が成立する。これは、一見先立つように見える「支える」ものが、後なるものに「包まれて」いる事情を正確に捉えており、これを西田はアリストテレスの『動物部分論』を引くことで説明している。「アリストテレスのいう如く、発展の順序において後なるものは、自然において先立つものである、ゲネシス〔発生〕において最後なるものは、自然において最始なるものである[5]」。

いま、議論を物質と生命の関係に限定すれば、自然においては（すなわち、成立している事態そのものに即してみれば）生命の方が物質に先立つものなのだ。これを、同じくアリストテレスの基礎概念である「デュナミス（潜在態）」と「エネルゲイア（顕在態）」を用いて表現すれば、一見「デュナミス」の方が「エネルゲイア」に先立っているように見えるにもかかわらず、実は「潜在〔デュナミス〕は顕現〔エネルゲイア〕の外にあるのでなく、自己矛盾の現実の中に〔すなわち、顕現した現実の中に〕含まれている」のであり、アリストテレス自身が明言しているように「エネルゲーヤがデュナミスに先立つ」のである[6]。

生命が物質に先立つという、自然科学的常識に反するようにも見えるこの関係（すなわち、本書の言う「基づけ」関係）が、問われている事柄にとって決定的に重要であることを示すためであろうか、西田はアリストテレスをもち出すだけでは満足せず、現代物理学を先導した大物の一人ルイ・ドゥ・

ブロイ（Louis de Broglie, 1892–1987）にも言及する。通常、私たちには無色透明ないし白色に見える自然光の中にはおよそすべての可能な色彩が含まれているのだが、そしてそのことは当の光をプリズムに通すことで誰の眼にも明らかとなるのだが、この各種の色彩の存在の仕方をドゥ・ブロイが問題にしたくだりを西田は取り上げて、次のように論ずる。「……プリズムにて分析せない前、七色が白色の中に存在したかという問に対して、我々は」次のように答えることができる、としてわざわざドゥ・ブロイの仏語原文を引用し[7]、別の箇所でそれにみずからの言わんとするところを明示すべく意訳を付している。

すなわち、「ドゥ・ブローイのいうが如く、プリズムによる分析の前に……あったといえば、あった、しかしそれは我々が実験すれば現れると言う意味においてあったのである[8]」。つまり、私たち（すなわち生命）の下でそれぞれの色がそれぞれそのような色として現われる（「我々が実験すれば現れる」）ことを以ってはじめて、それらはすでに「あった」と言ってよいのである。この意味で、それぞれの色（という物質現象）はそれらの「存在」の起源を生命の内に（生命におけるそれらの現象の内に）有しているのであり、そのような仕方で物質は生命に「包まれて」いるのだ。

生命と〈何ものかが何ものかとして姿を現わすこと〉、すなわち「現象すること」との本質的連関とその存在論上の位置についての見解を本書が西田と共有していることを確認したいま、生命に固有の論理をめぐって彼との対話に入ろう。

2　形の生成

何ものかが何ものかとして姿を現わすためには、まず以ってどのような条件が充たされていなければならないだろうか。「現象すること」の中核をなす事態とは、何か。

それは、現象するにいたる当のものがそれ自身に固有の輪郭を、形を獲得すること以外ではない。もちろん、一口に輪郭といい形といっても、いろいろなレヴェルでのそれらを考えることができる。感覚的・知覚的次元で与えられる形もあれば、言語的・知性的・概念的次元でのそれもある。後者の次元での形は、プラトンやアリストテレス以来「イデア」や「形相（エイドス）」と呼ばれてきたし、それらギリシャ語の意味の中にもともと「輪郭」という意味が含まれていたこともよく知られている。固有の輪郭によって囲まれること、そのようにして限定されることが、何ものかが姿を現わすためには必須なのである。

他方、感覚的・知覚的次元の形も、感覚が少なくとも私たちの下では五つ（五感）に分化するに応じて、それぞれの感覚において異なる形をとる。眼で見て取られる形（形態）もあれば、耳で聴き取られる形（音響やメロディ）もあり、鼻で嗅ぎ分けられる形（匂いや香り）もあれば、舌で味わわれる形（味わい）もある。これらもろもろの形の原点にあるのは、直接触れることによって当のものの存在が感じとられる触覚であろう。触覚もまた、触れられたものの「すべすべさ」、「ざらざらさ」といった固有の形（肌触り）をもつ。この現実はこれら感覚的次元から知性的次元にまで及ぶ多様な形に充ち溢れ、それらがそれぞれに現象することにおいて成り立っている。

この事態を、それぞれにおのれ固有の形を具え・身に纏ったものたちが、それら固有の形の下でおのれを表現している、と捉えることができる。そのままでは内に閉ざされ、何ものでもありえなかったものが、いまや固有の形を獲得することで外へと立ち出で、おのれの何ものかとしての存在を確立したかのようなのである。現にいま・そこに、何かであるところのものがあるのだ。このように、「存在＝がある（実存）」が成就するためには「である」（本質＝形）が不可欠なのである。ここでおのれを表現するにいたった個々の形を総体として捉え、それを「世界」と呼ぶことができるとすれば（そのように呼ぶことができるためには、つまり世界が世界として現象するためには、現象することのいくつかの段階を経なければならないのだが――そしてそれを西田は「自覚」の深まりとして捉えるのだが――）、そこから西田の次のような言葉が自然に出てくるだろう。「世界が世界の中に自己表現的要素を含む時、生命というものが成立する(9)」。

だが、生命という事態を考えるにあたって、単に「表現」ということで十分だろうか。表現が成就するためには、形が生成されなければならない。形成ということが成り立たなければならない。このことを、いま私たちは確認した。西田も述べるとおり、「……表現することは形成することである、……物が現れることである(10)」。だが「表現すること」は、そのまま「形成すること」と等しいわけではない。単に表現されるだけでは、いまだ何かが何かとしての形を具えて姿を現わすためには十分でないのだ。「物が現れる」ためには、当の「物」がおのれを表現するだけでは足りないのである。そのためには、さらに何が必要だろうか。

この問題を考えるにあたって西田が参照するのは、二十世紀初頭に台頭した生物学の新しい潮流の担い手の一人であるイギリスの生物学者J・B・S・ホールデーン（J. B. S. Haldane, 1892-1964）である。生命に関するホールデーンの見解の核となるのは、個体とそれを取り巻く環境との相互作用が成立してはじめて生命の営みが可能となるという点であり、この相互作用の中で形がみずからを維持することを生命の本質と考えるのである。生命にとって環境というものが決定的であることの発見は、ホールデーンとほぼ同時代のドイツの生物学者フォン・ユクスキュル（Jacob von Uexküll, 1864–1944）による環境世界論にも明確に示されており、二十世紀を代表する哲学書となった『存在と時間』（一九二七年）におけるハイデガーの「現存在」と「世界」の理解（すなわち「世界‐内‐存在」としての「現存在」）にこのユクスキュルが大きな影響を与えたことはよく知られている。

ハイデガーの言い方を借りれば、現存在にとって世界はボールを入れた箱、あるいは椅子や机をその内に収納する教室や講堂のようにその中身（ボールや椅子）と独立な存在ではなく、その中身（現存在）と切り離すことのできない内的な関係に立つものなのである。同じことは中身に対しても当てはまる。ボールや椅子はそれらを収納している箱や教室を取り除いてもボールや椅子でありつづけるが、現存在にとってそれを取り囲む世界は切り離すことができないのであり、もしあえて世界をそれから切り離したとすれば、そのときには現存在は現存在であることがもはやできないのである。

ホールデーンに共鳴し、彼から多くを学んだに違いない西田にとっても、事情は同様である。生命を宿す個々の主体（個体）が主体であるためには、その主体を取り囲む環境との間で取り交わされる相互作用が不可欠なのであり、そもそも主体とはそのような環境をみずから創り出すもの（この創出によってみずからを生命として樹立するもの）なのである。つまり、何ものかが固有の形を獲得しておのれを表現にまでもたらすのは、主体ないし個体とその環境との間でなされる相互作用の中においてなのだ。個体とその環境というセット（系《システム》）が準備されてはじめて、その中で何ものかが表現という仕方でおのれを成就することが可能となるのであり、ようやくそのとき形の生成ということが過不足なく全うされるのである。したがってこの相互作用は、本書第1章で批判的に検討したように、（心と物の間の）因果的な相互作用ではない[11]。それは、何ものかが形を具えたものとして姿を現わす（現象する）ことを以って個体と環境とが関係し合う「表現」的相互作用なのである。以上の事情を簡潔にまとめた西田の言葉を引こう。「生命は主体〔個体〕と環境との相互限定として、形が形自身を限定するより始まる[12]」。

このとき、みずからを形として限定することで姿を現わすのは、いかなる存在だろうか。生命の営みが個体と環境の間でなされる相互限定である以上、限定によって姿を現わすものもまた相互的であるはずである。まず、個体の側から見ていこう。生命を宿した個体は、基本的にはすべて生命以前から存在していたはずの物質から構成されているが、その構成のされ方、すなわち構造は当の個体に固有のものである[13]。つまり、物質の組織化のされ方が生命以前には存在していなかった新たなものに取って代わられているのであり、そもそも生命以前には物質同士の関係は多分にその場かぎりの偶然的なものにすぎなかった。

たとえば、いくつかの条件が充たされたときに特定の原子（かりに水素原子Hと酸素原子Oとしよう）同士の結合の可能なパターンが出現し、その結合に十分な数の特定の原子たちが特定の時間・空間内に居合わせたとき、それらの原子同士が接近ないし衝突するおおよその確率に沿うような割合で新たな物質が生成する（H_2Oという結合態である水が生成する）。こうした経緯を経ていったん生成した新たな物質は（それ以前の状態に比べて）相対的に安定していると言ってよいが、それがさらに新たな結合を経てさらに新たな物質へと生成するか否かに関しての事情は、先立つ場合と基本的に変わらない。

このようにして出現した物質たちが相互にランダムな運動の中に置かれている状態が、物質に固有の次元を形作っていると言ってよいだろう。この次元において、それぞれの物質同士(たとえば水素原子Hと酸素原子O)の関係は多分に偶然的(確率的)であり、外的である。

これに対して、物質同士の結合に選択的で能動的、つまり内的な関係がみられるようになったとき、状況は一変する。このときの、ポジティヴな意味でもネガティヴな意味でも選択的で能動的な結合は、単に特定の物質同士が時間と空間を共にしているだけでは生ずることのない結合であり、そのような結合が生ずるためには偶然的で外的な関係を越えた、新たな作動原理が成立する必要がある。特定の物質を特定の仕方で結合し、逆に特定の物質を特定の仕方で排除する新たな組織化の原理の下で形成された新しい形、それが有機体(オーガニズム)である。

このとき、新たに(新たな形の下で)出現した有機体は、おのれの周りに、おのれに固有な組織化の原理に従った特定の物質の配置を従えている。ポジティヴな意味で選択される物質ほど時間的・空間的に(正確には「表現」的に)おのれの近傍に、逆にネガティヴな意味で選択される物質ほど時間的・空間的(「表現」的)に遠方に配置された特定の物質の構造体、それが環境にほかならない[14]。このような仕方で周囲の物質にはたらきかけ、以ってそれらの物質によって養われることで、個体と環境という生命に必須のセット(系《システム》)が出来上がるのである。

西田は、この事態を次のように捉える。「生命は環境を自己に同化することによって生きる……環境というのは物質界であり、環境を同化するということは物質を或る形に形成することである。かかる意味において生命とは形成作用である[15]」。

ポジティヴな意味で選択された特定の物質は「同化」という仕方で当の個体に摂取され、いわばその血となり肉となる。つまり、個体に固有の形を形成する要素となる。もちろん、環境には同化されるべき物質ばかりが存在するわけではない。単に同化されないばかりでなく、個体の存立にとって、つまり個体が特定の形としてみずからを表現するにあたって有害なもの、それを阻害するものも環境には存在する。個体の存立にとって、ポジティヴな物質とネガティヴな物質、さらにはそのいずれでもない中立的な物質などがそれぞれにそのようなものとして、すなわちそれぞれに固有な形の下で個体に対して姿を現わすこともまた、生命という秩序の成立にとって不可欠なのである。

　こうして、形の生成としての生命は、個体の側にその身体としての形を形成するとともに、環境の側にいわゆる物質がそれぞれに固有の形を伴って姿を現わす。このとき、環境の側にさまざまな形を具えて現象する物質たちは、いずれも個体にとってポジティヴであれネガティヴであれ何らかの価値を帯びたもの、つまり個体と内的な関連をもったものであることを忘れてはならない。価値を「帯びた」というより、個体にとっての価値こそが、それら物質が纏う形の中核を成しているのである。

　特定の物質への選択的で能動的な関与、これを西田に倣って「欲求」と呼ぶこともできるだろう。いわく、「欲求の対象となるものは、我々の欲求的生命と考えるものを肯定しまたは否定するものでなければならない。それは私の好むもの、悪むものでなければならない。欲求的自己の環境と考えられるものは、私を養うものまた私を毒するものでなければならぬ[16]」、「食物的自然でなければならぬ[17]」。生命の秩序においてはじめて姿を現わすさまざまな物質はもともと「食物的」な相貌の下に現われるのであり、環境は総じて「糧」なのである。生命を「支える」物質は、糧として生命に「包まれる」のだ。糧としておのれを限定し形成するもろもろの物質は、その限定のはたらきの内に個体よる限定を含んでいるのである。

他方で、個体の方も、そのようなものとして限定されて現象するもろもろの物質によって養われているかぎりで、逆にそのような物質によっておのれの何者であるかを限定されてもいる。すなわち「逆限定」である。こうして個体と環境の間の相互限定は、それぞれが限定であると同時に逆限定でもあるという仕方で緊密に結びついている。両者の関係が内的である所以である。「逆限定を含んだものにして、始めて形成的ということができる」[18]のだ。これは「物〔物質〕が我〔個体〕において生き、我〔個体〕が物〔物質〕において生きる」というべき事態であり、そのとき生命〔生きること〕は「合理的であるのである」[19]。すなわち、そのような仕方での相互限定における形の生成が、生命の「論理」なのである。何ものかが何ものかとしておのれを表現にもたらすためには、おのれを表現する当のものが、表現が「それに対して」の表現であるところのものとの相互限定の関係に入ることが必須なのだ。この相互限定の中ではじめて、形が姿を現わすのである。

生命の論理を語るにあたってもう一つ、見過ごすことのできない論点がある。それは、生命において個体がおのれを限定するとき、その限定の形は具体的には「種」として実現されるという点である。個体が身に纏うおのれに固有の形とはまず以って「種」として限定されたものであることを、西田はホールデーンを要約しつつ確認する。「生命というのは、或る種属〔種〕に特有な規準的な構造とその環境との能働的維持である」[20]。「種が自己自身を限定する所に生物の生命がある」[21]。生命が生命であるかぎり、この種的限定を離れることはできない。しかし、西田にとって、生命が〔単なる生物的生命から〕私たち人間的生命の段階にまで高まったとき〔本書の用語で言えば「基づけ」の階層を上昇したとき〕、個体はこうした種的限定の下に立ちつつも、それを或る種の仕方で越えてゆくことができるものとして捉えられている。

この乗り越えは、生命が単に本能によって規定されている受動的な状態から、道具を作成してより能動的に世界の中へと入り込んでゆくことによって（すなわち「技術」によって）可能となるのだが、そのようにして種的限定の世界の先に姿を現わすのが「文化」だというのである（そして、その延長線上に、この「文化」を道徳的基盤の上に具体化した存在として「国家」が語られることになる）。「生命は種的形成から始まる。しかし種がどこまでも種でありながら、自己自身を越えて世界的形成的なる時、文化的である」[22]。「生物的生命において世界の自己形成として生物的種と考えられたものは、人間的生命では文化形態というものでなければならない」[23]。ときに西田はさらに一歩を踏み出して、「生物が技術を有つ時、個が種の外に出る」[24]とまで言う。ここには、「種の論理」を掲げて師の西田を批判する田辺元との論争が背後に控えており、同時に個の下に兆す「自由」をどのように捉えるかという大きな問題が横たわっているのだが、この点には後に触れる[25]。ここでは、生命が形を得る基本的な仕方は種としての限定以外ではないことを、田辺との遣り取りを通して西田がはっきり認めている点を確認するにとどめる。

生命の論理の根本を「形の生成」に見る本節を閉じるにあたって、もう一つ注目すべき西田の捉え方に触れておきたい。それは、ほかならぬ「形の生成」を時間と空間の特異な関係として捉えようとする西田の発想である。ライプニッツやベルクソンの考え方に示唆を受けたと思われるこの発想は、次のように定式化される。「世界は何処までも表現的である。表現というのは時間的なるものが空間的なることである」[26]。「生命の形は時間的空間的形である」[27]。どういうことだろうか。

西田によれば、時間とは「一なるもの」である。次々とさまざまな事態が生起しては消滅してゆく継起を考えてみてもよいだろう。そこにおいては、一つの時間が多様な事態の生成消滅を貫いて流れてゆく。多様なものが時間においては一つに（一つの流れの内に）統合されているのである。[28]これに対して、空間とは「多（様）なるもの」である。そこにおいては、さまざまな事物が並存している。ここに椅子があるとともに、あそこに机がある。こちらでAという素粒子とBという素粒子が衝突してCという新たな素粒子が誕生しているとき、あそこではDという素粒子とEという素粒子が互いに逆方向に向かって飛び出していく。こちらで太陽が月の影に隠れているとき、あそこの彼方では超新星が姿を現わしつつある。こうしたほとんど無限とも言えるほど多様な物や出来事がそのつどそのつど、小は極微の素粒子の世界から大は遥か彼方の銀河においてまで、並存するのが空間なのである。

このときの「そのつどそのつど」を貫いて一つの時間が流れてゆくとすれば[29]、その一なる時間の「そのつど」において世界は無限に多様な形の下でおのれを表現している、すなわち現象している。つまり、一なるものである時間が、おのれのその一なるあり方を破って、それを廃棄して多（様）なるものへとおのれを展開するとき、そこに多様な形が姿を現わすのである。すなわち、表現という事態が成就する。これが、先の「時間的なるものが空間的なること」にほかならない。

しかしそれだけでは、いまだ何ものかが何ものかとして、おのれに固有の形を以って姿を現わすことにはならないのだった。いわば内から外へ向かって一なるものが多様な形へとおのれを展開したとしても、そのようにして展開された多様なものがそのようなものとして受け取られるところがなければならないのである。この受け取りがなされるところは、ふたたび一なるものの下でなのだ。つまり、多様な形がおのれのそのようなあり方を破り、これを廃棄してふたたび一なるものの内に統合されなければならない。この過程を西田は、先の一なるものの多様化としての「表現」に対置して、狭義の「形成」と捉える。この狭義の「形成」において、いわば外に展開した多様なものが内なる一に向かって収斂するのであり、このとき多様な形がそのようなものとして受け取られ、かくして現象するにいたるのである。こうした「表現」と「形成」という互いに逆向きの動向が交錯することを以ってはじめて、何ものかが何ものかとして姿を現わすという生命の秩序が完成するのだ。

以上を、西田は次のようにまとめる。「時が空間に於て自己を有つ、内が外ということが表現ということである。これに反し、空間が時に於て自己を有つ、外が内ということが形成ということである[30]」。「多と一との矛盾的自己同一的に自己自身を限定した形が、多の自己否定的一として時間面的に保存せられ、逆にまた一の自己否定的多として空間的に現れる[31]」。先に触れた〈個体と環境との相互限定〉の根底にあったのは、このような事態なのである。

事態をこのように捉えるとき、時間と空間は物質をその内に収める箱ないし枠組みのようなものではなく、ましてや生命をその内にいずれ孕むことになる独立の枠組みでもなく、生命という秩序の成立そのものとなる。或る種のエネルギーないし力の持続と高まりがおのれを突破したときの「一なるもの」の「多（様）なるもの」への展開と分散が空間の生起であり、そのような「多（様）」があらためておのれを破棄したときの「一なるもの」への収斂が時間の脈動だからであり、このような逆向きのヴェクトルをもつ二つの過程が同じ一つの事態の両側面として一挙に成就することがすなわち生命だからである。世界が時間的・空間的仕方でおのれをあらわにすること、それが生命だというのである。

したがって、生命という秩序にあっては、単に一なるものが形を具えた多（様）なるものへと展開するだけでなく、そのようにしておのれを展開した多（様）なるものが一なるものにおいてあらためて受け止め直されること、すなわち「意識されること」が事柄に不可欠の半面として、その固有の論理に向けて思考されなければならないことになる。「世界は意識面的に自己自身を維持する」[32]からであり、「意識は世界の自己形成の契機としてある」からである。[33]ここで「意識」の名の下に、「現象すること」の論理が問われているのだ。節をあらためて、検討しよう。

3　意識、あるいは「映す」

一なるものとしての時間がおのれを多（様）なるものへと展開し、さまざまな形としておのれを空間化したとき、それらはまず以って環境におけるさまざまな物（物質）として、個体に対して姿を現わす。個体は個体で、環境内のさまざまな物質を同化したり排除したりしておのれを形として維持する。この一連の過程が生命にほかならなかったのだが、そうした生命の営みは物が物として「現象すること」を媒介にして行なわれる。何ものかとしておのれをあらわにした物に対して、それを同化すべきものとして、あるいは排除すべきものとして捉え、それらに選択的・能動的に関与することで自身を構成し維持するのが個体だが、個体がこのようにして環境における物質に関与しうるためには、何らかの仕方で当の物質が個体に対して「意識」されていなければならない。「現象すること」が成り立つためには或るものが形を纏うとともに（狭義の「表現」である）、形を纏った当のものがそのようなものとして受け止められなければならなかった（狭義の「形成」である）のであり、この受け止めることにおいて成立するのが、形あるものを形あるものとして「意識する」という事態なのである。したがって、生命においては、それがどのようなレヴェルであれ、何らかの仕方で「意識する」ということが成り立っていなければならない。

西田は「精神物理学」の創始者フェヒナー（Gustav T. Fechner, 1801–1887）が想定した「植物の魂」なるものを引き合いに出し、そのようなものを想定するのは「空想的かもしれない」と留保しつつも、次のようにつづける。「しかし何らかの意味において意識的なもの、例えば無意識的意識という如きものを考えなければ、生命というも、物力の偶然的結合と考えるのほかない、それ自身の存在というものを考えることはできない」[34]。たしかに私たち人間のレヴェルにおける明晰・明瞭な意識と比べてみれば、植物にそのような意識を認めるのは困難だが、私たちの生の営みを根幹の部分で支えている呼吸や血液循環のレヴェルでの物質代謝、すなわち必要な物質（たとえば酸素や種々の栄養物）を摂り入れ（「同化」）、不要なもの（たとえば二酸化炭素や種々の老廃物）を排出するはたらきを考えてみれば、それらをここで西田の言う「無意識的意識」と捉えることは不可能ではないだろう[35]。肝要なのは、このレヴェルにおいてすでに、個体が摂取や排泄という仕方で物質に選択的に関与することを可能にするある能動的なシステム（呼吸や血液循環）が成立しているということなのである。

かくして、西田は次のように言い切る。「生あるものは何らかの意味において意識を有つ」[36]。意識を個体から環境へ向けての何らかの能動的はたらきかけの相関項と捉えることで、かつてライプニッツが主張した「微小知覚（petites perceptions）」（たとえば波音は水の無数のざわめきなくしては成り立たないが、私たちがそのざわめきの一つひとつを明確に聴き分けることなく「聴いている」からこそ——微小知覚である——、波音として聴き取られる）[37]から私たちの下での自覚的で明晰な意識にいたるまで、意識にはさまざまな程度が認められるのであり、その結果としてこのように言うことが可能となるのである。

したがって、意識の論理を明らかにするためには、いま述べた「個体から環境へ向けての何らかの能動的はたらきかけ」へと分析を進めなければならない。この能動的はたらきかけを、西田はあらためて「内から外へ」向けての「努力」として捉える[38]。この「内から外へ」という動向は、一なるものである時間が多（様）なるものである空間へとおのれを展開する動向と軌を一にしている。時間が個体を通して環境に向かい、そこに形を実現する運動が、個体における「努力」として具体化するのである。そしてこのとき、内から外へと向かう動向に対して、それに抗う逆向きの動向が発生する。すなわち、「抵抗」である。

この「抵抗」は、外において多様に実現された形、すなわち物質（環境）の側から個体に向かってはたらく「外から内へ」の動向であり、それは多様な形の並存の秩序である空間が一なるものである時間へと収束する動向と軌を一にしている。形を具えた物質がそのようなものとして「意識」にもたらされるのは、この「外から内へ」の動向においてなのである。内から外へと向かう「努力」に対する反作用のようにして生ずる外から内へ向けての「抵抗」、互いに逆向きのこれら二つの力の交錯の中で形を具えた物質が浮かび上がるのであり、このことを以って「現象すること」が成就するのだ。「意識」とは、「現象すること」の半面をなす「外から内へ」向かう抵抗の中で物質が浮かび上がるその側面をとりわけて名指した事態だと言ってもよい。そして抵抗は努力のないところには生じ得ないのであってみれば、いまや西田とともに「努力は意識の第一の条件[39]」と言うことができる。生命の第一歩は、生命以前の単なる物質の次元においてはいまだ存在しなかった或る自発性、つまり一なる時間が個体の下でおのれを突破して多（様）なる空間へと立ち出でんとする動向にあるのであり、それが努力なのである。

では、この動向が努力としてそこにおいて具体化される個体は、どのようにして形づくられるのだろうか。あらためて問うてみよう。そもそも環境が個体に対して形を具えて姿を現わすのは、当の個体に同化されるべきものと排除されるべきものとしてであった。この同化と排除が個体をも一つの形を具えたものとして形づくるのであり、個体が具えたおのれに固有の形とはまず以って身体にほかならない[40]。環境において多様な形を形づくりつつ、そこで形づくられたものを以っておのれを形づくるもの、西田の言葉を借りれば「作られて作る、自己自身を形成する形[41]」、それが身体なのであり、個体はこの身体という仕方でおのれを空間内に具体化する。

同時に個体は、おのれの内から外へと向かう力、すなわち努力に抗うようにして浮かび上がる空間的な形を受け止めることにおいて、外から内へと還帰する。「内部知覚というものはいつも外部知覚に即して成立する[42]」からだ。内へのこの還帰の通路となるのもまた、身体なのである。外へ向かう動向と内へ還帰する動向の交錯する地点で形あるものが意識されたちょうどその同じ地点、すなわち内と外が接するその地点に身体もまた位置しているのであり、内と外とのこの接触の身体における具体化が触覚なのである。身体において内と外が接する、その原形式が触覚だと言ってもよい。したがって、意識の原形式もまた触覚的意識ということになる[43]。内と外とが接するところに、意識が目覚めるのだ。触覚（と味覚[44]）以外の他の感官における意識、さらには直接には感官を離れた知性的意識は、内から外へと向かう動向である努力のいっそうの亢進にともなって、内と外とが接触する境界が触覚的身体におけるそれより外へと拡大された結果成立したものとして捉えることができる。

内と外とが接する境界において形づくられたものが身体であり、この身体の下で意識が目覚める。このとき意識は外なる多様な形を意識するとともに、そのような形が受け止められるところとしての意識自身は、いかなる形ももたない一なるもの、すなわち内なるものにとどまっている。だが、この一にして内なるものに対してのみ、より正確に言えば、この一にして内なるものがおのれの外へと向かう動向に対してのみ、世界は環境として形を具えて姿を現わすのだから、そのようにして姿を現わしたすべては、そのかぎりでこの動向の相関者であるほかない。

多様な形として現象するすべてに居合わせているこの動向、それら現象するすべてがそれへと関係づけられているところのこの動向、それを（も）私たちは「自己」、あるいは端的に「私」と呼んでいるのではなかろうか(45)。そして、通常この「自己」は、内から外へと向かう動向と外から内へ向かう動向の交錯するその地点でおのれを形成する形としてはたらく身体と重ね合わされる。形を具えて現象するものの内でこの動向に最も近しいもの、その手前にはもはや何ものも形を具えて現象するもののないものが身体だからである。環境との相互作用・相互限定の中でおのれを形づくり、そのような形を維持する個体とは、まずもって身体なのである。

だが、形を具えて現象するものと、そうした現象を可能にする動向とは同じではない。もし「自己」や「私」と先に呼ばれたものがこの動向のことなのだとすれば、あるいはこの動向における「内」側に関わるものだとすれば、この動向においてあくまで「外」側に姿を現わした身体という形と「私」とは、同じものではない。たとえ外側に形を具えて姿を現わした身体につねに居合わせるものとしていわばその裏側に、つまりはその内側にぴったりと張りついているのだとしても、事情は変わらない。表裏一体をなしているとしても、やはり表と裏がまったく同じというわけにはいかないのである。

この、微妙ではあるが決してぴったりとは重ならない身体と私との落差が何を意味することになるかは後にあらためて考察することにするが、西田もまた問題をこうした方向で考えていたことをここで確認しておこう。先に生物的生命の次元において「努力」として捉えられた内から外へと向かう動向は、人間的生命の次元において「欲求」という仕方でより明確に個体の個体性を形成すべく方向づけられると西田は考えるのだが[46]、そうした「欲求」という動向の中に「私」が見て取られる。「欲求の底には私というものが考えられねばならない。私というものなくして欲求というものはない[47]」。

ここで西田が「欲求の底」という言い方をしていることにも注意しよう。欲求とは何よりもまず「内から外へ」と向かう動向であるが、「私」とはこの動向そのものではなく、その「底」に沈んでいるものだというのである。そうだとすればその「底」とは、「内から外へ」と言ったときの「内」側に探られねばならないことになる。生命という秩序の中には「私」ないし「自己」という要素が不可欠のものとして織り込まれているのであり、かつ生命においてはじめて「私」ないし「自己」が、現象する世界の「内」側に関わる何ものかとして登場するのである。この「私」ないし「自己」は、もはや身体であるかぎりでの個体とはぴったり重ならない次元に向けて探られていることが何を意味するのか、意味しうるのかがあらためて検討されなければならない[48]。

他方、人間的生命においても、こうした欲求の向かう先、すなわち「外」に環境を構成する物質たちが姿を現わすのだが、それらはあらためて「食物」という具体的な形を具えて現われる[49]。このとき西田が「欲求の対象となる水」を例に挙げて、次のように述べている点にも注目しておこう。「欲求の対象となる水は酸素一水素二の水ではなくして、無色透明の冷かな水でなければならない[50]」。いまや水が欲求の対象として個体において(その底には私が沈んでいる)意識されているのだが、そのようにして意識された水は個体と無関係に・独立に自然界に存在するとされる水(「酸素一水素二の水(= H_2O)」)ではなく、あくまで個体に対して「無色透明な冷かな水」という固有の相貌の下で当の個体とポジティヴな関係を取り結ぶものなのである。

それは、個体に能動的な関与を可能にし・誘いかける（アメリカの生態心理学者ギブソン（J. J. Gibson, 1904-1979）の用語を使えば「アフォード」する）[51]固有の質（クオリア）を伴って現象するのであり、現象がそのような固有の質をもっていることの根底には「私」がいるのだ。形を具えて「外」に現象するものは「私」という「内」に裏打ちされているのであり[52]、両者は切り離すことができないのである。したがって、生命の秩序においては、現象する世界は私によって享受される（味わわれる）世界なのだ。「眼は見ることを喜び、耳は聞くことを悦ぶ[53]」。単に感覚的・知覚的レヴェルにおいてばかりではない。知性的レヴェルにおいても、である。「人は自然に知ることを欲する（アリストテレス）[54]」。

ところで西田は、このような「意識すること」の極限に位置するものとして「（単なる）映すこと」という事態を考える場合がある。これはどういうことだろうか。すでに見たように、何ものかが意識されておのれをあらわにするためには、個体の側から環境へ向けての能動的な関与が一方で不可欠だった。具体的には、身体的行為を以って環境にはたらきかけることを通して、いわばこのはたらきかけに抵抗するようにして物は姿を現わす。「我々はいつも行為によって物を見る[55]」のである[56]。行為を通じて物と直に接すること、これが「行為的直観」と呼ばれる。物へ向かう自己のこうした動向が極まったところに、「自己が物となる」境地を西田は考える。自己が物にすっぽりと入り込み、物そのものとなってしまうというのである。このとき、自己は物の内におのれを失う。見るものとしての自己は姿を消し、物だけがくっきりとおのれの姿を映し出している。これを西田は「唯、映す」という。「自己が自己を失うという所に、「見る」ということは、唯、映すと考えられる[57]」。

このような「映す」ことは、「見るということを失った行為的直観[58]」とも呼ばれ、それは「見る」

こととは区別された「思惟」であるとされる。この「思惟」をあるいは「観照（contemplatio = theōria）」と呼びかえてもよいのかもしれない。西田はここに、私たちの意識とくらべれば意識とすら呼べない「微小知覚」（ライプニッツ）――その原型は、細胞がみずからの内に取り込むべき（同化すべき）代謝物質と取り結ぶ関係にまで遡る――の如きものとして芽生えた〈何ものかの「現象すること」〉が、動物的生命から私たち人間的生命を経て、物として現象するすべてがそれ自身においておのれをあらわにする境位を見届けたようにも見える。「主体から環境へという方向において、どこまでも自己自身を否定して物となる、物となって見、物となって行う[59]」境位、「内が外外が内として、個体が自己自身を否定して世界となること[60]」、それが「逆に真に自己自身となることである[61]」と考えるのである。ここにいたって「自己」は、個体から世界へとその存立の場所を移す。しかし、世界へと深まった自己は、もはや個としてのおのれの立場を失ってしまったのだろうか。

西田は必ずしもそのように考えているわけではない。種として形を与えられた生物個体が、種でありつづけながらも必ずしも種に従属しない個体性へと進む方向を彼があくまで堅持しようとしていたことについては、先にも少し触れた（「種の外に出る」「個」[62]）。しかし、ここで注目したいのは、世界がみずからを形として形成してゆく一連の動向のいわば媒体として個ならびに自己を捉えようとする試みである。西田はこの文脈で、数学における「群」論にしばしば言及するようになる。「世界がその中に見る眼の如きものを含む時、それを群論的と考えることもできるであろう[63]」というのである。ここでは、個体が「見る眼」として捉え直されている。では、それが「群論的」であるとは、どういうことだろうか。自己は群の単位元素の如きものだとされるのである。彼の言うところを聞こう。

「単位元素というのは、要素の何れに結合しても何らの変化を与えない、それは無というべきものである。しかしそのものがその体系の中にあることによって、群が形成せられるのである」[64]。たとえば、加法・減法を結合法則として零（ゼロ）を単位元素としたとき、一つの固有の形をもつ群が形成される。言うまでもなく、どんな数に零を加えても・引いても、その数に何の変化も生じない。その数はその数自身でありつづける。あるいは、乗法・除法を結合法則として一を単位元素としたときにも、先の加法・減法の場合とは異なる固有の形をもつ群が形成される。ここでも、単位元素一は、どんな数にそれを乗じても・除しても、その数はその数自身でありつづける。このように、それ自身は何の変化も惹き起こさない「無」のごとき単位元素が差し挟まれることで、それを含む要素の全体（この場合は数の全体）が、特定の法則の下に体系化された固有の形をなして（すなわち「群」となって）姿を現わすのである。

このとき単位元素は、固有の形をもつ群がそれを通して形成される媒体、あるいは群の各要素がそれに照らしておのれの何であるかをあらわにする鏡[65]のような役割を演じている。すべてが何ものかとしておのれをあらわにし・現象するにいたる生命の秩序における単位元素の如きものが自己すなわち個体だと、西田は言うのである。このとき単位元素は、決して群という一個の全体に解消されてはいない。むしろ逆である。単位元素が定まることによってのみ、それ自身は無の如きものであるにもかかわらず、はじめて群が姿を現わす、すなわち群が形成されるのである。単位元素の各々が、それぞれの場所から、世界（たとえば数）の異なる相貌を照らし出すのであり、しかもそれらもろもろの相貌は、確かに世界自身の（数自身の）相貌なのだ。

このような単位元素の各々は、ほかで代替することのできない、それ固有のものである。零を一に変えれば、別の群となってしまうのだ。この意味で、確かにそれは個の名に値する。だが、生命の秩序において、そもそも種として形を与えられてはじめて存在する個体に、はたしてそのような代替不可能な個（性）が宿るなどといったことは、いかにして可能なのか。最後に問われなければならないのは、この問題である。

4　自己の底

あらためて生命の論理に立ち戻って考えてみよう。これまで本章は、生命的秩序において姿を現わす世界の原初的にして基本的なありさまを、もっぱら「食物的な」相の下で捉えてきた。しかし、生命にとってもう一つ、決して欠くことのできない相がある。それは、個体の自己維持の、つまり形が形自身を維持することの延長上に位置する。すなわち、生殖である。個体の自己維持が時間的に限定されたものである以上、また、それを限定されたものとすることによってより生命の質と度合いが高まる以上（たとえば突然変異個体が種の進化に貢献するケースを考えてみればよい）、生殖は生命にとって決定的に重要である。したがって、個体に対して姿を現わす環境の中には、自己維持に関わる食物的なものとならんで、生殖に関わるものが含まれているはずである。

それを西田は端的に、「性欲的なるもの」と名指す。「生物的生命の対象となるものは、食物的なるものと性欲的なるものとであろう。その対象界は本能的対象界である。生物の世界は単なる種の生命の世界である(66)」。生命において形が形を維持することは、つまるところ「種が種自身を維持する」ことに帰着する。それは「遺伝」という仕方での種の再生産にほかならない。「形が形自身を形成する、種が種自身を維持する。そこにどこまでも遺伝ということが考えられる(67)」。「……生物体は自己自身を完成すると共に次の生物体へと移って行く。生物体は、いつも自己の内に、世界の自己表現的要素としてての生殖細胞を有っているのである」[68]。

そうである以上、生命にとって個体の死は必定である。「死して生まれる」ということが生命の本質に含まれているのだ。しかし、この次元での個体の死は、生命そのものにとっては一つのエピソード以上のものではないはずである。死によって差し挟まれた生の断絶は、あくまで生命が種として存続していくためのものにほかならないからだ。この意味では、生命それ自身は死なないと言ってよい。ところが西田は、個体の死によって差し挟まれる生のこの断絶に注目する。「真の生命というべきものは……非連続の連続でなければならぬ。死して生まれるということでなければならぬ。生命の飛躍は断続的でなければならぬ[69]」というのである。本来、生命にとっては一つのエピソードの域を出ないはずの個体の死が「非連続」の側面を大きくクローズアップさせるのは、どこにおいてだろうか。

西田は、死が「非連続」としての側面をことさらにあらわにする場所を「自己の生命の底[70]」に見出す。「我々は我々の個人的自己の自己限定の底において、絶対の無に撞着する[71]」。個体としての自己の死は種としての生命に包まれているのだから、そのような自己の「底」、つまり自己の失われる先に見出されるものは、むしろ生命そのものであってよいはずである。ところが、そこに見出されるのは「絶対の無」ないし「絶対の死」だと西田は言う。自己の底で自己が撞着するもののこの絶対性は、あるいはその絶対の否定性は、何に由来するのだろうか。それは、自己がおのれの死に際して直面するものが「二度と蘇ることのないもの」、「唯一度的なるもの」であることによるのではないか。自己がその底に「二度と蘇ることのないもの」を見出したとき、そこに「非連続」が、「断絶」が、「絶対」が、ぱっくりと口を開けるのではないか。実際、西田は先の「絶対の無」への撞着を、直ちに次のように言い換えるのである。「〔この撞着において私は〕再び自己として蘇らないもの、……永遠に死して生れないもの、唯一度的なるものに触れるということができる」[72]。

自己の底でこのような「永遠に死して生れないもの」に撞着した自己にとって、生殖による自己の再生産は、もはやそのままでは受け取ることのできない別のものに変質してしまうはずである。そこに絶対の断絶が差し挟まれているのであれば、もはやそれは「自己の再生産」ではありえないからだ。この点を西田は「子は親から生れない」[73]という逆説的な言い方で表現しているように思われる。種の論理、生物の論理に従うなら、当然「子は親から生れる」ものである。このかぎりで、子は親の生まれ変わり、すなわち遺伝を介して再生産された自己にほかならない。

ところが、いまや自己の底に見出されているのは「永遠に死して生れない」「唯一度的なもの」である。それがふたたび自己として蘇ることはありえない（それは「再び自己として蘇らないもの」だった[74]）。自己は、おのれの絶対的な否定に直面しているのである。もし、そこになお自己らしきものが見出されるとすれば、それは親である私から生まれたもの（すなわち「再生産された自己」）では**ない**。これが、「子は親から生まれない」ということなのである。このとき「子」としてそこに姿を現わしたものは、自己たる私から見れば「絶対の無」の中から立ち上がった見ず知らずの者、「絶対に他なるもの」[75]としての「汝」なのだ。それは「絶対に私から独立するもの」、「私の外にあるもの」なのである。ここには「私と汝とを包摂する何らの一般者もない」[76]のだ。

ここで私がおのれの絶対の無を介して向かいあう汝は、先の「群」論における他の単位元素の如きものと考えることができる。つまり、それはみずからの周りに私のそれとは別の群を形作りつつ、その群の一要素でありつづける。零を単位元素として加法・減法という結合法則によって結合された群と、一を単位元素として乗法・除法という結合法則によって結合された群は、共約することができない。どちらの群にも一見同じように見える数たちが存在するが、それらの振る舞いはまったく異なるからである。

五を足すことと五を掛けることとがまったく異なる結果を生むことからも明らかなように、同じ数に見えるものもまったく異なる機能をもつ、すなわちまったく別様に振る舞うのである。私が一方の群の単位元素であるかぎり（つまり、その群を越え出た超越的観点に立たないかぎり）、他方の群の要素たちの振る舞いは理解不能とならざるをえない。かろうじて理解できるものがあるとすれば、それは、私には理解できない仕方で振る舞う他の群が確かに存在するというところまでであろう。

だが、このことが逆に、私という単位元素の「唯一度的」であることをあらためて明らかにする。この群のこの振る舞いは、すなわち（西田に倣って言えば）世界がこのようなものとして現象することは、あくまで世界がそれに対して姿を現わす個体の底にこの「私」が沈んでいるかぎりでなのである。この鏡に映る世界の姿が他の鏡に対してどのように映っているのかを知ることは、できない。しかし、このことは、私がこの鏡に映ったものを介して汝にはたらきかけることを決して妨げないのだ。汝もまた一面において、確かにこの鏡におのれの姿を映すものだからである。ただ、それが他の群を形成する単位元素であるかぎりで、その鏡に映るものを私は見ることができないのだ。

したがって、理解できないものとは共存できないと考えるのは誤りである。共約不可能なものとの共存は、この世界の揺るぎない事実である。むしろ、鏡と鏡が、お互いの鏡に映し出された世界を介して遣り取りすることが、この現実の在りようなのだ。このことに気づくこと、そしてそれを受け容れること、そのことこそが、単に種の一特殊例にすぎなかった個体が「唯一度的なもの」として「種の外に出る」ことを可能にする。これは、決して個体が種の形を放棄することではなく（生物であるかぎり、それは不可能である）、種の形を保持しつつも世界の「唯一度的な」現象を、すなわち世界がいま・ここでのみ纏う形を具えて姿を現わすそのつど新たな次元を切り拓いてゆくことを意味するはずである。そのようにして姿を現わすかもしれない世界の新たな相貌は、この個体の、この自己の行為を通じてのみもたらされるのだから、いかに当の個体が鏡のように透明な媒体となって新たな世界の内に消えゆくように見えようとも（「（単に）映す」ものとなろうとも）、いや、そのようになればなるほど、個体が世界に呑み込まれ・解消されることにはならないのだ。

もし、生命に、すなわち「個体」としての私に、「自由」というものが可能であるとするなら、それはこのような「唯一度的な」個の下においてのみであるように思われる。なぜなら、自由とは、生命体が生命の論理（その体現者ないし具体態は何よりも種である）への全面的従属からおのれを解き放つこと、いや、生命の論理の新たな次元をみずからの下で切り拓くこと以外ではないからである。自由は、厳密な意味での「唯一度的なもの」としての個の下でのみ（もしそのようなものが可能なら、と言っておこう）、わずかに、その個に対して、そしてそのような個に対してのみ、姿を見せるもののように思われる。先に本章が触れた「微妙ではあるが決してぴったりとは重ならない身体（すなわち、種による規定態）と私（すなわち、「唯一度的なるもの」）との落差」[77]の狭間に、自由の可能性が兆すのだ。西田の次の言葉は、生命のそのような可能性を示唆してはいないだろうか。

「絶対に他なるものとは考えることのできないものである。しかもそれが私をして私たらしめるものであるという所に、真の死即生の意味があるのである」[78]。「かかる世界の個物的多（＝「唯一度的」個体」として我々人間はポイエシス的であり、作られて作るものとして、その極限において我々は自由であるのである」[79]。

だが、そのような生の途に向けての歩みは、西田の下においても（いま見たように彼は「その極限においいて（我々は自由である）」と述べたのである）、そして私たちのこの現実においても、いまだ緒に就いたばかり、いや、緒に就いたか否かすら定かでない、と言うべきではないか。死と他者と自由をめぐって、なお考えるべき事柄が山積してはいないか。あるいは、それらは考えることを通してのみ、かろうじて私が直面しうる事柄だと言うべきだろうか。だが、それらが生命の論理の延長上に、生命の一つの新たな可能性として姿を見せたこともまた、確かなのである。

第5章 生命から自由へ——現象学と生命科学

本書は前章で西田幾多郎を手がかりに、生命の論理の骨格を取り出した。本章が行なうのは、いわばその骨格に、私たちの現実における生命の展開の具体相を以って肉づけしていく作業である。生命は、物質が生命に固有な論理に従って組織化されることを以って成立する。その最も原初的な形態は、或る種の細胞組織（膜によって内部と外部が区切られた組織体）の内に見て取ることができるだろう。こうした細胞組織がさまざまな仕方であらためて組織化し直される中で、生命は現在の私たちの下で見るような多様な発展を遂げるにいたった。そして、その発展と展開はなおその途上にある（全体としてみれば、すでに衰退に向かっているのかもしれないが）。

したがって、本章が行なう生命の展開の具体相を肉づけする作業は、この現実をその最も基盤となる次元で支えている物質から始まり、生命の原初的形態である細胞組織を経てその組織化のさまざまな段階を辿り、私たち人間（ヒト）において生命がどのような段階に達したのかを検討し、さらにはこの段階の内にひょっとしたら孕まれているのかもしれない新たな可能性を瞥見するにいたるまで、きわめて広大な射程の中を動くことになる。その中には脳という身体器官の誕生や、その脳との何らかの関連の下に道徳《モラル》と呼ばれる新たな関係性に基づく秩序（社会）が成立するにいたった次第も含まれるだろうし、さらには、道徳と一見したところ区別がつかないにもかかわらず、似て非なるもう一つ別の次元の可能性が視野の内に入ってくることにもなるだろう（それはもはや「社会」とは呼ばれえないだろうが、或る種の「連帯（つながり）」ではありうるかもしれない）。

本章が行なうこうした一連の作業は、私たちの下で現に何ものかが何ものかとして姿を現わすとき、そこにすでに成立しているいくつかの秩序間の関係をあらためて明確にすることから出発する。なぜなら、そこには、何ものかの何ものかとしての現われをそのようなものとして受け止める私たちの意識ないし心と、その意識ないし心と密接な関係をもつことが明らかな私たちの脳という身体器官（正確には、脳を含むさまざまな身体器官の組織体としての身体）と、そうした身体（器官）がそれから成り立っているところのさまざまな物質が、すでに姿を現わしているからである。本章がその中を動くことになる広大な射程はすべてそこに含まれているのであり、本章が行なう作業とは言ってみれば、そこへといたる展開の途をあらためて辿り直すこと（その上で、そのさらなる展開の可能性を辿れるかぎりで辿ってみること）[1]なのである。

では、ここであらためて脳と心の関係を確認することから、本章の作業を開始しよう。

1　脳と心の間

脳と心の間にいかなる関係があるのかは、心身関係を一つの哲学的問題として明確に提起したデカルト以来、現代の心の哲学にいたるまで活発な議論が戦わされてきたにもかかわらず、いまだに決着のついていない問題だった。本書はこのことの原因を、（とりわけデカルト以来の大陸合理論に対しては）

在来の関係概念の貧困さの内に、また（とりわけ心の哲学に対しては）或る種のカテゴリー・ミステイクの内に見る。

物質ないし物理的実在（physical substance）相互の間には「因果関係」が成立している。たとえば、窓ガラスが割れたのは、ボールがそこにぶつかったからである。すなわち、ボールという一定以上の大きさと質料をもった剛体が一定以上の速度でガラスに接触したことが「原因」となって、ガラスの破損がその「結果」として惹き起こされたのである。他方で、さまざまな思い（心的出来事）ないし意味同士の間には、理由に基づく「動機づけ連関（motivational relation）」が存在する。たとえば、脳と道徳の問題に関心があるので、私はこのシンポジウムに参加したのである。[2] すなわち、脳と道徳の問題への関心が、私がこのシンポジウムに参加したことの「理由」なのだ。[3] このように、物質相互を結ぶ関係と意味（をもった行為）同士をつなぐ関係は、その性質を異にする。脳は物質であり、意味は心の領域に属するから、脳は他の物質と因果関係をもち、心に浮かぶさまざまな思いや意味は動機によって結びつけられる。

しかし、脳と心の間にも何らかの関係があるのではなかろうか。たとえば、脳内に麻薬が取り込まれれば、私には幻覚が生ずる。あるいは、交通事故で脳の特定部位に回復不能な損傷が惹き起こされれば、私の特定の能力、たとえば言語能力が失われる。これらの事例においては、脳という物質の次元での出来事が、心という意味の次元に変化をもたらしたように見える。逆に、対人関係での私の悩みが、胃に穴をあけてしまうことがある。学校の勉強が面白くないという思いが、ついには私を家から出られなくしてしまう。これらの事例においては、心という意味の次元での問題が、胃や身体という物質の次元の異変を惹き起こしたように見える。このように、脳を含む身体と心との間には偶然とは思えない何らかの相関関係ないし対応関係が見て取れる。

そこで、本来は物質相互間の関係を規定する概念として有効であった因果関係を、心身関係ならびに心脳関係に拡張して適用しようとする試みが登場した。たとえば、脳の特定部位の損傷が「原因」となって、言語能力の喪失がその「結果」として生じたというわけである。同様に、胃に穴があいたことの「原因」は、対人関係での悩みなのだ。すなわち、前者（胃に穴があいたこと）は後者（対人関係の悩み）の「結果」だというわけである。だが、因果関係のこの種の拡張は、事態の認識を混乱に陥れるだけなのだ。なぜなら、この拡張は、〈脳をその一部として含む物質の次元〉と〈意味によって成り立つ心の次元〉というまったく存在の仕方を異にする二つの次元を媒介するものが原理的に（事柄の本性上）欠けている（第三の媒介者が存在するわけではない）、という決定的な事態を覆い隠してしまうからである。[4]

一方の次元に属するものたち（すなわち、物＝物質）は目で見たり、手で触れる……といったことができるのに対して、他方の次元に属するものたち（すなわち、意味）は見ることも触れることもできず、ただ理解することができるにすぎない。これほどまでに存在の仕方が違うものたちを、いったいどのようなものが媒介できるというのだろうか（両次元の間に因果関係が成立しているのなら、因果の鎖が途切れることなく両次元をまたいでいなければならないにもかかわらず、である）。物でも心でもないそのような第三のものが発見されたという話は、寡聞にして聞かない（デカルト以来の大陸合理論においては、その第三のものとは「神」にほかならなかったし、心の哲学においては、——一方を消去してしまうのでなければ——暗黙の内に何らかの同一実体が両次元の背後に前提されていた疑いが濃厚だった）。

したがって、原因とされたものがいったいどのようにして結果を惹き起こすのかが、この拡張においてはまったく不明となってしまうのである（大陸合理論においては、一方の次元の変化が生ずるそのたびごとに神が他方の次元にそれに対応する変化を惹き起こすとする「機会原因論」や、両次元が対応するよう神があらかじめ設定しておいたとする「予定調和説」が、この「どのようにして」に対する解答だった。心の哲学においては、その解答が不在のまま、心の次元を一種の錯覚ないし単なる付随現象とするか、逆に抹消不可能なものとして擁護するかをめぐる論争に明け暮れることになった）。この拡張は、カテゴリー・ミステイクの嫌疑を免れ得ない。(5)

いま私の目の前に五枚のカードが伏せられており、その内のどれか一枚を選んでめくるという、先に第2章で検討したケースを思い出してほしい。(6)どれをめくるかはまったく私に委ねられていた。しばし考えた私が、「よし右から二枚目だ」と決心したとする。このとき、心の中での私のこの決心に対応する特定の状態が、脳の中に実現されているだろう。問題は、このときの私のこの決心とそれに対応する特定の脳状態の間に因果関係を設定することができるかどうかだった。第1章で詳しく検討したリベットは、私のこの決心に先立ってすでに脳内に（いまの例で言えば、「右から二枚目をめくる」という）行為に向けての準備電位が起動している事実を以って、脳状態が決心の（そして行為の）原因であると考えた。

だが、この事実は必ずしもそのような解釈に帰着するものではないことを、本書はすでに示した。(7)私のこの決心に先行して、私にはいまだはっきり意識されていないさまざまな動機（たとえば、「さっきとは違う位置のものをめくろう」といった暗黙の了解）がすでに機能していたとしてもおかしくないのだ。そうした意識されていない動機の作動に対応する脳状態が存在していてもよいのだ。その場合には、私の決心にこの脳状態が先行していることになるが、だからといってこの脳状態が私の決心の

原因であるということにはならないのである。私にそのような決心をさせるべき導いていたのは、件の動機の方だからだ。(8)

問題となっている事態がこのような性質のものだとすると、何らかの実験によってこの問題に決着をつけることはできなくなる。確認できるのは、物理状態としての脳状態と心的状態（私の決心）の間に対応関係があるということのみなのだ。(9) そうだとすれば、先のデカルトの問題提起に対して、物の次元と精神（心）の次元の並行性を以って答えたスピノザ以降、事態はまったく進展していないことになる。むしろ、この並行性を支えてくれていた神が失われて、並行性が何の支えもないまま宙ぶらりんになってしまった分、その後事態は悪化したと言うべきかもしれない。

2 「基づけ」と「創発」

本書の見るところ、スピノザの並行論（parallelism）は間違ってはいないが、事態の一側面を捉えたにすぎない。物と精神、脳と心の間に成立している関係の内実を明らかにするためには、因果関係でもなければ動機連関でもなく、かつまた第三の媒介者を仮構するのでもなく、新たな関係概念を導入する必要があるのだ。そのような新たな関係概念として本書が導入したのが、現象学派の中で独自の発展を遂げてきた（が、その後忘れ去られたようにも見える）「基づけ関係」という捉え方だった。この関係把握は、現象学の創設者E・フッサールによってドイツ・オーストリア学派の論理学者A・マイノンクから取り入れられ、フランスにおける現象学の展開に大いに貢献したM・メルロ＝ポンティの下で或る種の存在論的な概念にまで彫琢されたのだった。(10) ここでは、メルロ＝ポンティがその主著と言ってよい『知覚の現象学』[11]において行なったこの概念の定式化を下敷きにして、それを脳と心の関係に適用することで両者の関係をいま一度確認しておこう[12]。

心という「基づけられる項」は、脳を含む身体という物質（物理的実体）に支えられてはじめて存立しうる上位の秩序（ないし次元）であるが、心というこの上位の秩序の中ではじめて脳ならびに身体という物理的なものが心を支える下位の秩序として、すなわち「基づける項」として姿を現わすかぎりで、心は脳ならびに身体という物理的なものを包んでいる。

この定式から明らかなように、基づけ関係は、基づける項が基づけられる項を「支える」とともに、基づけられる項が基づける項を「包み・統御する」という階層性を特徴とする。すなわち、脳ならびに身体が心を「支え」、心は脳ならびに身体を「包み・統御」するのである。基づけられる項（心）は基づける項（脳・身体）なしには存在しえないという意味では、前者（心）は後者（脳・身体）に依存している。しかし、この依存の下で基づけられる項（心）が成立するのは、基づけられる項（心）が基づける項（脳・身体）をみずからの内に位置づけることで包み・統御可能なものとするという仕方で、なのである。現に私の心は私の身体を（ある程度は）意のままにしうるのであり、私が「よし、右から二枚目だ」と決心したから右から二枚目のカードがめくられたのだ（ここでの「から」は「理由」を表わしており、すなわち事態は動機連関の中を動いている。このことは、件の決心がそれを導くいくつかの暗黙の——明確には意識されていない——動機をもっていたとしても変わらない）。

では、下位の秩序が上位の秩序を支え、上位のそれが下位のそれを包むというこの特異な関係、すなわち基づけ関係自体は、どのようにして成立したのだろうか。それはいかにして、私たちの現実において実現されたのか（存在するものとなったのか）。

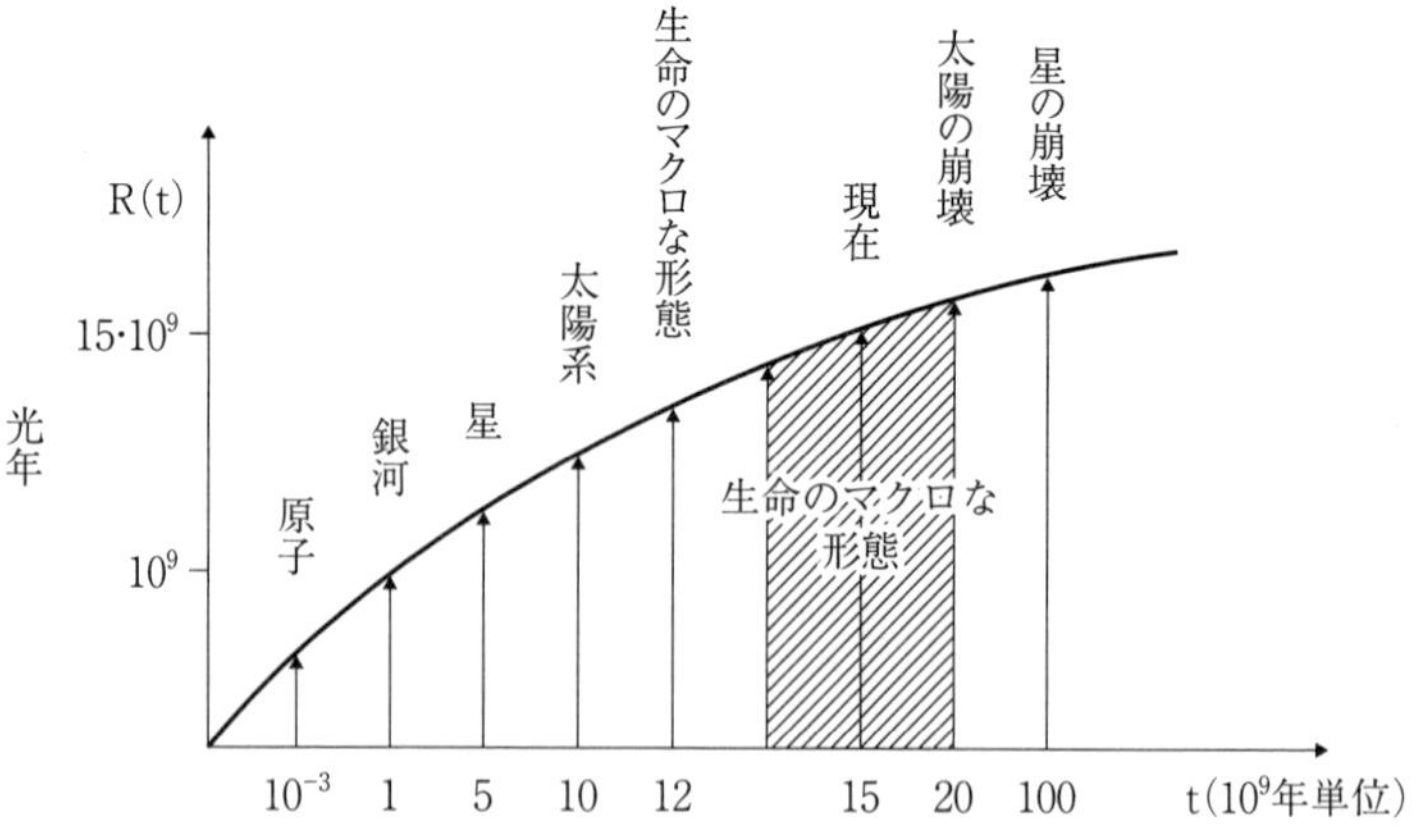

図5-1　複雑性の増加と減少の変化を伴なった物質の生成（マインツァー『複雑系思考』シュプリンガー・フェアラーク東京，1997年より）

基づける下位の秩序から基づけられる上位の秩序が出現する独特の仕方を説明してくれるのが、「創発（emergence）」という事態である。脳を含む身体から、心が創発するのだ。現代の生命科学においてあらためて注目されているこの事態を、本書はここで積極的に導入する。(13) ここで創発とは、「より複雑性の低い下位の構成物が集合することによって、〔かつ、そこに一定程度以上のエネルギーが供給されることによって、〕より高い複雑性が実現される際に生ずる、それまでは存在していなかった新しい性質の出現」のことである。(14) さまざまな神経細胞が集合することによって、そこに脳というより高い複雑性（つまり、ある新たな器官）が実現されたとき、心というそれまでは存在していなかった新しい性質が出現するのだ。

もう少し詳しく見てみよう。創発という事態は、大きく言って二つの根本特徴からなっている。一つは、先の引用にも含まれていた「複雑性」という言葉からも想起されるように、近年著しい発展を遂げた「複雑系」の科学が注目する事態に関わる（図5-1参照）。それは、系（システム）のミクロな要素の間で生ずる確率的にはきわめてわずかな逸脱した振る舞い（揺らぎ）によってそれまでの安定した状態が攪乱されて、系のマクロな次元の振る舞いに大きな変化を惹き起こす「対称性の破れ[15]」である。この「破れ」が生ずるためには「系の内部に「過剰なエネルギー」が蓄えられて不安定な状態がつくられる[16]」必要がある。先に本書における創発の基本的な定義として引用したルイージの文に補った箇所（〔かつ、そこに一定程度以上のエネルギーが供給されることによって、〕）が、この間の事情を示している。こうした「過剰なエネルギー[17]」の供給（とそれがもたらす「揺らぎ」）がなければ、事態が創発にまで発展することはないのである。

創発のもつ第二の根本特徴は、下位の次元に属する諸要素の間に生じた先の「揺らぎ」がきっかけとなって、そこにこれまで存在していなかった新しい性質をもった上位の次元が出現することである。このとき姿を現わした新たな次元は、下位の次元が諸要素のランダムな集合体にすぎなかったのに対して、この次元に固有の組織化の原理＝論理に従って諸要素をみずからの内に統合している。すなわち、「自己組織化」である。たとえば、「細胞が集合するプロセスは、不安定状態を経て実現される自己組織化の表現[18]」なのである（図5-2参照）。この「自己」を構成する固有の原理＝論理自体は、下位の次元に属する諸要素のランダムな集合体からは導出することができない（予測も演繹もできない）。これを「新しさ＝新奇性」と表現することもできるだろう。

以上をあらためて脳と心の関係において整理すれば、脳を構成するさまざまな神経細胞の物理化学的（ミクロ）状態は、そこに蓄積されたエネルギー[19]の下で創発した心という上位の次元において〈何ものかが何ものかとして現象する〉という新たな（マクロ的）事態へと展開したのである。これを、

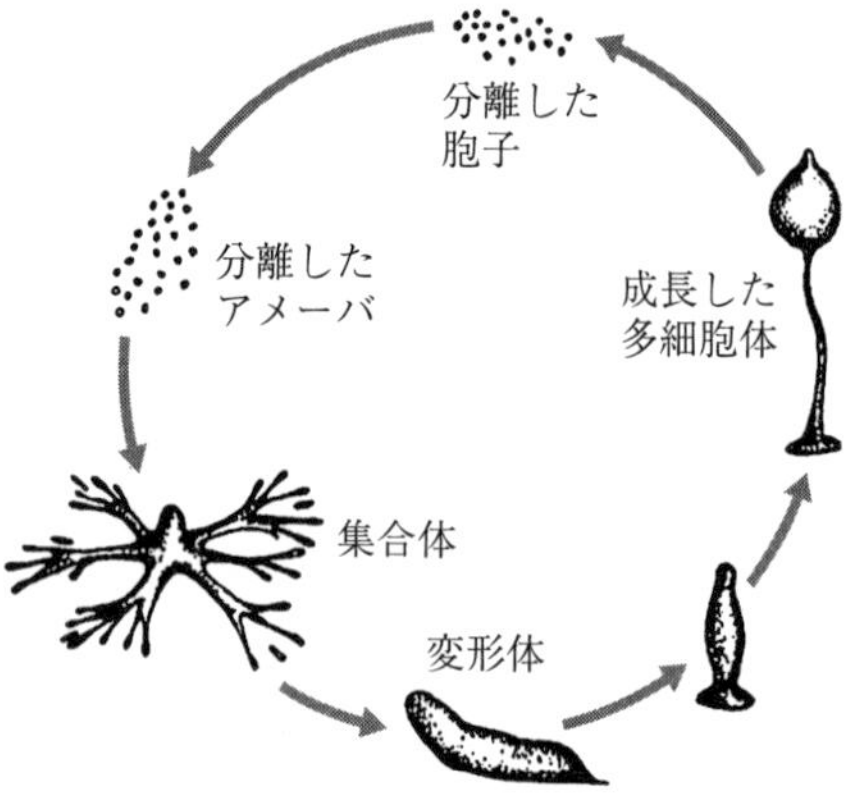

図5－2　粘菌の生命サイクル（マインツァー『複雑系思考』シュプリンガー・フェアラーク東京，1997年より）

複雑系の論者であれば次のように表現するだろう。「複雑系の理論によって、ミクロなレヴェルでは脳の諸過程におけるニューロンの相互作用を、そしてマクロなレヴェルでは認識（認知）構造の創発を、それぞれモデル化できる可能性が生まれた[20]」。したがって、「複雑系の理論によれば、意識の創発は進化の副次現象（随伴現象）ではない。それは複雑系の力学法則に従った広域的な状態の表われなのである。或る臨界条件が充たされればこの力学によって、ミクロな要素間の相互作用からマクロな秩序パターンが生み出される[21]」。ただし、ここで見過ごしてはならないのは、ニューロンからなるミクロな次元と「現象すること」からなるマクロな次元はあくまで次元を異にしているということ、この次元をまたぐときには「相転移[22]」に比すべき或る種の飛躍ないし断絶が生じており、そこに因果関係は設定できないということである。

　このように現代の科学においてあらためて注目されている「創発」ではあるが、これを事態の科学的説明としては認めない（あるいは、科学の発達の現在の段階において還元的な説明がいまだできないために暫定的に使われる概念としてしか認めない）慎重な立場もなお存在していることに触れておかなければならない。たとえばマラテールは次のように述べる。「生命の出現を現在の「物理・化学的」文脈の中で創発的現象とみなすことができるとしても〔現に彼はそうみなしている〕、それがいつまでも同じであると考える正当な理由は存在しない[23]」。彼がそのように考える理由は、「生命の出現に関する説明は、そのような〔たとえば前生物的な化学反応、化学進化、それに自己組織化の過程などといった〕いくつもの還元的説明の連鎖に分解される[24]」からである。

だが、そもそも上位の次元はそれ自体で一つの全体を形成することでそれまでなかった新たな性質をもつにいたるのだから、それをいくつかの過程に分解してそのそれぞれに還元的説明を与えることができたとしても、それは結局のところその一部分に関して還元的説明を与えることができたというにすぎず、それらをいくらつなぎ合わせても上位の次元に到達することはできない。それはちょうど、心的過程に対応する脳内の物理化学的過程を因果律に従って記述することがどこまでもできたとしても、そのような過程の下でいかにして「何ものかが何ものかとして現象する」のかを〔物理化学的に〕説明したことにはならないのと同様である。

もう一つ、より根本的な問題がある。いわゆる還元的説明は、或る新しい性質をもった一つの全体が形成された後に、その形成を、因果関係を特定することによって跡づけるという仕方で成り立っている点である[25]。ところがその特定は、形成された一つの全体を基準にすることなくしてはなされえないのだ〔新たに登場した「全体」をまず以って「結果」として捉え、然る後に、それを実現した「原因」を遡って探索する〕。因果関係という観点から私たちの現実を眺めてみれば、およそあらゆる物事が他のあらゆる物事と関係し合っている。どんなに〔時間的・空間的に〕遠いものでも、何らかの関連を辿っていくことはどこまでも可能なのだ〔たとえば「ブラジルでの一羽の蝶の羽ばたきがテキサスでの竜巻を惹き起こす」といった「バタフライ効果」を想い起こしてもよい〕。したがって、何かが何かの原因であることを明らかにしようとするなら、その特定の何かの実現に最も有効に寄与するものを、無際限につづく因果連鎖の中から切り出してこなければならないのである。この切り出しは、いったい何によってなされるのだろうか。

それは、何かを何かとして捉えるものによって以外ではありえまい。何かを何かとして捉えるもの、何かの何かとしての現象を受け止めるもの、それを本書は「心」と呼んだのだった[26]。つまり、マラテールが還元的説明が可能なケースとして引き合いに出している「前生物的な化学反応、化学進化、それに自己組織化の過程」といったものがそのようなものとして現象する次元なしでは、当の還元的説明なるものすら不可能なのだ。その説明は、実は創発の直近の段階[27]をはるかに通り越して、私たちの下で当の事態がそのようなものとして「現象すること」を俟ってはじめて可能になったのである。これは、そもそも還元的説明なるものが十全に機能しないことを意味する。マラテールの議論は、私たちの現実を構成する基本原理である「基づけ」関係がもつ存在論的な意味に盲目なままなのだ。以上のような理由から、本書は現代の科学の中で復権を果たしつつある「創発」という事態の把握を、基づけ関係成立のメカニズムとして積極的に導入する。

すでにこれまでの考察からも明らかなように、この創発は、脳や身体と心の間に見出されるにとどまらず、広く私たちの現実のさまざまなレヴェルに見出される注目すべき事態である。たとえば、水素原子（H）と酸素原子（O）が特定の割合と仕方で集合（結合）したとき、水という新たな性質をもった物体（H_2O）が出現する。このとき水がもつ固有の性質は、水素原子や酸素原子の下には（そしてそれらのランダムな集合体の下には）存在していなかったものであり、この意味で水の固有性はそれを構成する部分によっては説明できない（水素原子や酸素原子の性質から水の性質を予測することも演繹することもできない)。そこには或る新たなもの(「新奇性」)が実現されているのである。[28] また、この水に関しては、一定程度の熱エネルギーを供給しつづけると、ある時点で水の振る舞いにある規則性が出現する。「ベナール対流」の名で知られるこの現象も、創発の一事例とされる。[29]

もう一つだけ創発の例をあげよう。酸素分子と二酸化炭素分子のランダムな集合体の中に、光エネルギーを媒介にして炭素を取り込み酸素を放出する光合成という新たな秩序が実現されたとき、炭化水素化合物で身を養う植物的秩序が出現する、すなわち創発する。つづいて、このようにして大気中に増加した酸素を取り込み、酸化によって発生する燃焼エネルギーを活動源とする動物的秩序(の一種)が出現するのも、創発である。この場合は呼吸という秩序が実現されたことになるが、光合成にせよ呼吸にせよ、それらが実現される前と後では、物質の運動(循環)過程に(いわばその振る舞いに)決定的な相違が生じている。しかし、物質自体が何か別物に成ってしまったわけではない。このように、創発のそれぞれの段階はいずれも先行する段階に支えられ、それを新たな秩序の下に包み、統合し、統御する。いまの例で言えば、動物的秩序は植物的秩序に支えられつつ、それをみずからの下に統合し、統御している(単に酸素の供給源としてばかりでなく、それを食用にしたり、その陰で暑さを避けたり身を休める、といったさまざまな仕方で)。つまり、創発の各段階もまた、階層性を有しているのである。

3　生命と認知

いま見たように、創発による基づけ関係の成立は私たちの現実のあらゆる部分に見て取ることがで

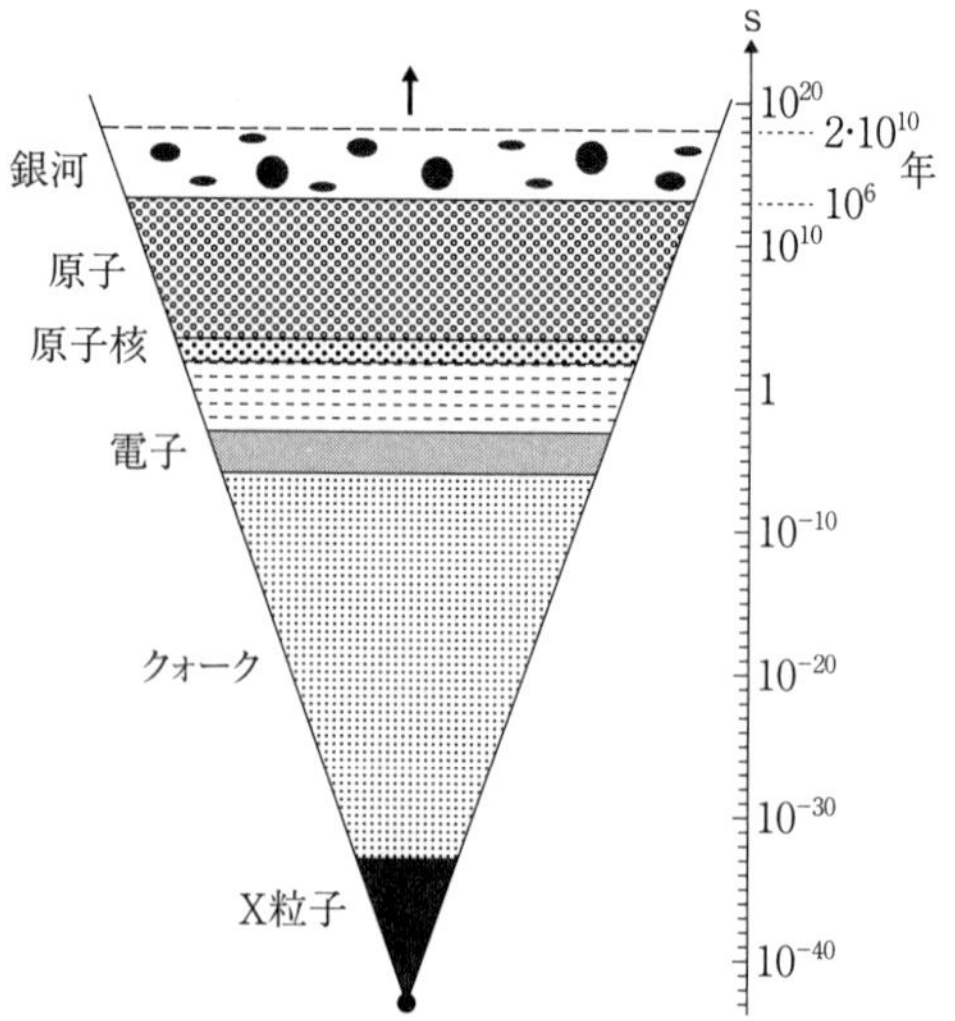

図5－3　素粒子から銀河にいたる宇宙の構造の多様性の出現（マインツァー『複雑系思考』シュプリンガー・フェアラーク東京，1997年より）

きる。まず無機物のレヴェルで見てみれば、素粒子から原子核（陽子と中性子）と電子の結合体である原子という秩序が創発する[30]（図5-3参照）。素粒子と原子の振る舞いは（一方は確率的に記述されるのに対して他方は確定的に記述されるといった仕方で）明らかに異なるので、ここに創発による新たな次元の開示を見て取ることができるのである。つづいて、原子が特定の仕方で結合することで分子という秩序が創発し、さらには高分子という段階へと発展する。ここでは、原子においては見て取ることのできなかった特有の性質が姿を現わしており、それは化学的な仕方で記述される。物理的次元の上位に、より広域的（マクロ）な特性として化学的次元が開かれたのである。この（高）分子的秩序から、ついには創発の中でも最も劇的な創発とも言うべき有機体の秩序、すなわち生命が創発する。そして生命もまた、先に見たように植物的秩序から動物的秩序へ、さらには人間的秩序へと創発の新たな段階を経て展開してゆく。ここでは、無機物からの有機体の創発、すなわち生命の誕生について考えてみよう（図5-4参照）。

分子や原子といった物質のランダムな集合の中から、「自己 self（内）」とその「環境（外）」を区切り・分化させる[31]とともに、それらの間での物質の遣り取りを通して当の自己を維持する秩序が創発したとき、生命が誕生した。ここで自己とは、各部分が密接な関係をもちながら全体として一つの統一体を形成するもの、すなわち有機体である。有機体はその環境との間で絶えず物質の遣り取りを行なうことで、すなわち代謝を通して、自己を維持する。したがって、有機体とその環境も一体をなしており、両者を切り離すことはできない。両者はお互いがお互いを創り出す関係の中で、それぞれが存在している。たとえば、先に触れた光合成による植物的秩序の成立の下では、「酸素に富む新しい環境が形成される[32]」ことになり、この新しい環境がやがてその内に呼吸によって酸素を取り込むさらに新たな秩序（動物的秩序）を形成することにもなる。「私たちが呼吸する大気は、生物が存在する以前には地球に存在しなかった[33]」のであり、植物的生命が産出した新しい環境が私たち（動物的生命）を生んだのである。

したがって、生命という新しい秩序に関しては次のように言わなければならない。「生物と環境は別々に決定されるものではない。環境は、生きている存在に外側から課すべき構造なのではなく、それにより創出されるものなのだ。環境は自律的プロセスではなく、さまざまな生物種の反映なのである。環境のない生物がないように、生

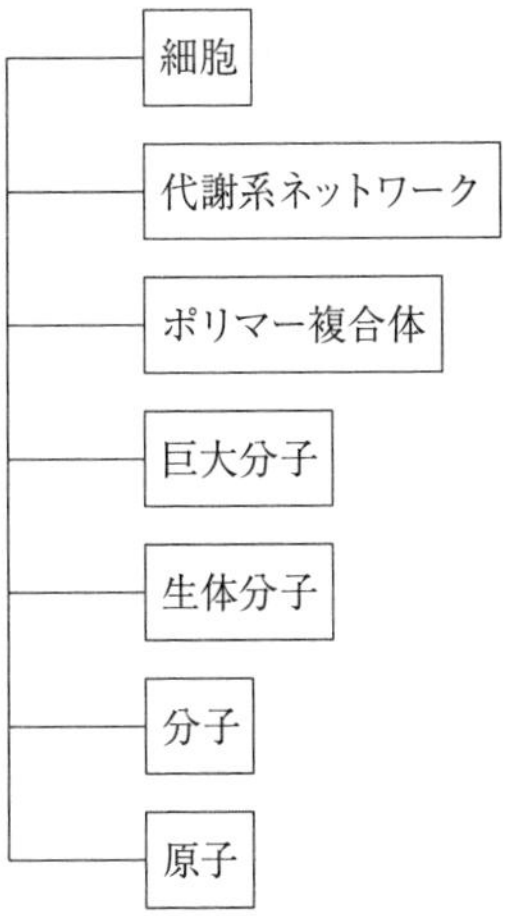

図 5－4　生命の出現にいたる複雑性の階層（ルイジ＝ルイージ『創発する生命』NTT 出版, 2009 年より）

物のない環境もない[34]」。本書がすでに用いた言葉を使えば、生物と環境との関係は「外的」ではなく「内的」なそれなのである。有機体はみずからの活動においてそれにふさわしい環境を創出するのであり（これをヴァレラは「行為からの産出（enaction）」と呼ぶ[35]）、かつそのような環境によってみずからが規定されてもいるのだ（こちらの側面を西田は「逆限定」と呼び、個体と環境との間には互いに「限定」と「逆限定」の関係が成り立っていると論じていた[36]）。「ここで創発は、対象〔外＝環境〕と〔対象を〕観測する意識〔内＝自己〕との間で生じている共‐創発となる[37]」。

物質の遣り取りの中で自己を再生産しつづける秩序、これをＨ・マトゥラーナとＦ・ヴァレラに倣ってオートポイエーシス（autopoiesis）・システムと呼ぼう[38]。それは「物質的・エネルギー的には開かれ、絶えず物質の流出入が起こっているが、みずからの機能的維持については閉じた（作動的閉包operational closure）系」と特徴づけられる[39]。ここで「作動的閉包」とは、その作動の結果が作動自身に回帰して、その回帰したものを以ってふたたび作動することで自律的なネットワークを形成する一連の過程のことである[40]。「このようなネットワークは、外部の制御メカニズムによって規定される（他律的）システム群ではなく、自己組織化という内部メカニズムに規定される（自律的）システム群に分類される[41]」。つまり生命は、自己という相対的に閉じた核（内）をもつ系であり、その環境（外）との物質の遣り取りを通して絶えず自己を再生産（維持）する。この再生産は世代を超えて続行されるにまでいたる[42]。

しかし、自己の産出だけでは（つまり、自己組織化だけでは）、いまだ生命あるいは有機体と言うには不十分である。なぜなら、小胞（vesicle）やミセル（micell）のような、溶液との親和性の大きいコロイド粒子も自己を再生産することが知られているからである。私たちの直観は、コロイド粒子を生命と呼ぶことには抵抗を覚えるだろう。それはせいぜいのところ大きな分子、ないし高分子と言うにすぎない[43]。コロイド粒子にはなくて有機体にはあるものとは、何だろうか。その鍵は、自己が環境との間で行なう物質の遣り取り、すなわち代謝の中に見出される。代謝とは、生命体が自己を維持し再生産するために必要な物質を取り込み、不要となった物質や有害な物質を排出する営み（物質交替）である。ここに、取り込むべきものと排出すべきものを何らかの仕方で見分ける必要が生ずる。すなわち、何が自己の維持と再生産にとって必要であり、何が不要ないし有害であるかを識別すること、つまり「認知（(re)cognition）」もまた、生命に内在する不可欠の原理なのである。

「代謝は環境との動的な相互作用によって進行する生物学的な認知現象である。代謝ネットワークは外部環境に存在する分子を認識し、それをネットワークの一部として取り込む[44]」。この「認知」は受動的なものではなく、生物個体がみずから環境に向かっていく能動的な関わりの中で成立する。「認知とは、外部の対象を能動的に検知し、詮議し、選択すること[45]」なのである。このように環境に向かって能動的にはたらきかける行為は、そもそも環境自体を創出するもの（「イナクション」）でもあったことを先に見たわけだが、その同じ動向は認知を通じた代謝という仕方で、生物個体自身を直接養うものにまでおのれを展開する（あるいは、この展開を含んではじめて環境は環境である、と言ってもよい）。「生命と認知は、互いに他方なくしては存在できない、分離できない概念[46]」なのである。

この認知は、すでに見たように有機体にとって「取り込むべきもの」と「排出すべきもの」といった、当の有機体にとっての「価値」を尺度にして行なわれる。価値をもったものがはじめて、当の有機体に対して、姿を現わす（現象する）ことができるのだった。現象はすべて「意味」、つまり「理解されるところのもの」としておのれを実現するが、その「意味」の核になっているのは「価値」という、有機体との関係の中にしか存在しないものなのだ[47]。これを〈有機体に与えられた（有機体が獲得した）刺激を表徴として解釈するとき、「意味」の次元が開かれる〉と表現することもできるが[48]、有機体が獲得する（受け取る）のははじめから価値をもった意味なのであって、刺激とはこの「意味」の物理・化学的対応物（として後から、反省的に特定されたもの）であることを見過ごしてはならない。

かくして、いまや次のように言ってよい。生命の誕生、すなわち有機体の成立にとっては、一方で自己と環境の分化の下での自己の絶えざる再生産（自己維持[49]）、つまりオートポイエーシスが、他方で当の自己の維持にとって必要なものとそうでないものとを見分ける認知が、ともに不可欠なのである。オートポイエーシスと認知との関係について、ルイージは次のように述べる。「オートポイエーシスは生命にとって必要十分な条件ではない。オートポイエーシス・システムであることは必要条件ではあるが、生命という過程にいたるためには、最も単純なかたちであれ、認知という要素が必要となる。オートポイエーシスと最も原初的な形態の認知の組み合わせが、生命を構成するための最小限の要求なのである[50]」。生命という秩序の根幹をなす自己維持と認知の両側面を統合して本書なりに表現し直せば、認知に基づいてみずから取捨選択を行なう或る種の自発性（この自発性の中で、維持されるべき「自己」も産出される[51]）こそが生命なのである[52]。生命の下で世界は、認知されるべき何ものかとして現前する。ここに本書は、「現象すること」の最も原初的な形態が成立したことを見届ける。それは生命という秩序の成立にはじめから織り込まれた、生命と不可分の営みなのである。

4　植物から動物へ

だが、「現象すること」の原初的形式であるこの「現前（presence）」は、「覚醒（awareness）」と同じではない。自己とその環境内の対象との直接の接触の内で物質の遣り取りが行なわれるためには、個々の接触部位におけるそのつどの現前で十分なのであり、自己が一個の統一体として目覚めている必要はないからである。たとえば、私たち人間が睡眠中にも酸素と二酸化炭素の交換過程である呼吸作用を行なったり、摂取した食物を分解して栄養素を取り込んだり、発汗作用によって体温調節を行なったり老廃物を排出したりしている事実を考えてみれば、分かりやすいだろう。この間私たちは目覚めてはいないが、生命体としての自己を維持し再生産するために必要な物質とそうでない物質を的確に見分けつつ、それらを取り込んだり排出したりしているのである。眠りの中で維持される生命、これを「植物的生命（vegitative life）」と呼ぼう。ここで「眠り」とは、覚醒という仕方で何かを明晰に意識しているのではないが、だからといって何も現前していないわけではない、「現象すること」の一形式なのである。「心」が機能する仕方の一つとしての「無意識」と言ってもよい。

何らかの事情で大脳に機能不全が生じたとしても間脳や延髄などの機能が保存されている場合には、意識＝覚醒は失われるが自発的な呼吸や栄養の摂取と老廃物の排出は行なわれる。生命の維持に最低限必要な機能は営まれているこうした状態がしばしば「植物状態」と呼ばれることからも、生命の原初的段階を植物的と捉えることは妥当だろう[53]。先にも見たように、この段階においても生命に対してはすでに、みずからの生存の維持に必要なものとそうでないものとの区別が、当のものの価値（value）

として現前している点を見過ごしてはならない。価値は物＝物質ではない。そうではなく、ある尺度に照らして有用であるか否かという意味を担った理念的存在である。そしてこの意味の出所、つまり尺度が、それに対して何ものかが意味としてはじめて姿を現わすところの「自己」なのである。

　かくして生命は自己において、意味の空間という或る種の「内面性」（自己に対してのみ姿を現わす次元という意味での）を孕むことになる。この内面性を、H・ヨーナスに倣って「形相（eidos/form）」と呼ぶこともできる。それは実体的な物質ではなく、その機能において捉えられた理念的な存在だからである。彼は無機物からの有機体の出現を「存在論的革命」と呼んで（何ものかが存在するその仕方に、この両次元の間で決定的な変革が生じたからである）、それを次のように特徴づけている。「有機体の体系は〔いまや〕実体に基づくのではなく、力動的な機能に基づいて、あるいは質料（hyle/material）〔すなわち「物質」である〕ではなく形相に基づいて、自己自身を同一のものとして保持するのである[54]」。「形相が本質となり、質料が偶然となる。存在論的に表現すれば、有機体的な構造体において、質料的な要素は実体（Substanz）であることをやめ、……単なる基体（Substrat）〔支えるもの〕でしかなくなる[55]」。「したがって〔有機体という〕体系《システム》を定義する属性は配列ないし構造ではなく、力動的な振る舞いないし過程である[56]」。

　有機体は、自己を不可分の参照項とする「内面性」の次元をみずから形作る点ですでに一個の意味的＝理念的存在であり、同時にみずからに対して何ものかをその意味＝理念性において現前させる。この二重の意味で有機体は形相的存在であり、有機体の下で世界はその有意味性＝理念性において現前するにいたったのである。有機体（すなわち生命）が理念という内面性の次元を開いたと言ってもよい。この内面性の下ではじめて、何ものかが何ものかとして現象する「或る開かれたところ」としての「意味」の世界が開かれるのだから、それはこの語が示唆するかもしれない「何か隠されたところ」とはまったく逆のものを指し示していることに注意しよう。生命を成り立たせる〈自己とそれを取り巻く環境〉という区分自体が、すなわち世界そのものが理念的なものなのである（もちろん、そうした世界の内には物質が「支えるもの」として含まれ＝包まれている）。ここで、心が意味の次元に属するものであったことを想い起こすなら、生命の誕生と共にすでに心の次元が、たとえその萌芽的状態においてであれ開かれていたことになる（本書第2章の表記法に従えば「こころ」である）。

これまでにも見てきたように、生命の成立と共に開かれた「心」の次元は意味によって構成されている。これをヨーナスは「形相」とここでは表現したわけだが、ユクスキュルはこれを、生命が必ず何らかの「役割」を基本的な単位として営まれることとして捉えていた（これは、後年ミンスキーが心をおのおの独立のエージェント（Agent）たち――「手に入れる」「つかむ」「動かす」「置く」……といった――の集合体と捉えたことを想い起こさせる(57)）。そして、ユクスキュルはこの「役割」を「イデア」に比している。「生ける自然の技巧は、何らかの役割を確固とした単位として行なわれる。……役割は空間的かつ時間的な拡がりをもつものだが、決して物質的なレヴェルのものではない。……それはプラトンのイデアに似ている(58)」。さらに彼は、この役割を「意味」に結びつける。「意味というのは、自然におけるすべての生命にとって構成要素となるもの(59)」なのである。

先のヨーナスからの引用が述べていた〈有機体を構成する原理は物質でも実体でもなく、力動的な機能、振る舞い、過程である〉という点にも注目しよう。前節でヴァレラやルイージによる「作動的閉包」という捉え方に触れた折にも主題化されていた〈有機体を構成する原理の中核が或る種の作動、機能、過程であり、この運動過程の中ではじめて自己という生命に不可欠の契機も創り出される〉という論点である。物質が或る種の安定した秩序だったことと対比してみれば、生命は何かがおのれ自身の下にとどまっていることができず、みずからを溢れ出て、絶えずみずからを超え出て行く運動の内に新たに「自己」という存在を生み出した（現出へともたらした）かのようなのである[60]。

ヨーナスは生命のこの動向を「超越」と呼び、生命の「存在」の内実をこの超越に見ている。「均衡状態を……更新することによる自己保存の遂行、したがって絶え間ない創出としての保存こそ、〔有機体という〕システムの機能の内実であって、その存在（Existenz〔この言葉自体に「超越」という意味が含まれている〕）の意味である[61]」。生命が存在するとは、絶えずおのれを越え出ていくこの運動に（自己が、そして世界のすべてが）身を委ねることにほかならないのだ。この「超え出ていくこと」において、何ものかが何ものかとしておのれに対して姿を現わすことが可能となったのである[62]。かくして、次のように言わなければならない。「生命の運動にとっては、或る特定の構造を完成させることが重要なのではまったくなく、むしろ生命の営みとその継続それ自体が重要なのである[63]」。生命は、おのれの営みをひたすら更新しつづけることを本質とする。

しかし、考察のこの段階における生命は、いまだ目覚めてはいない。自己の存在を支えてくれる物質との直接的接触の内で、それはなおまどろみの内にある。これが植物的生命の存在様態だった。覚醒は、時間的・空間的な距離を隔ててみずからの対象と向かい合うことで当の対象との接触を猶予する「意識（consciousness = awareness）」の成立と共に訪れる。意識はいまや、自己とみずからが向かい合う対象とを一つの時空間の内に包摂して位置づける。つまり意識は、取り込むべき物質とそうでないものとを自己の特定の部分での直接的接触において識別するばかりではなく（この識別は覚醒なしに、まどろみの内での現前において行なわれる）、価値を帯びたそれら意味的な存在を測る尺度である自己自身をも、それらの意味的諸存在が占める時間的・空間的位置との相対関係の中に位置づけることで現前させるのである[64]。生命の自己超越がこの段階に達したとき、いまや自己が自己に対して現前するのだ。

この現前は、それが自己自身とのいわば直接的接触であるかぎりで、なお「自己を感じること」[65]にとどまっているとしても（つまり、私たちの下に見られるような、自己に自己として向かい合ういわゆる反省的意識ではないにしても）、そのようにしてみずからを感じる自己は、自身が向かい合う諸対象と同一の時空間の中にすでに自己を統合している。この自己は、自分がどのように時間的・空間的な距離を横切れば、つまり時間的・空間的に「移動すれば」対象に直に接触できるかを、当の対象を時間・空間的隔たりを介しておのれの前に立てることを通して、すでに「知って」いるのである[66]。野良猫のノラは、明日もあそこへ行けば獲物にありつけることを知っているがゆえに、明日がくればあそこへ行くのだ。彼女はこのような「知」において、対象（獲物）をみずからの下に所有していると言ってよい。

すなわち自己は、いまやおのれが「意識する」対象を所有する一個の能力（faculty）の主体なのである。みずからに対して、みずからが主体として現前しているのだ（いまだみずからを「意識している」のではないにしても、したがっておのれが「何者であるか」をいまだ知らないにしても）。こうした「能力」として営まれる生命が「動物的生命（animate life〔みずから時間・空間の中を動く生命〕）」であり、その駆動原理は、自己が対象と時空を隔てて関わりあう欲求という感情である。自己は欲求を通して時空的に隔たった対象と関係を取り結ぶことで、当の対象をおのれの所有の圏内に導き入れるのだ。このとき自己は、対象をはっきり意識している、すなわち目覚めているのである。このとき「物」は、かつてのように直接的接触においてのみ現前するのではなく、時間的・空間的隔たりを介しておのれの前に立てられたもの、すなわち「対 - 象（Gegen-stand ＝前に - 立てられたもの）」となったのだ。

ヨーナスを引こう。「〔動物と植物の〕相違を識別可能にするものこそ、運動の可能性である。この相違は、欲求と充足の間に〈隔たり〉を挿入すること、すなわち離れた地点にあるものが目標になりうるということにある」(67)。「知覚は対象を〈ここでなくあそこにあるもの〉として〔空間的に〕示し、欲求は目標を〈まだないが期待されるもの〉として〔時間的に〕示す」(68)。したがって、いまや次のように言ってよい。「欲望〔欲求〕は、あらゆる生命がもつ自己への基本的関心が動物の間接性〔隔たりを介して対象を意識すること〕という条件下で帯びる形式」(69)なのである。

5　動物から人間へ、あるいは自由

こうした能力としての動物的生命は、もはや「現実（reality）」と呼ばれる一個の時空間の中に閉じ込められてはいない。自己が向かい合う対象との間の時空的隔たりをどのように横切れば当の対象との直接的接触に到達できるかを知っているということは、現実に対置される「可能性（possibility）」の空間がすでに開かれていることを意味する。この知が「もし（if）私がかくかく然々の行動を取って時間・空間を横切れば、そのときには（then）対象に到達できるだろう」(70)というかたちをとる以上、それは可能性の次元に立脚しつつその中を動くものだからである。獲物に飛びかかろうと身構える動物的生命の下には、現実を越えた可能性の空間がすでに萌しているのだ。(71)

この生命は自己を養ってくれる環境に依存しつつも、いまやその環境を可能性に基づいて変革する能力を手に入れたことになる。みずからの欲求に従って可能性を現実にまでもたらす能力、これをふつう私たちは「自由」と呼んでいるだろう。自己に対して姿を現わした対象の内のいずれかをわが物にしたいと思い、この思いを果たすべく行動した結果、首尾よく当の対象を手中にできたとすれば、私はみずからの自由を実現したのである。かりに首尾よく当の対象を手中にできなかったとしても、私がみずからの自由に従って行動したことに違いはない。行動が所期の目的を達することができるか否かは、自由とは独立の事柄である。そもそも所期の目的をもって行動しうるということが、自由の証しなのである。もし野良猫のノラが「あそこに行けば獲物にありつける」ということを知っていて、今日も「あそこ」に出かけていったとしたら、あるいは「今日は目の前にもっとよい獲物を発見したので、あそこにいくのをやめた」としたら、私たちの目に彼女は自由に行動したと映るだろう。

すでに動物の下でこのような仕方で姿を見せている自由は、私たち人間の下では飛躍的にその射程を拡大する。可能性の及ぶ範囲が時間的にも遥かに長く、空間的にも遥かに広いからだ。私たちは幾世代にもわたって目標に向けて継続される計画を立てて実行に移すことができるし（ガウディのサグラダ・ファミリア教会建設事業を一例として挙げよう）、地球を飛び出して広大な宇宙空間に旅立つこともできる。それればかりか、自由はこのように現実の中にその実現が達成されるものに限定されない。可能性ではなく、単なる「空想（fantasy）」の世界を開き、その中に遊ぶことすらできるのである。

だが、遊ぶことは、生命の維持に必要なものの次元をすでに何ほどか越え出てはいないだろうか。してもしなくてもよいことをあえてする、あるいは単に面白いからする、といったことも私たちは自由の一つのあり方と考えているだろうが、このとき自由は、単に可能性の及ぶ時間的・空間的範囲の飛躍的拡大とは質的に異なる次元に足を踏み入れた可能性がある。(72) しかし、この点に立ち入ることはいましばらく措き、動物的生命のレヴェルですでに見出されるように思われる自由について、もう少し考えてみよう。

多くの動物たちは集団で生活するが、その際には集団を維持するための一群の規則に従って各個体は生活する。一見、きわめて少数の個体としか生活を共にしないように見える動物たちでも、縄張りといったようなかたちで他の個体との間の関係を規整する規則をもっている。これらの規則は、それぞれの生物種がその生命を維持し再生産してゆくために不可欠の集団の存続をその目的としているとみなすことができる。つまり共同体の規則は、その共同体に属する個体たちを規整することで、それら個体を貫いて流れる生命の存続に寄与しているのである。こうした共同体の規則は、生命の自己維持という至上命令に服しているのであり、そのかぎりでいわゆる本能の一種、ないしその延長線上にあると捉えることができる。こうした本能レヴェルで共同体ないし集団の構成員の行動を規整する規則の実例は、典型的にはアリやミツバチのそれがよく知られているように、動物界において枚挙に暇がないほど豊富に見出される。

私たち人間においては、法と道徳という仕方でこうした規則の一部が具体化していると言ってよい。法のように明文化されてより厳格に適用されるにせよ、道徳のように明文化されずに比較的緩やかに運用されるにせよ、両者が〈社会集団の維持を通しての生命の存続〉という有機体にとっての至上命令に服していることに変わりはない。この意味で、法も道徳も、脳を含む身体の内で創発した心の次元が、自己の維持と再生産を〈意味という認知の領域〉を介して追求する生命の論理に服することの紛れもない証しである。(73)

しかし、動物的生命という秩序の成立に当初より孕まれた自由(74)は、このような意味での生命の論理から逸脱する側面をも秘めてはいないだろうか。いまも見たように、生命の論理の根本は、自己の維持と再生産を至上命令とする「自己（私）のために」である。この自己は、それが集団においてはじめて生を全うできるかぎりで、その集団のレヴェルにまで拡大される。つまり、かりに個々の自己が犠牲になることがあるとしても、それが集団レヴェルでの生の自己維持に寄与するものであれば、個々の自己はこうした集団レヴェルの自己の論理に服するのである。だが、そのような場合であっても、それが自己中心主義、すなわちエゴイズムであることに変わりはない。個々の自己の生は、集団の下でしか可能でないからだ。

これに対して、私たちの自由は、そのようなエゴイズムを根本的に転倒して、自己が「他者のために」行動する余地をも秘めてはいないだろうか。これは、拡大された自己である〈共同体ないし生命〉のために行動することとしての「利他主義（altruism）」とは厳密に区別されなければならない。親が子のためにみずからを犠牲にするケースに典型的に見られるように、親の自己にとってそれは子という他人に利するためになされる行為（利他的行為）であるが、それは生命の存続という観点から見ればむしろ当然の行為であり、このときこの行為を導いているのはあくまでも生命の自己維持なのである[75]。言ってみれば、このとき親の自己は、みずからの根本にある生命におのれを統合しているのだ。この種の利他主義は結局のところ拡大されたエゴイズムにすぎないのに対して、いかなる意味でも「自己のため」ではなく、単にそれが「他者のため」であるというだけで為される行動に関わる自由が、いまや視野の内に入ってきているのである。

生命が自己を維持するための利他主義も含めた「自己のために」は、私たちの下では共同体を規整する原理としての「正義」を要請する。まずは個々の個体が自己維持を追求する中で営まれる生命が、全体としておのれを全うするためには、私たちの生の成就に不可欠な共同体が解体の危機に瀕するような振る舞いは厳に斥けられなければならないからだ。逆に、共同体における全体としての生の自己維持とそのさらなる発展に寄与する振る舞いは、先の利他的行為を含めて大いに奨励される。おのれが属する共同体への忠誠心や「他人を思いやる」ことも含めたそうした行為は、正義に適ったもの、共同体が涵養すべき心情なのだ。法も道徳も、こうした正義の一形態とみなすことができる(76)。

これに対して、自己の自由が、生命の論理の要求する自己維持という至上命令からも自身を解き放って、単にそれが「他者のため」であるというだけの理由で行動するとしたら、それにどんな名を与えたらよいだろうか。自己をひたすら他者に差し向けるこの行動に、かりに「愛」という名を与えてみよう。はたしてこれがふさわしい命名かどうか、自信はない。というのも、ふつうは愛もまた、私たちの生の充実化に資し、その結実として子や広い意味での資産を残すことで共同体に寄与するものと考えられているからだ。だが、そのような愛は、先に検討した利他的行為の一種であることに変わりはない。生や共同体へのそのような寄与とは根本においてまったく別の次元で為される単なる「他者のために」に、おそらく固有の名などないのだ。

そんなものが現実に存在するかどうかすら、定かではない。加えて、かりにそのような行為が為されたとしても、それはむしろ単なる自己満足の極みのようにも見えるのではないか。適切な名前を欠いたこのような行為を、ここではあくまでかりに(カッコつきで)「愛」と呼ぶことにしよう。自由のいわば極北に位置するこの「愛」には、先の道徳という名はもはやふさわしくない。自己を支える共同体を規整し、そのような共同体へと向かう原理が正義だったことに鑑みれば、ひたすらに他者へと向かうこの自由は、正義とは似て非なる「愛」なのである。

だが、はたしてそのような「愛」は可能だろうか。「他者のために」為されたはずの行動が、よくよく見てみれば「自己のために」為されたものでしかなかったというのが私たちの現実ではないか。いまも見たように、「他者のために」という思いは、そのような思いを抱くこと自体が自己を満足させることができるために、つねに「自己のために」と見分けがつかない。だが、それにもかかわらず、或る行動が自由の極北としての「愛」のゆえに為される可能性は、いまや開かれたままになっているのではないか。いや、「愛」はその可能性においてのみ存立する、と言うべきかもしれない(77)。生命に孕まれた、現実から離れて可能性の空間を切り拓く能力としての自由は、「愛」に極まる。愛のこの可能性（this possibility of love）の前に立つ存在を、あるいは「愛」という可能性（"love" which is possibility）の前に立つ存在を、「人間」と呼ぶべきだろうか。

第6章 自由の極北、あるいは「愛」——生命の論理からの逸脱か、その可能性か

1 自由の在りか

生命とは何か。生命という秩序の核心に位置するのはどのような事態なのか。この問題について考察を重ねてきた本書は、現時点でさしあたり次のような解答を手にすることになった。すなわち、生命とは、何ものかが何ものかとして「現象する」秩序にほかならず、そのようにして現象する何ものかが「それに対して」姿を現わす「自己」を不可欠の契機＝媒体として孕みつつ、ひたすらにその「現象すること」を維持し、そればかりかその強度を高めながら展開していく一個の運動なのである。現代の生命科学が生命の二つの根本特徴として挙げるにいたった「認知」と「自己維持」は、本書が捉えた「現象することの自己維持と、その強度の亢進」という事態を、この運動の内に不可欠の契機として孕まれる「自己」の側から、いわば「自己」の視線で表現したものだと言ってよい。自己が「認知」を通してたえずおのれを「維持」してゆく運動、というわけである。

しかし、本書の見るところでは、この自己は「現象すること」の厳密な意味での主体ではない。確

かに自己はあたかもおのれが能力の主体であるかのように振る舞い始めるのだが(1)、それにもかかわらず、自己はあくまで「現象すること」の不可欠の契機にして媒体として、この「現象すること」に帰属するものなのである。「現象すること」という或る種の「自発性」に、おのれをその場所として提供する者、あるいは提供することによっておのれを養う者と言ってもよい。では、自己は結局のところ主体たりえない者なのだろうか。そう言い切ってしまった方がことは簡単なのだが、やはりそれは事態を単純化しすぎることになる。なぜなら、「現象すること」がこの現実において成立し、世界が開かれたとき、そこには「もの」が単にそれ「である」のではない、或る別の次元が、単なる「存在」(「である」)に尽きるのではない次元が、共に開かれてもいたからである。

それは、前章で引いたヨーナスの言葉を借りれば、「形相」が開く次元だった。「もの(物質＝質料)」が、おのれとは異なる、別の原理に従って組織化されるにいたったとき、すなわち、物質交替の一連の過程の中でおのれを「自己」として維持しつつ絶えず環境と関わり、おのれに固有の環境を創造しても行く或る種の「自発性」の下に包摂されたとき、この新しい次元の作動原理に与えられた名が「形相」であり(本書はそれを「意味」と呼んできた)、それは「もの＝物質」が単に「ある(存在)」のとは別の次元に向けて世界を解き放つことでもあるのだ。ヨーナスは、世界の「もの＝物質」からのこうした解放の内に、「自由」の萌芽を認めたのだった(2)。このもう一つの次元は、「現象すること」がその強度を高めて私たち人間の次元にまでいたったとき、ようやくその輪郭をあらわにし始めたようにも見える。

「現象すること」の不可欠の媒体である自己が主体たりうる余地がもしあるとすれば、それはこの「自由」の脈絡の中においてではないか。「現象すること」の強度の亢進は、ついにその内に、「自己」

というおのれの一契機にして媒体にすぎなかったものが主体たりうるという未聞の可能性を開いてしまったのではないか。本章が以下で検討するのは、この可能性をめぐる問題である。

この問題を考えるためには、まず以って「もの」と「こころ」の関係を明らかにしておかねばならなかった。「こころ」と呼ばれる次元は、どのような仕方で成立しているのか。その次元は、「もの」によって構成されている次元とどのように関わっているのか。これらの問いに答えることなしに、「自由」について語ることはできない。なぜなら、「自由」は「こころ」という「現象すること」の秩序においてはじめてその存立の可能性を獲得するからであり、かつまた、もし「自由」というものが可能なら、その影響は必ず「もの」の次元にも及ぶからである。

「もの」と「こころ」は「基づけ」の関係に立っている。すなわち、「こころ」は「もの」に基づけられている。同じことだが、「もの」が「こころ」を基づけている。これが両者の関係の基本であることを、本書はすでに明らかにした(3)。そして、「こころ」がおのれを「支える」次元として「もの」を「包む」事態の成立は、「創発」として捉えられた。「創発」は、単に「もの」と「こころ」の間ばかりでなく、基づけの階層性の上に成り立っているこの現実のさまざまな場面に見て取ることが出来る点についても、すでに触れた(4)。本章の主題である「自由」に関して言えば、「こころ」において現象するにいたった何ものか(何ごとか)を、そのような現象に立ち会う自己がみずからのものとして選び取る、という構造の成立することが、「自由」の存立のためには必要だ、ということになるだろう。この点に以下で立ち入って考察を加えることになるが、そのためにも、あらかじめ明らかにしておかなければならない点が一つある。

それは、私たちの下では「こころ」は、単に何ものかが何ものかとして姿を現わす次元であるにとどまらず、当の「こころ」自体がすでにそのようなものとして姿を現わしてもいるという点である。前章で検討したように、動物的生命と植物的生命の相違は、後者においては接触における「もの＝物質」の直接的現前の中で物質交替（代謝）が営まれていたのに対して、前者においては「もの＝物質」の認知が、時間的・空間的隔たりを介して対象を意識するという仕方で、接触における直接的現前を遥かに越えて拡大されていることだった。その際、動物的生命はこの「意識」という新たな次元の中で、おのれ自身の（存在を「感じ取る」という仕方での）現前という事態にも立ち会っていることが示された。[5] そうでなければ動物は、時間的・空間的隔たりを介して意識されるにいたった対象の下へと当の隔たりを横切ってみずから移動していくことが（あるいは逆に、対象が自己にとって危険・有害なものである場合には、それから逃げることが）できないからだ。この隔たりは自己と対象との距離なのだから、その内にすでに自己が織り込まれ、位置づけられていなければならないのである。

だが、これは、いまだ自己がおのれ自身を「意識」するという事態ではない。自己をもろもろの対象と同じような仕方で意識していなくても、当の対象に接近したり・それから逃げ出すことはできるのである。多くの動物的生命の意識構造は、こうした段階にとどまっていると考えることができるだろう。ところが、少なくとも私たちの下での意識は、そのような段階をも越えて、言わば「現象すること」の強度がさらに亢進している。私たちはおのれ自身を一個の対象として、すなわち「こころ」をもった存在として、「意識」してもいるからだ。自己がいまや意識の対象として、明確な輪郭を具えて「現象する」にいたっているのである。

私たちはおのれが「何者である」かを、程度の差はあれ何ほどかはすでに知っている。多くの動物的生命において自己は具体的な内実をもたず、（ポジティヴであれネガティヴであれ）価値を中核に宿した「意味」の源泉として、すなわち基準として、言わば形式的に機能するにすぎなかったのに対して（そして、それで生命の自己維持にとっては十分事足りていたのだが）、私たちの下で自己は具体的な内実を伴った対象としても、いまや「意識」されているのである。このようにして自己が自己を意識することを可能にする隔たりは、現におのれがそれ「である」ところの地点・時点からの距離以外ではありえないのだから、（現実的な時間・空間とは区別された）想像的時間・空間とでも呼ぶべきものであることになろう。自己と自己の間に、或る種の「内面的」時空が開かれたのである。「現象すること」[6]の次元の内に、（当の自己にしかその内を見通すことのできない）或る襞が織り込まれたかのようなのだ。

それぱかりではない。私たちは世界の中に（私自身も含めて）無数の「こころ」たちが存在していることを、そしてそれらが互いに遣り取りをしていることをも知っている。他人を単なる「もの」的対象としてではなく、私と同様の固有の自己を「こころ」において意識する存在としても「意識」しているのだ。さらに言えば、この現実においてはそのようにしてすべてが「現象すること」を以って成り立っていることをも、「意識」している。すなわち、そのこともまた「現象」している。何ものかがそこにおいて現象する次元自体が、その次元自身をも現象させるにいたっている次元、この次元を本書はフッサール現象学の用語を借りて「超越論的次元」と呼んだのだった[7]。

「自由」は、こうして自己が一個の対象として明確な輪郭を具えて自己自身の前に立てられたとき、当の自己が主体となる可能性と共に、いわば一個の問題として姿を現わす。それはどのようにしてであろうか。節をあらためて、考えてみよう。

2　必然性と自由

「心」の次元において、私たちの振る舞い＝行為がかくかく然々のものとして姿を現わすことではじめて、それを「選ぶ」余地が成立する。これは、その行為が「他ではありえないもの」「必然的なもの」として、すなわち「選ぶ」余地のないものとして現われることを含む。なぜなら、すぐ後でも触れるように、「選ぶ」余地がないと言いうるためには、すでに「選ぶ」ということが射程に入っていなければならないからである（したがって、かくかくのものとして姿を現わした行為が単数であってもーー一つしかなくてもーー、あるいは姿を現わしたのが事後であっても、つまり行為が為されてしまった後であっても、それらは「選ぶ」ことの射程内に入りうる）。そして「選ぶ」ことは、ほかならぬみずからの行為としてそれを「選ぶ」主体の成立に等しい。誰もいないところで「選ぶ」ことはできないからである。

また、みずからを「選ぶ」ことの主体として立てること（「みずから」の成立）は、「他ならぬみずからの行為」、つまり「他の誰のものでもない、この私の行為」の成立以外ではないのだから、他の主体の成立でもある。つまり、〈かくかく然々のものとして姿を現わした〉何らかの行為を〈他の主体に対してみずからのものとして〉「選ぶ」ことが、「自由」なのである。

先にも触れたように、「自由」でありうることの成立は同時に、当の行為が「自由」ではないこと、すなわち「そうでしかありえない」もの、「他でありえない」ものであることの成立でもある。この「必然性」は、世界を因果関係の下で捉えるとき、くっきりと姿を現わす。ある行為なり出来事が、特定の「原因」に規定されたものとして、すなわちその「結果」として捉えられるからである。この因果性は、「心」の秩序を支える（基づける）「もの＝物質」の秩序を把握し・理解するに際して、何よりも有効な原理として機能してきた（〜してきた）と述べたのは、量子力学における不確定性の登場以来、その全面的な有効性には疑問が呈されるにいたった——確率論的な再規定が必要になった——からだが、私たちの日常における「もの＝物質」の秩序の理解にとって因果性がきわめて有効な原理であることに変わりはない(8)。

どんな行為も、それが「もの＝物質」の秩序における対応物をもっている以上（「心」は「もの＝物質」に基づけられているのだから、このかぎりで対応物をまったくもたないということはありえない）、その行為を因果必然性の下で記述することができる。しかし、このことは、或る行為が因果必然性にのみ従っていることを、つまり因果的にのみ規定されていることを必ずしも意味しない。なぜなら、「もの＝物質」の秩序においてその対応物をもつ行為自体は、あくまで（「もの＝物質」の秩序を包摂し・統御する）「心」において、かくかく然々の行為として成立している（「現象」している）からである。この「かくかく然々の行為として」ということが成り立つのは、「心」の次元を措いてほかにはないのである。その「心」において「自由」が存立可能であるかぎりで、当の行為は物理的には因果的に規定されつつも、なお「自由」でありうるのだ。したがって「自由」は、もしそれが可能であるならば、「もの＝物質」の秩序に対してその外部から、いわば垂直に関わるのである(9)。

この関わりは、因果的なそれではない。なぜなら、因果的な関係は同一の秩序の内部でのみ、すなわち（いまの場合で言えば）「もの＝物質」の秩序に属する物体同士の間でのみ、成立可能な関係だからである。物体同士の間では、どこまでも連続的な因果関係の追求が可能だが、「もの＝物質」と

「心」の間には、両次元を媒介する「もの」が欠けていた（もしこの両次元を媒介する「もの」があるとすれば、それは「もの＝物質」と「心」の両方の性格を何らかの仕方で兼ね備えていなければならないはずだが――そうでなければ両次元を媒介できない――、それが「もの＝物質」であるかぎり「心」の次元に到達することができない。つまり、両次元の媒介者は原理的に存在しないのである）。

これはすなわち、「自由」な「心」のみが、もしそれが可能であるならば、「もの＝物質」の次元に、因果性によって規定されているのではない変化をもたらすことができるということにほかならない。そのときこの変化は、何らかの媒介者によってもたらされたのではないことを看過してはならない。「心」は直接に「もの＝物質」に関与するのである。なぜなら、「心」は「もの＝物質」を「包み」、そのようにして「もの＝物質」を統御する（基づけ関係上の）上位の秩序だからだ。これが、いま述べた〈「心」は「もの＝物質」にその「外部から（すなわち、上位の秩序から）」「垂直に（すなわち、上から下へと向けて）」関わる〉、ということなのである[10]。

けれども、「自由」に関しては、「もしそれが可能であるならば」という限定ないし留保がつねについてまわる。なぜなら、主体が「みずから」それを選んだにもかかわらず、それが当の主体にはあらわとならない仕方で（その視野には入らない仕方で、つまり「意識」されない仕方で）（何ものかによって）必然的に規定されている可能性が、どこまでも残りつづけるからである。たとえば、次のような点を考えてみよう。

ある行為が、単に「もの＝物質」のレヴェルで規定されてそのように為されたにすぎないのか、つまり物体的＝物理的原因に必然的に規定されたその結果にすぎないのか、それとも私の「自由」に基づいて為されたものなのかを、私たちは最終的に（つまり決定的に）判別することができるだろうか。

先にも見たように、どんな行為も「もの＝物質」の秩序におけるその対応物のレヴェルで原因を探求することが可能だが、その原因は、時間・空間の範囲を多少とも広く取るだけで、無数と言ってよいほど膨大なものとなるだろう。それら無数の原因の中のどれが当の行為の主たる（あるいは決定的な）原因なのかは、結局のところ、当の行為をどのような行為と捉えるかに依存することになる。「風が吹けば桶屋が儲かる」ではないが、「もの＝物質」の秩序においてはすべてが時間・空間内で因果的に結合しあっていると言っても過言ではないのだ。そして「どのような行為か」の把握は「心」の秩序において（のみ）なされるのだから、「もの＝物質」の次元だけでは原因の特定は不可能なのである。

これが、因果的記述の「後追い」性である。何ごとかが何ごとかとして（「心」の次元において）現象することを以ってはじめて、その何ごとかの原因に相当するものを（「もの＝物質」の次元で）探索することが可能になるのであって、あらかじめ原因が単独で原因として姿を現わす＝現象することはないのだ。もちろん、遡って何ごとかをみずからの原因として特定することを許す（そのかぎりで、おのれを結果と位置づける）何ごとかが、つねに現実に生じていなければならないわけではない。つまり、原因がつねに現実に遅れるわけではない。私たちの「心」がそのような何ごとかをあらかじめ想定できれば（たとえば、明日の天気）、原因を結果に先立って現実に把握する（現在の大気の状態、周囲の気圧配置……）には十分なのである。現に私たちはそのようにして多くの事柄を予測し、それに成功もしているのだ（もちろん、——天気予報を例に挙げるまでもなく——失敗することも稀ではないが）[11]。しかし、こうした予測が可能になるのも、何ごとかがあらかじめ私たちの「心」において現象したことを以ってである点は、動かない[12]。つまり、まったくの未知の出来事の予測は、原理的に不可能なのだ。それにもかかわらず、私たちの現実が、そのようなまったくの未知の出来事に（誰も予測すらしなかった出来事に）しばしば襲われることもまた、確かなのである。

だが、他方で、すでに見たように「心」の秩序の「もの＝物質」の秩序への関与は因果的なものではないのだから（つまり、この関与についての「物」的証拠はないのだから）、この関与が私の自由に基づくものであることを証しできるのは「心」（という、はっきりと意識された次元）におけるその「思い」だけということになる。その行為は私がそれを「選んだ」から、それをしたいと「思った」から、それをすることを「欲した」から、私の（「自由」に基づいて為された）行為だ、というわけである。そうであれば、そうした個々の・特定の「思い」がすべてを顕在的な仕方で包んでいる（「意識」している）保証はない以上、「思い」の射程に入っていないものによって当の行為が規定されている可能性は決して排除できない。ましてや、しばしば私たちはみずからを欺きさえする（自己欺瞞）ことを考慮すれば、つまり「思い」には無知（無意識）や欺瞞（思い込み）がつねに付き纏うことを考え合わせれば、こうした「思い」にのみ支えられた私の「自由」は、つねに留保つきなのだ。

かくして、主体はみずからの「自由」に関してつねに錯覚しうる、と言わなければならない。主体は、みずからが「自由」だと思い込んでいるにすぎないかもしれないのだ。「自由」は、それが錯覚である可能性と共にのみ、可能なのである。

3　他者への「愛」

前節での、「自由」が存立する可能性の条件をめぐる考察を承けて、ここで考えてみたいのは、「自由」が可能であるとして（それは確かに可能ではあった）、その可能性はいったいどこまで及ぶのかという問題である。いまや私たちの前に開かれているかに見える「自由」の次元の全幅を、見極めておきたいのだ。何ものかが何ものかとして姿を現わすこと、すなわち「現象」することが「生命」という秩序の成立に等しいことをこれまで本書は確認してきたが、この新たな秩序の下で開かれた可能性の、いわば極限の姿を確認することで、私たちもその一員である「生命」の行く末に思いを馳せてみよう。これは、いったい何を私たちはすることができるのかを、すなわち私たちにできること（行為）の限界を、知る作業ともなるはずである(13)。

ここで、この作業の道程の概略をあらかじめ示しておこう。「自由」は何ごとかを「みずから」選ぶことであり、この意味で「選ぶ」ことの担い手にして基準は「みずから」、すなわち自己＝私だった。したがって、それはすべてを「みずからに対して」「私のために」という観点から測ることに等しい。そうであれば、「自由」の究極の可能性とは、その担い手にして基準である「みずから」が、すなわち私が、挙げて当の私の、つまり基準の、拠って来たる所以へと（いささか不適切な言い方だが、あえて言えば基準の最終的な「根拠(14)」へと）おのれを差し向けることに極まるのではないか。みずからに徹することは、当の「みずから」の拠って来たる所以に「みずから」が直面することを余儀なくさせるからだ。

このような状況に立ちいたったとき、みずからの拠って来たる所以を最終的には「神」という名の自己自身に求めるのは西洋近代の発明だが（すなわち「自己原因 causa sui」(15)）、本書はこの立場を採らない。この立場は、自己の由来が当の自己の手元を絶えず逃れ去ってしまうことへの、あらかじめの防止策である疑いが濃厚だからである。他に由来が見当たらないことを、見当たらないままに維持することを放棄して、（今度は排中律をひそかに導入することで(16)）みずからへ回収する機構《メカニズム》がここでは機能しているのだ（こうした回収の機構を見事に暴いて見せたものとして、ゲーデルの不完全性定理を捉えることもできるだろう。それは、或る一つの公理系が、それ自身の下で自己充足的に閉じることの不可能性を指摘したからである）。

さて、そうであるとすれば、私がその拠って来たる所以へとみずからを差し向ける行為は、その所以が「見当たらない」かぎりで「みずからの手中に収めることのできないもの」へ、つまりは「みずからならざるもの（私ならざるもの）」へとおのれを差し向けることにほかならないことになる。すなわち、ここで生じているのは「みずからがみずからならざるものに対して」「私が他者へ（のために）」(l'un pour l'autre) という事態なのだ[17]。この事態にどんな名前を与えるのがふさわしいか定かではないのだが、それをかりに（括弧つきで）「愛」と呼んでみることを本書は提案した[18]。そうすると、「自由」の極限的な可能性、すなわちその限界は、「愛」なのである。

多少とも立ち入って、検討してみよう。まず、ここで言う「愛」は、「恋愛」という言葉が示しているように、しばしば「恋」と混同されるが、両者は同じものではない。「恋」は、私が或る誰か（他人）を「恋しい」と思い、その他人と一緒になろうとすること（合一しようとすること）である。こうした動向をそれと似て非なるものである「愛」と区別するために、ここでは「恋」をこのように定義しておく、と言ってもよい。また、ここで「恋」が希求する「合一」は、肉体的（物理的）・精神的を含めたあらゆるレヴェルで捉えてもらってよい。このような動向としての「恋」は、あくまでその基準が「自己（私）」なのである。私はその合一を手にすることで深い満足を得て、言わばその合一が自己そのもの（ないし自己の成就）となるからだ。

このとき、或る誰か（他人）と合一したいと思っているのはあくまで私であり、その合一を達成することで嬉しいのも（その合一を享受するのも）、第一義的には「私」なのである。「相思相愛」の場合でも（とはいえ、それは本書に従えば「愛」ではないのだが[19]）、そのことを喜んでいる（享受している）のはまずはそれぞれの「私」なのであり、相手がそれを喜んでくれていることで嬉しいのもこの「私」なのだ。つまり、「恋」において「他人のために」何かをするのは、そのようにすることが「私」にとって嬉しいから、つまりは「私のために」なのである。幸いにもそれぞれの「私のために」が合致したとき、それは「複数の私」のために、すなわち「私たち（われわれ）のために」となる。この「われわれ」は「恋」の共同体であり、おのおのの「私」をその内に統合した（より）大きな「私」なのである。

これに対して、本書がかりに「愛」と呼んだものにおいては、それを行なうのは確かに「私」なのだが、その行為が挙げて（あるいは、ひたすら）「他者に向けて」「他者のために」行なわれてしまうのだ。つまり「愛」においては、その基準自体が「私でないもの」すなわち「他者」へと転倒（ないし移行）してしまうのである（この点については、すぐ後であらためて触れる）。もう一つ注意しなければならないのは、「愛」という「他者のために」における「他者（l'autre）」は「他人（autrui, l'autre homme）」ではない、という点である。「他人」とは、もう一人の「私」を意味する。つまり、それぞれの行為の主体として、それぞれの「私のために」何ごとかを選びつつ生きてゆく無数の「私たち（われわれ）」がこの世界には存在するのであり、そのうちの一人が（なぜか）この「私」であり、それ以外が「他人」なのだ。そのようなもう一人の「私のために」と、この「私のために」の合致をめざして行なわれるのが「恋」だ、と言ってもよい。

ところが「愛」は、それが「私でないもの」であるかぎりで、その「私でないもの」に向けて為されるものなのだから、かりにそれがいま述べた意味での「他人」に向かっているように見えるときにも、それは実はもう一人の「私」であるかぎりでの「他人」に向かっているのではなく、いかなる意味でも「私」ではないもの、いわば他性そのもの（l'altérité）に向かっているのである。「愛」は、「他人（autrui）」を「人（homme）」たらしめているもの（もう一人の「私」）に向かっているのではなく、それを「他（なるもの）」たらしめているものに向かっているのだ。これが「他者のために」ということにほかならない。

「自由」は、何ごとかを「みずから（私）のために」選ぶこと、そのようにして「みずから（私）」を立ち上げることと、主体であることに等しい。このことは、〈何ものかが何ものかとして、こちらへと向けて姿を現わすこと〉、すなわち「現象すること」以外ではない「こころ」という次元の成立の内に、すでに萌芽的に含まれていた。「現象する」とは、必ずや「何かに向けて」でなければならないからであり、その「現象すること」の向かう先としてあらかじめ指示されていた地点に立ち上がるのが、この「私」なのである。およそ「現象」は、それが「現象」であるかぎり、「私」へ向けて「中心化」されているのだ。「現象すること」と「自己中心化（concentration à soi）」（エゴセントリズムすなわちエゴイズム）は同じ事態なのである。

この「現象すること」の延長線上でいまや為されるにいたった「選ぶ」ことが、それぞれの「私のために」を越えて、つまりは「私たちのために」を越えて（あるいは、「私（たち）のために」から逸れて＝逸脱して）「他者のために」為されるのだとすれば、それはみずからがみずからであることがそっくりそのまま、挙げて「他者のため」であることを意味する。[20]「みずから（私）のために」という主体の成立の動向（すなわち「中心化」）が、当の主体もろとも根底から転倒され、主体が主体であるまま「他者」へ差し向けられるという、まずありそうには思われない事態にこそ、「愛」の名は当てられているのである。

いま「主体が根底から転倒される」と述べたが、ふつうの意味では「主体＝私」の対立者は「他人」だろうから、「転倒」とは主体が「他人」の側に移行することを意味する。だが、事態はそうではなかった。「私」と「他人」の対立と合一を含んだ「私たち」ないし「われわれ」という次元（この次元の基本原理は、「自己中心化」という「現象すること」だった）そのものが、挙げてその「外部」へと向かってしまうのである。「自己中心化」という基本原理自体が、いわば「脱臼」してしまうのだ。この原理の「脱臼」は同時に、この動向が向かう「外部」がもはや決して「現象」しないことを意味する。その「外部」に対しては、もはや「自己中心化」という「現象」の機構《メカニズム》が機能しないからである。

このような「愛」は、まず、「自由」と同様、つねに錯覚であることの可能性と共にのみ、成立可能である。「自由」における錯覚とは、みずからが選んだはずの行為が、実は何（もの）かによってそのように行為するよう規定されていた場合である（それは特定の「原因」や「動機」によって規定されていたのかもしれないし、「遺伝子」あるいは生の「本能」によって規定されていたのかもしれない……）。「愛」という「他者のために」も、何（もの）かによって規定されていた行為が、結果として他者のためになったということにすぎない場合がある。そのような例は、私たちの日常において枚挙に暇がないと言って過言ではないだろう（もっとも、そうであることが判明するとしたら、それはほとんどの場合、「他人のために」なったというレヴェルにおいてなのではあるが）。

だが言うまでもなく、それは、一見「愛」という「他者のために」に見えるとしても、その名に値しない。それは第一に、私の「自由」において為されたものではないからである。第二に、たまたま結果として「他者（ほとんどの場合、他人）のために」なっただけで、そもそも「他者のために」為されたものではないからである。この第二の点に着目するとき、「愛」に固有の次のような事態が姿を現わす。

すなわち、「愛」においては、たとえその名の下に或る行為が「自由」に選ばれ・為されたのだとしても、それが実は「他者のために」選ばれ・為されたのではないという、もう一つの錯覚の可能性が潜んでいるのである。これは、「自由」な行為ではあるが、「愛」ではない、というケースである。つまり、「愛」においては錯覚の可能性が二重化されて、つねにそこに付き纏うのだ。

たとえば、私が「他者のために」と思って実現した行為も、実はその行為が私を満足させるがゆえに、選ばれたものかもしれない。このとき、それは自己満足（的行為）となる。それは、「他者のために」おのれを差し出すことそのことに私が満足をおぼえる行為なのだから、一種のヒロイズムと言ってもよいものなのである。言うまでもなく、このときのヒーローないしヒロインは、私なのだ。あるいは、その行為によって他者（他人）が喜んでくれることが私にとって嬉しいから、当の行為は為されたのかもしれない。相手を喜ばせようと思って何ごとかを相手のためにするといったことは、かなりしばしば為されることである。だが、それは、相手の喜びが私の喜びだからそうするのであるかぎり、結局は「私のために」なのだ。[21]

以上のいずれの場合も、「他者のために」は、実は「私のために」だったのである。何らかのレヴェルでそれが私を満足させることなしに何ごとかが選ばれることはありえない、という言い方には、かなりの説得力がある。これに加えて、「選ぶ」ことそのことに関わる不確定性が、すなわち「自由」

が錯覚である可能性が、つねに存在するのだった（本章2節、参照）。かくして「愛」は、錯覚の上に錯覚が折り重なる危うさを介してのみわずかに可能な、ほとんどありそうにも思われない行為なのである。

だが、それにもかかわらず、そのような「愛」は決してありえないものだと、はたして言い切れるだろうか。「ほとんどありそうにも思われない」にもかかわらず、そのような行為が為されてしまう可能性は、なおも存立しつづけているのである。最もシンプルなケースで考えよう。他に何の理由もなしに、ただただそれが「他者のために」なりうるというだけのことで為されてしまう行為といったものは、考えられないだろうか。ただ「差し出す」ということのみから成り立っているような行為は、ア・プリオリに不可能だろうか。たとえ、そこで「差し出す」者は私以外ではないとしても（「差し出す」からには、それは必ず「誰か」が差し出すのでなければならない）、その私が挙げてわが身を差し出すことによって成り立っているような、つまり「私が他者のために」という構造だけで成り立っているような行為があってもおかしくはないように思われるのだ。

かりにそのことで、結果として私が何がしかの満足を得ることがあったとしても（あるいは逆に、何らかの失望を味わうとしても）、そうしたこととは無関係に、つまり「私のために」という関心を通り越してしまった地点で、それにもかかわらず自覚的に、つまり私の「自由」の下で為されてしまう行為といったものの存立の可能性は、原理的に開かれたままではないのか。私に「自由」ということが可能なら、その「自由」は、私を挙げてその他者へと差し出す「自由」において極まるのではないか（私は、かつてこうした「自由」の極限的事例にぎりぎりまで接近した人物類型として、ドストエフスキーの『白痴』におけるムイシュキン公爵と、ニーチェの『反キリスト』における白痴としてのイエスを挙げたことがある[22]）。

ここで言いたいのは、そのような可能性がわずかでも存立しているなら、それを追求すべきだ、ということではない。何かが追求すべきものなら、それはその何かが追求に値するものを、すなわち何らかの「価値」をもっているからだろう。「価値」とは何らかの意味あるものだからこそ、追求に「値する」のだ。ところが、いま問題になっているのは、ただ「他者のために」ということだけで、つまりそこにどんな「価値」や「意味」があるかも不明なまま差し出される行為なのである。同じことを逆から言えば、「意味」があると言えるためにはそれは何らかの役に立たねばならず、「役に立つ」ということはとどのつまりは（ハイデガーがいみじくも示した通り）「（いずれかの）私のために」に帰着するのである（彼は『存在と時間』において、世界という「有意味性（Bedeutsamkeit）」の源泉として、「（いずれかの）私＝自己のために（um-willen seiner）」という構造を剔抉して見せたのだった[23]）。「他人のために」（「他者のために」ではない）は取りも直さず「いずれかの私のために」であり、そうした無数の「私」たちによってこの社会が成り立っている以上、そのような「他人（たち）のために」なされる行為は、少なくとも「社会」のために役立ちうる（有益でありうる）。すなわち、価値・意味をもちうる。これに対して、「他者」はいかなる意味でも私ではないし、主体でもない。つまりそれは、「私たち」も「社会」も形成することがない。徹底した「外部」である（お望みなら、「よそ者」と言ってもよい）。そのような「他者のために」ということで問題になっているのは、「無意味な」行為が「自由」の名の下に為される可能性が原理的に開かれたままになっているという、動かし難い事実なのだ。

議論のこのレヴェルで「事実」という語を使うことが許されるなら、ことはあくまで「事実」問題であって、「当為」の問題でも「価値」の問題でもないのである（カントがかって「権利」問題（quid juris）として提示したのは、本書がここで言う意味での「事実」のことだったはずである。もっとも、彼はこの「権利」を「事実」と対置したのではあるけれども。肝要なのは、カントの言う「権利」問題は、「当為」や「価値」の問題とはさしあたり独立だという点である）[24]。ひとたび「自由」という次元が（その可能性において）開かれたなら、この次元の本性によってそれは、こうした「愛」の可能性をもその射程の内に収めてしまうのだ。

だが最後に、もう一度付け加えなければならない。この可能性は、ひとたび何らかの行為としてそれが姿を現わしたときには（「愛」も行為であるから、それは行為として姿を現わしたかぎりでしか問題となりえない）、私がそのことで何らかの満足を得ている（ないし失望している）ことと見分けがつかないのである。その行為が私の行為である以上、そこに私が居合わせることは不可避であり、そこに私がいる以上、多かれ少なかれ当の行為に私が（たとえ結果としてではあれ）満足しているか、あるいは失望しているかなのだ。その行為に対して私が「可もなし不可もなし」といった（中立的な）態度をとる場合も含めて、ここで姿を現わしている私は「私のために」の私であって、「私が他者のために」の私ではない。

いや、正確には、「私のために」の私がどうしても前景に出てくるために（「私のために」の私はその本性上、顕在的なものだからである）、その満足ないし失望が単に結果としてのことなのか、それとも元々のことなのか（つまり、それを目指したり忌避したりしてのものなのか）、見分けがつかないのである。あるいはまた、単に無関心なだけなのか（つまり、「どうでもよい」のか）、それとも無私なのか（つまり、「他者のために」なのか）、見分けがつかないのだ。

では、「私が他者のために」の私は、いったいどこに行ってしまったのか。他者のためにおのれを差し出す私は、その行為が為されるとき、行為の起動者として（すなわち主体として）機能していたはずなのだが、行為が為され姿を現わしたいまとなっては、当の行為をみずからの下に中心化し、それを何らかの「私のため」の尺度（基準）で評価する私に遮られて、その姿を認めることができないのだ。それでは、そもそもこの行為が「他者のために」為されたというのは、錯覚だったのか。「他者のために」という「思い」（記憶）だけが残されているのであれば、それが私の単なる「思い込み」であった可能性はもはや払拭し難い。つまり、「他者のために」は、それが錯覚だったか否かすら決定できないまま、宙に浮いてしまう。それは、いまや風前の灯なのだ。いや、そんなものははじめから存在しなかったのであり、私の頭をふと掠めたこの「思い」は気の迷いにすぎなかったのだ。こう、健全な理性は断を下し、実体のない（得体の知れない）気の迷いを「思い過ごし」として追放する。どうしてそんな迷いにふと取り憑かれてしまったのか、という訝しい思いを頭の片隅に封印しながら。「愛」は、もしそれが可能なら、この封印の中に隠されているのだ。この封印を解いてみれば、そこには何もないかもしれないにもかかわらず、である。

繰り返すが、本書は何もこのような「愛」を推奨したいわけではない。私がそのような行為をしたいと思っているわけでもない。ただただ、そのような行為の可能性が開かれたままであることに驚いているのである。だが、この可能性が開かれたままであることが事実なら、私はそのような行為を行なってしまうかもしれないのだ。あるいは、誰かがすでに行なってしまっているかもしれないのであり、これからも行なわれるかもしれないのだ。そのような行為がそのような行為としてあらわになることが決してないにもかかわらず、である。これは、「愛」が実現する（現実態となる）ことは決してないことを、この意味で「愛」が成就することは決してないことを、つまりは「愛」の不可能性を意味する。だが、同時にそれは、それにもかかわらず「愛」がその「純粋な可能性」[25]の内に身を持しつづけていることをも意味するのだ。「愛」は、（他人に対してはもとより、自分自身に対しても）隠されたものとしてのみ、可能なのである。

かくして、「自由」の担い手として、この次元の開示と共に姿を現わした主体＝私（「私のために」の私）の権能は、ついに私を挙げてその「他者」（外部）へと向かう運動である「愛」に極まることになる。この運動は、自己中心化の動向の転倒ではあっても、決して自由の担い手である主体＝私の否定ではないことに注意しよう。おのれを挙げて他者へと向かうのは、あくまで私なのである。このかぎりでそれは、確かに自由な行為なのだ。「自由」の届く射程の限界に「愛」は位置しているのであり、この意味で、「愛」は「自由」の極北なのである。はたしてそれは、生命の論理からの逸脱なのか、それともその一つの「可能性」なのか。

補章　感受性としての私——思考・形而上学・宗教

1　痛み——現象することの強度

ここでは、生命にとっても、自由にとっても、それらが成り立つための不可欠の契機としてそれらの内に織り込まれている「自己」、つまり「私」に考察の焦点を絞ることで、生命と自由を主題としてきた本書がこれまで取り上げることのなかった側面に光をあててみたい。本章がその側面に接近するための通路として選んだのは、「痛み」である。なぜ、痛みなのだろうか。

それは、痛みにおいて、そのような仕方で現に与えられているものの或る種の「のっぴきならなさ」、切迫性、代替不可能性が際立つからである。たとえば、いまあなたが突然強烈な歯痛に襲われたとしよう。そのとき、その痛みは誰にも代わってもらえず、待ったなしで（一刻の猶予もなく）、あなたはそれから逃れることもできずに、それに釘付けになり、もはやほかの何も手につかなくなってしまうだろう。あなたのすべてがそれに占領されてしまったかのようなのであり、できることといったら、すべてを放り出して歯医者に駆け込むことぐらいなのだ。

それでも、歯痛ならば、ともかくも歯医者で鎮痛剤の注射でも打ってもらえれば一息つくことができる（もちろん、そのままでは、いずれ鎮痛剤が切れて、ふたたび痛みに襲われることになる）。ところが、知られているように或る種の末期癌においては、もはやどんな鎮痛剤も効かず、私の私としての意識レヴェルに変調をきたすモルヒネのような一種の麻薬に頼らざるをえなくなるという（そのような場合のモルヒネ投与は、医療行為の一つとして認められてもいる）。そのような痛みに襲われたときの、いわば「出口なし」の絶望感の過酷さには、想像を絶するものがある。

　こうした事情は、実は痛みに限ったことではなく、およそ感受されるものは「痒み」であれ「くすぐったさ」であれ、「喜び」も「悲しみ」も、おしなべて同様なのだが、とりわけ痛みにおいては、それが「現に・いま・ここに」在ることの揺るがし難さ、如何ともし難さ、逃れ難さがほかの何にも増して際立った仕方で切迫してくるのである。ここには、或る種の直接性、端的性、つまり、「それしかない」とでも表現するほかないような性格が姿を現わしている。何かが何かとして（たとえば痛みが痛みとして）現象するにあたって、その「何」に関わる側面ではなくて、「現象すること」そのことの強度に関わる側面が、痛みにおいてはいやが上にも際立つ、と言ってもよい。

　本章が注目するのは、こうした或る種の直接性・端的性・強度といった側面が、「私が私であること」の中核をなしてはいないか、少なくともそれが「私が私であること」にとって不可欠ないし不可避の事態ではないか、ということなのである。

2　私の多様性・多層性

私たちが日頃一口に「私」と呼んでいるものは、よく見てみるといろいろな側面や層をもっている。あるいは、かなり異なる雑多なものを、すべて「私」として一括りにしてしまっていると言ってもよい。

たとえば、「私」を一人の「人物」として捉える場合がある。そのときには、「私」とは、かくかくの性格（やさしかったり、独りよがりだったり、涙もろかったり……）をもち、然々の能力や才能をもち（英語が得意だったり、ピアノが上手だったり、独創的な発想をもっていたり……）、特定の属性をもち（首都圏の私立大学の学生だったり、女性だったり、何年何月何日生まれだったり……）、その上で、それらが一まとまりとなったある「同一人物（Person）」のことを意味しているだろう。

そうかと思えば、「私」とは、そのようなさまざまな性格や能力や属性や……をもっている（担っている）ところのものの方だ、とされる場合もある。つまり、それらさまざまな性格や能力や属性や……は、たまたま（あるいは努力して）私がもつ（担う）ことになったものにすぎないのであって、私自身はそれらをもつこともできたし・もたないこともできたところのものとして、それらとはあくまでも区別される。だからこそ、私はその気になれば性格を変えるよう試みることもできるし、新たな能力を身につけることもできるし、つまりはみずからをみずから自身の力で変えていくことができる、というわけである。あるいは逆に、何かのきっかけで「まるで人が変わってしまったかのよう」になることもある。これは、同一人物がその性格やら属性やらをがらりと変えてしまうことを意味しているのである。こうした場合の「私」は、（その性格やら属性やらとは独立の）一種の「基体（Substance）」としての私だ、と言うこともできるだろう。

あるいは、こんな使い方もあるかもしれない。この世界は私に対して、特定の側面を以って姿を現わす。目で見たり、音を聴いたり、手で触れたり……といった、五感に代表される知覚場面での世界の現出を考えてみれば、分かりやすいだろう。いま私に見えている机の表面（天板）は、当の机を特定の位置から見たときのものである。同じ私が立ち上がってあらためて同じ机を見れば、あるいは、少し離れて同じ机を見れば、同じ机がさっきとは違った姿で現われる。現象することのそのつどごとに異なった相貌をもつという点では、聴こえてくる音にしても、触れている本の手触りにしても、事情は同様である。このとき、「私」は、世界のそのようなさまざまな現象する側面がそれに対して現象しているところのものとして、いわば世界のパースペクティヴ的（側面的）現出の「原点」の位置を占めていることになる。各人（各々の「私」）は、世界のこうしたパースペクティヴ的現出の原点だ、というわけである。

このように多様な「私」を、ここでは次のように整理してみたい。すなわち、「私」とは〈「誰か」「である」ところのもの〉である。このように整理することのねらいは、「私」という概念が指し示すものを大きく二つに分けて考えるためである。つまり、「私」には、それが「誰か」を指し示す機能と、そのような誰か「である」ことを指し示す機能という、二つの機能があるのではないか。

まず、「誰か」の側面から見ていこう。これは、先ほどの例で言えば、「人物」としての私にほぼ該当する。「私」として指し示されたものは何らかの内容・内実をもった者として、ほかの「私」と区別される。その内実には、その人物に固有の名前から始まって、特定の容貌や性格や能力、生年月日や性別といった属性、……などなどが含まれる。それらの内実を一まとまりの全体として束ねたもの、これを「同一態＝同一体（identity）」としての私と呼ぶこともできるだろう。私が「誰」であるかは、その人物の内実をなす性格や能力や属性や……を調べてみることによって明らかになるのである。そして、「私」はそのような性格や能力や……（といった「諸規定態」）と「一体」のものなのだ。だからこそ、そのような「一体のもの（identity）」の内実があやふやになったり、その一部が失われたりすることは、「私が私であること」の危機をもたらさずにはおかないのである。

では、「（私）である」とは、どういうことだろうか。それは、他のどれでもなく「当の」ものであること、誰かの「当事者」であること、そのことの直接性・端的性にほかならない。この世界のいたるところに、それも太古の昔から遥かな未来にいたるまで、無数に存在する「誰か」たちのどれでもなく、これが「私」であるようにさせているもの、そのようなものが、あるいはそのような事態が、確かに「私」の内には含まれているのである。生命の内にはじめて「私」（「自己」）なるものも孕まれるのだとすれば、生命の秩序において何ものかが何ものかとして「現象する」とき、そこに同じくはじめて、〈他の何ものでもなくこのこれ〉といった端的性が成立したのだ。

この端的性を指し示す「私」を、先の「同一態＝同一体（identity）」としての私と対比して、「当事態＝当事者（ipseity）」としての私と表現することにしよう。「ipseity」などという英語は存在しないが、これはラテン語で「それ自身」を意味する「ipse」から取った造語である（「identity」の方は、同じくラテン語で「同じ（同一）」を意味する「idem」から取られている）。つまり、何かがその「当のもの」であることを示す一種の強調表現である。先に、痛みがもつ或る種の「切迫性」、「強度」について述べたことを思い出してもらってもよい。この「ipse」という言葉は、英語でもたとえば「solipsism」という言葉の中に保存されている。「solipsism」はふつう「独我論」と訳されるが、それは「何かだけ（しかない）」を意味する「solus」とこの「ipse」との合成語であり、「当のそれしかない」というのがその原義である。何かが（たとえば痛みが）「現に・いま・ここに」在ることの揺るがし難さに関わる「感受性」は、この「ipseity」としての私の系譜に属する。

何かが「現に・いま・ここに」在ることの揺るがし難さこそ「感受性」の根本であると考える本章にとって、ここでデカルトを引き合いに出さないわけにはいかない。「何が最も確固とした（いかなる疑いをも斥けるほどの）存在を有しているか」を問うた彼は、そのいわゆる「方法的懐疑」の極点で突き止めた事態を次のように表現したのである。「videre videor（フランス語に直せばil me semble que、英語ではit seems to me that、つまり「私にはかくかく然々であると思われる」）ということ、このことは……偽ではありえない」[1]。ラテン語原文の「videor」は「見る・思う」の意の「videre」の一人称・単数・所動（受身）形であるが（したがって、上に述べたように「私には……と思われる」の意になる）、その語尾「-or」の内にその姿を現わしている「私」こそ（フランス語に直せば「me」、英語では「to me」）、本章がいま問題にしている「当事態＝当事者（ipseity）」としての私なのである。

この「私」は、「同一態＝同一体（identity）」としての私がさまざまな性格や属性をみずからが有する主格（主語＝主体）としての私であるのに対して（先の「基体」としての私もこちらの系譜に属すると言ってよいだろう）、何ものかとして（たとえば痛みとして）現象するものに居合わせ、その現象することの端的性（のっぴきならなさ）を身を以って証言する与格（ある事態に参与するもの）としての私であることに注意しよう（先の「パースペクティヴの原点」としての私はこちらの系譜に属することになるだろう）。そして、デカルトは、「私」を与格としてその内に含むこの事態に「感受すること＝感受性」の名を与えるのである。「「私にはかくかく然々と思われる（videre videor）」ということが、本来、私において「感受する」（sentire）と呼ばれていることなのである[2]」。

3　感受性の条件

それでは、ここで「感受性」として名指された事態が成立するためには、どのような条件が充たされなければならないかを考えてみよう。

第一に、何かが何かとして受け取られるためには、受け取る「ところ」、すなわち「場所」がなければならない。何かが「そこにおいて」受け取られる「どこそこで」、あるいは「どこそこに」、これが先に見た「与格」において示されていた事態だった。したがって、先に与格で示された「私」は、正確には「感受する」という事態に参与するというよりは、何かが感受されるという事態そのもの、つまり「感受性」そのものなのである。この意味では、何かが受け取られるということがそのまま「私」「である」。そのような事態に参与する私とは、すでに主格＝主体として立てられた「私」の観点から「感受する」という事態を眺めたときの表現にすぎなかったのだ。与格は、すでに主格の影を宿しているのである（これが、与格が主格の変化した——主格から派生した——格であるということの意味なのである[3]）。

第二に、何かが何かとして受け取られたときには、そこに何かが、すなわちおのれに固有の輪郭を伴なった対象が姿を現わしている。感受性における主格＝主体は、この対象の方なのである。対象が対象であるかぎりで伴なっているその固有の輪郭、それは痛みの場合であれば「ずきずきした」痛みや「刺すような」痛み、あるいは「鈍く重苦しい」痛みといった痛みの特定の質を伴なっているだろうし、歯が痛いのか頭が痛いのか、あるいは胃が痛いのかといった痛む特定の部位とも結びついているだろう。

だが、痛みがあまりに強いときには、それはもはや特定の部位にとどまってはおらず、いわば私の全体がそれにすっぽり包み込まれてしまう。ちょうど、水面に投げ入れられた石の波紋が水面全体を覆うように、である。先に見た、急に私を襲った激しい歯痛の下でもはや何も手につかず、すべてを放り出してひたすら歯医者へ急ぐ場合などが、これにあたる。末期癌の過酷な痛みが、その極限的な事例であることは言うを俟たない。これらの事例では、感受性の核心に位置するあの端的性・切迫性が私を圧倒し、呑み込む。感受されるものが私の所有物ないし付属物ではなく、また、感受することが私の能力の一つでもなく、私の存在そのもの（「〈私〉である」）に関わる次元の出来事であることが際立つのだ。

この次元で生じている事態に、さらに目を凝らしてみよう。向こうからこちらへ向けて姿を現わすものを「受け取る＝受け止める」ためには、逆にこちらから向こうへ向けての何らかの動向のようなものがすでに起動しているのでなければならないはずである。この逆向きの動向がなければ、向こうからこちらへと到来するものはいわば「素通し」になってしまい、あるいは「素通り」してしまって、何も受け取られることがないからだ。そのときには、そもそも何かが何かとして姿を現わすということが成り立たないのである。つまり、何かが何かとして受け取られるという「感受性」の中には、世界の内に「ここから（向こうへ）」という或る「自発性」とでも言うべきものがすでに孕まれているのだ。

この自発性に対して、「あちらから（こちらへ）」と向かう動向が、一種の「抵抗」を伴なって姿を現わす。この抵抗の内実をなすものが、姿を現わす当の対象に固有のあの輪郭なのだ。自発性と抵抗は手に手を携えて、つまり相関しているのであり、これら逆向きの二つの動向が交錯するところで、何かが何かとして「現象する」、すなわち「感受」される。本書は、ここに生命という秩序の成立する場面を見て取ったのだった。生命とは、「あちらから」到来する「現象するもの」（対象）と、それを「こちらから」受け止める「ところ」（場所としての私）との内的な関係の樹立に等しいのである。

ここで「内的な（関係）」とは、一方なしには他方もないような関係、お互いの存立にとって相手が不可欠であるような関係の謂いにほかならない。このような仕方で、（場所、すなわち与格そのものであるような）「私」と、（そのような私において姿を現わす）「何ものか＝対象」（それは私にとっての「環境」を形成する）とが一体となった一つの構造体＝組織体、それが「有機体（organism）」なのである。有機体における「私」（という個体）と「対象＝環境」との相互内在関係は、無機物相互間の外的関係（相互外在）と際立った対比をなす。前者においては〈何ものかが現象する〉、すなわち「感じる」ということが成り立つのに対して、[4] 後者においては「衝突」はあっても、そこに「感じる」ことの成り立つ余地はないからである。

4　身体——自発性と抵抗の交錯するところ

「私」とその「対象＝環境」との相互内在の現場に、さらに肉薄すべく試みよう。自発性（「ここから」）と抵抗（「あちらから」）の交錯するところに成り立つ感受性の場所が示す独特の在り方を、「身体」という注目すべき事態として捉え直すことができる。「内（ここ）から外（あちら）へ」向かう動向と「外（あちら）から内（ここ）へ」向かう動向の接する地点で生じている独特の事態に与えられた名が身体なのだ、と言ってもよい。

　ここで、さしあたり身体を、最も手前で、つまり最も「内（ここ）」に近い地点で現象するもの、と捉えることができる。確かに私の身体は（その全部ではないにしても）見ることができるし、触れることもできる。その発声器官が発する音も、聴き取ることができる。そのかぎりで身体は、目の前に広げられた本や、それが載せられた机と同じく、あるいはにぎやかな啼き声を交し合う鳥たちと同じく、現象する世界に属している。そのようにして現象する世界の中で、もはやその手前には何も現象することがないものが身体だと言うこともできるかもしれない。

　だが、そのように最も手前で現象するもの、もはやその手前には何も現象しないものと、「ここから」世界が現象するものとして（それに対して）開けるところの「現象の原点」とは、必ずしもぴったり重なり合うわけではない。そのような原点が「内（ここ）から外（あちら）へ」と向かう動向の根元で開かれているのだとすれば、そのような「内（ここ）」は確かに身体の「内」に位置するとしても（そのように表現するほかないとしても）、それがそのまま身体であるのではない。この原点それ自体は、身体と違って、もはやその一部分でさえ現象することがないからだ。それが身体の「内」に開けているのだとしても、いったいそれが身体内のどこにあるかを言うことができないのだ。この点に関しても、先のデカルトは興味深い言葉を遺している。

　方法的懐疑の極点において、もはやいかなる疑いをも斥ける確固としたものとして「感受すること」を見出した彼は、それをあらためて「思うこと（cogitare）」と言い換えた上で（名高い「われ思う

(cogito)」の「思う」である)、「私」の根本を構成するこの事態について次のように述べるのである。それは「いかなる像を形成することもなく、(したがって)〈「何」として捉えることができない(得体の知れない)私のそのそれ〉(istud nescio quid mei)」とでも言うしかないものであり、それにくらべれば「感受されたもの(対象)の方がよっぽど判明に知られる」[5]。ここでわずかに「(私のその)それ」——何と奇妙な表現だろう——とのみ名指された「istud」とは、先に本章が「(私)である」として特徴づけたあの端的性を指し示す「ipse(それ自身)」が強調していた「それ」なのである。「それ」なしには私が私であることが成り立たないのだが、にもかかわらず「それ」は「何」として(固有の輪郭を伴って)姿を現わすことがないのだ。

最も手前で現象するものとしての「身体」と現象することの「原点」とのこうした重なり合いとずれが、「触れる自分に触れる」という身体にのみ可能な事態となって結実する。「触れる」ということが自分自身に回帰するのであり、世界の内に現象するさまざまな「感受されたもの(対象)」に(「何」かとしてではない仕方で)つねに居合わせ、いわばそれらを裏打ちするようにしてあの端的性がすべてを包むのである。いや、あの端的性は何かが何かとして現象するにいたったときにはいつもすでにそこに居合わせていたのだが、身体においてそれが重なり合いとずれを介してみずからに回帰するとき、ようやく(「何」かとしてではなく)現象の場所全体を浸し・包む雰囲気のようなものとして、わずかに「感受」されるにいたったのだ。

身体は、このような仕方で「内(ここから)」と「外(あちらから)」の接点にして転換点を形づくっている。それは、「内」が「外」を介して「内」に触れる蝶番のような構造の成就なのである。世界は、このような構造をもった身体の下で現象するのであり、この意味で「触れること(触覚)」が現象することの原形式なのだ。「触れること」は、単なる衝突ではない。「触れること」においては、その「触れること」自身の自己への回帰が含まれており（対象に触れることは、その触れることを通して自己自身にも触れることになる――たとえば、本の頁をめくろうとして本に触れる私は、そのことを通して本の頁をめくる私自身にも触れる――）、この回帰においてあの端的性が現象する世界全体を染め上げるからだ。身体とは、何よりもまず「触れること」の成就なのである。

こうした身体において、もう一つ注目すべき点がある。それは、「内から外へ」向かう動向の亢進とでも言うべき事態である。身体が世界に接触する面が、種々の感覚器官の展開に伴なって拡大しているように見えるのだ。いま見たように、身体とは何よりもまず「触れること」すなわち触覚であるが、この触覚の内にはいわゆる近感覚である味覚や嗅覚も含まれる。いずれもが、感受される対象と身体との直接的接触において成り立っているからだ。味覚は舌の上での食物との直接の接触によって生ずるのだし、嗅覚も鼻腔内の粘膜に種々の粒子が付着することで生ずる。

ところが、遠感覚とも呼ばれる視覚や聴覚になると、感受される対象と身体の間に直接の接触があるわけではない。視覚は対象が反射する光を網膜が捉えることで生ずるのだし、聴覚は対象の振動が惹き起こした大気の振動を鼓膜が捉えることで生ずる。いずれも、光や大気といったそれ自体は身体ではない媒体が身体と対象との間に差し挟まれることで成立する感覚である。これらの感覚にあっては、身体において起動している「内から外へ」向かう動向が、身体接触が直接に及ぶ範囲を遥かに越えて拡大しているように見えるのだ。この拡大は空間的なものであるばかりでなく、その空間を横切るのに要する時間をも含むがゆえに、時間的なものでもある。さらに言えば、時間的・空間的に遠方にあるものをそのようなものとして認知することは、それらに対する接近可能性を留保するという意味でも、身体の、すなわち「私」の行為能力の時間的・空間的拡大でもある。ほぼ身体と重なり合うようにして発現したあの自発性のこうした亢進が、身体において現象するものの時間的・空間的な範囲をこのような仕方で拡大しているという事実は、あらためて時間と空間について考えることを要求している。

この拡大に関して、ベルクソンが面白いことを述べている。視覚（という遠感覚）に関わる「目」という感覚器官について、彼は次のような見解を表明したことがあるのだ。「目」は、本章がいう「内から外へ」向かう動向が（ベルクソンはそれを「生命の跳躍＝躍動（élan vital）」と呼ぶ）、触覚の場である身体表面を突破してさらに遠方へとおのれを展開したことの痕跡だ、というのである。[6] なるほど目は身体に穿たれた一つの穴であるが、それはおのれの遥か前方に対象を捉えるべく、そこからこの動向がさらに外へと向かって出て行った痕跡のようにも見えるではないか。この動向にどのような名前を与えたらよいだろうか。本書は先に、西田幾多郎がそれに「欲求」という名を与えたことを見た。[7] この名に関して、ここでもう一つ脱線してみたい。

パリのクリュニー修道院（現在は国立の中世美術館になっている）に、「貴婦人と一角獣」の名で知られる中世のタピスリーの傑作が収められている（一五〇〇年頃の製作と考えられている）。二十世紀ドイツの詩人リルケがその代表作『マルテの手記』でこの作品に賛歌を捧げていることでも名高い全六点からなるこのタピスリーには、「触覚」、「味覚」、「嗅覚」、「聴覚」、「視覚」という五感をそれぞれ寓意化した図案が描かれており（いずれにも貴婦人と一角獣が織り出されている）、最後の六点目をどのように解釈するかについてはさまざまな見解が提出されている。それらの内では、五つの感官を統括するいわば「第六感」として「心」を寓意化したものだとする解釈が有力だが、ここで注目したいの

図補－1　「貴婦人と一角獣《わが唯一の望み》」（部分、フランス国立クリュニー中世美術館所蔵）

は、この第六のタピスリーのみに文字が織り出されている点である（文字を文字として「受け取る＝感受する」ことができるのは、「心」だけだろう）。それは「mon seul désir」と記されているのだ（図補－1参照）。

「わが唯一の望み」と邦訳されることが多いこの言葉のゆえにこのタピスリーについてのさまざまな解釈が惹起されてきたのだが、本章が注目するのは、ここで使われているのが、直訳すれば「欲望」である「désir」といういささか強い言葉である点なのだ。これら一連のタピスリーが成立した中世末期という時代の精神的・文化的風潮と、それらが注文されるにいたった状況からして、この最後のタピスリーが表現しているのが「愛」の成就としての「結婚」であるとする説には十分な説得力がある[8]。しかし、そうした文脈から切り離してこのタピスリーを眺めるとき、五感における世界の現象を統合する最終的な場所（である「心」）に、いわばその中核をなすものとしてこの言葉が掲げられているのであれば、それを、「外から内へ」向かう反対動向と一緒になって世界を現象にまでもたらすあの「内から外へ」の動向、すなわち「ここから」という力の湧出としての「自発性」と読んでみるのも一興ではないか（西田の言う「欲求」は、この脈絡で捉えられていた）。しかもその「自発性＝欲望」は、本章の主題である「私（mon）」をその不可分のパートナーであるかの如くに引き連れてもいるのだ。(9)

本題に戻ろう。身体は、「内から外へ」向かう動向とそれに抗うようにして生ずる「外から内へ」向かう動向の接するところを構成する特異な事態だった。この身体において、現象するものとしての「外」と現象しない「内」とが、いわばせめぎ合っているのである。交錯するこの二つの動向を、どのように捉えたらよいだろうか。それらこそ「時間」と「空間」ではないか、「時間」と「空間」はそれらの相関者ではないか。こう考えた一群の哲学者たちがいた。

5　時間と空間

本節が取り上げるのは、「力」について考え抜いたライプニッツからベルクソンを経て西田幾多郎にいたる一連の思考の系譜であるが、ここでは、すでに本書が第4章で取り上げた西田の発想を（それらの思考の彼なりの仕方での集約として）あらためて検討することにしよう。

西田によれば、時間とは「内から外へ」向かう「一なるもの」の動向の内に孕まれるものだった。それは、さまざまな現象が入れ替わり立ち替わり登場しては退場していく継起を貫く一つの持続なのである。それが、時間ということなのだ。だが、それは単に「一なるもの」にとどまっているのではない。おのれの「一性」をみずから破棄して「多（様）なるもの」へとおのれを展開するからこそ、それは「外へ」という動向たりうるのだ。

他方、空間とは、「外から内へ」向かう「多（様）なるもの」の動向の内に孕まれるものだった。それは、さまざまな現象がそちらにもあちらにも共に存立する並存を可能にする場所の開けなのである。それが、空間ということなのだ。だが、それもまた単に「多（様）なるもの」のままであるのではない。おのれの「多（様）性」をみずから破棄して「一なるもの」へ収斂するからこそ、それは「内へ」という動向たりうるのだ。

内と外との接点にして転換点である私の身体を貫き、それを隅々まで充たしつつ世界にまでおのれを展開し、かつまたその身体の下でおのれをその端的性において感受してもいるのは、このような時空間ではないか。

もし、時間と空間をこのように捉えてよいのだとすれば、それらはかつてニュートンとカントの下で考えられていたような、世界がその内で現象することになる不動にして独立の枠組みではなくなる。そのような枠組みとしての時間と空間をニュートンは、絶えず一様に流れつづける「絶対時間」と、どこまでも均一に拡がる「絶対空間」として理論的に要請することで、古典物理学の体系を構築したのだった（『自然哲学の数学的諸原理《プリンキピア》』[10]）。そしてカントは、この枠組みを、何ものかを受け取る（感受する）能力である「感性」の「形式」として、やはりその内容とは独立に捉えたのだった（『純粋理性批判』[11]）。「内感」の形式としての「時間」と、「外感」の形式としての「空間」、というわけである[12]。

だが、もし、時間と空間が「内から外へ」向かう動向と「外から内へ」還帰する動向の交錯の内に孕まれるものだとすれば、すなわち、この交錯地点で「現象すること」を成立させる「力」の内にその出自を有するものだとすれば、それらは当の「現象すること」と独立の枠組みではありえない。それらは、「現象すること」の秩序である生命の内に孕まれた、当の「現象すること」と不可分の動向だからである。しかも、その場合には、時間と空間は互いに独立のものでもありえない。なぜなら、「内から外へ」という「一なるもの」の動向はすでにその動向の中に「外」を、すなわち空間を宿してしまっているし、「外から内へ」という「多(様)なるもの」の動向もまたすでにその中に「内」を、すなわち時間を宿してしまっているからである。「現象すること」を可能にするのは時間と空間ではなく、「時空」(ないし「時空間」)なのだ。

言うまでもなく、時間と空間が不可分のものとしてつながっていることを示したのは、現代物理学への扉を開いたアインシュタインである。この宇宙で生ずる出来事はいついかなるときにも同一の時間的、空間的位置をもっているわけではなく、その出来事が観測される際に用いられる特定の時間的、空間的尺度(慣性系)に依存するのだ。たとえば、走行中の電車の中では同時刻に生じた車両前部での爆発と後部での爆発が、車外から観測したときには異なる時刻をもつ(後部での爆発が先で、前部でのそれが後)、といったようにである。

あるいは、現代の宇宙物理学が描くこの宇宙の創生の時である「ビッグバン」を考えてみてもよい。その「時」には、もはやこれ以上小さくなることのできない(密度無限大の)点としての宇宙がはじけることで時間が流れ出し、その経過と共に宇宙が急速に膨張していく(空間的におのれを拡大していく)。この原初の「はじけ」以前には時間も空間も存在しないのであり、ひとたびそれがはじけた後には、それらはつねに手を携えているのである(そして、この「はじけ」を可能にしたものがもしあるとすれば、それは「力」以外の何でありうるだろうか)。時間が経過していくことと空間が拡大していくこことが歩調を揃えていることが、この宇宙の根本法則である「エントロピー増大則」にほかならないのだ。すなわち、この宇宙は、全体としてみれば時間の経過と共にすべてがバラバラに、乱雑になって、拡散していくのである（生命は、その局所的例外である）。

世界が時間的・空間的におのれを展開していくことの内に孕まれた「力」の交錯がすなわち、世界が現象することにほかならないのであれば、そして、いつか・どこかで起こったことの総体ないしそれらの相互関係が「歴史」にほかならないのであれば、世界は必然的に歴史的なものであることになる。そして、歴史の原点には、感受性としての私がつねにすでに織り込まれている。なぜなら、何ごともそれがそのようなものとして受け止められる（感受される）ことなしには、そもそも一個の出来事（いつか・どこかで起こったこと）として成立しないからだ。ルビコン河を渡るシーザー然り、フランス革命然りである。ドイツ語の「歴史（Geschichte）」という言葉が、何かが「生ずること」（出来事 Geschehen）から派生した形をとどめているのは、この意味でなかなか興味深い。ベンヤミンは「歴史哲学テーゼ」において「歴史とは一個の構築の対象なのであって、その場を形成するのは均質で空虚な時間ではなく、〈いま〉によって充たされた時間である」[13]と述べているが、過去から未来へと連なる直線として表象された時間の中のいつが〈いま〉かを決定できるのは、何ものかの現出に「いま・ここで・現に」立ち会う私、そのようにして〈いま〉をおのれの現在として生きる「私」だけなのである[14]。

このことは、ふつう私たちが歴史という言葉で理解しているいわゆる人間社会に起こった出来事に関してばかりでなく、人間社会をも含めて広くこの宇宙で起こったこと、起こるであろうことのすべてにあてはまる。なぜなら、それらもまた時間的・空間的な仕方で生ずる出来事であるほかないからである。つまり、現象することの秩序である生命が、この宇宙で生ずる出来事のすべてを包み込んでいるのだ。生命は自然史をもその内に含み、それを可能にしているのである。自然の中から、その一領域としていつか・どこかで成立したはずの生命が、当の自然のすべてを包むというのは、いささか奇妙に感じられるだろうか。しかし、何かが何かとして生ずることはそれがそのようなものとして現象することなしには不可能なのであってみれば、そして、現象することが生命と共にはじめて成立した事態なのであれば、自然は（生命以前の自然として現象するものも含めて）生命に包まれてはじめて自然なのである。(15)

このことは、現代科学の最先端を行く量子力学と相対性理論のいずれにおいても観測ということが決定的な意味をもっていることから、推し量ることもできるだろう。観測とは、何かが何かとしていずれかの「私」の前に姿を現わすこと以外ではないからだ。たとえば量子力学において示されたように、観測以前の量子（素粒子）の振る舞いは「確率の雲」に覆われて「何が・いつ・どこで・どのように」といったことが定まらない。すなわち、不確定性である。あるいは相対性理論において示されたように、時間が経過する度合い（速度）と空間（距離）の伸び拡がる度合い（膨張率）は互いに切り離せない仕方で結びついたまま、それがどのような慣性系において観測されるかに依存する。すなわち、相対性であり、この相対性を超えた絶対的地点における観測などといったものはありえないのである。(16)

6　「受け取ること」と「被ること」

最後に考えてみたいのは、以上のような「現象すること」の場所自体の成立に関わる問題である。「現象すること」は、自発性と抵抗の生起の中で何もの（ごと）かが感受されるという仕方で成立する。そのような「現象すること」によってこの世界が構成されていることを、本章はこれまでの考察を通して見届けた。そうであれば、この世界の根本をなしているのは、自発性と抵抗の生起であることになる。自発性と抵抗が生じないところでは、「現象すること」が成立することもまたないからである。

そして、それぞれの「私」の下でそうした自発性や抵抗として生起するものは決して個々の「私」にのみ固有な個別のものではなく、個別の身体「である」それぞれの「私」を貫き、あるいはそれらの隅々にまで浸透する「時空」の動向にほかならないのではないかということを、前節は検討した。この世界における驚くほど多様な「現象すること」は、その驚異的な多様さにもかかわらず、相互に無関係な独立した事態ではなく、同じ一つの世界の多様な仕方での現出だからである。私たちは互いに没交渉な、閉じたカプセルのようなものではないのだ[17]。同一世界の多様な現象に、私たちは個々の観点（パースペクティヴ）から参与する、と言ってもよい。

さて、ここであらためて、次のような問いを立てることができる。この世界がこのようなものであることを根本で統べているのは、そのような自発性と抵抗の生起、換言すれば時空の生起である。それでは、そうした自発性と抵抗の生起、時空の生起自体は、いかにして可能となったのか。

次のような例で考えてみよう。私たちは、意志を意志することはできるだろうか。「何かをしたい」

という思いを、この思いそれ自体を欲することは可能だろうか。たとえば、「水が飲みたい」というのは一つの欲求である。それはおのずから私の内に湧き起こってきて、この欲求を充たすべく私は行動する。だが、たっぷりと水を飲んで満ち足りているときに、あえて「水を飲みたい」と欲することはできるだろうか。いくら「飲みたい」と思おうとしても、ちっとも飲みたくならないのではないか。かりに、何らかの事情で医者から毎日三リットルの水を飲むように言われていたとしよう。だが、ふつうは一リットルも飲めば、もう飲みたくはなくなるだろう。朝・昼・晩それぞれに一リットルずつ飲むことにしたとしても、お昼になっても一向に喉が渇かないということは大いにありうる。それでも、療養のためだと思って無理してでも飲む、ということはある。しかしそれは、決して「飲みたい」という欲求に従って飲んだわけではない。あくまで、飲ま「ねばならない」から、飲んだのである。

どうしても「水を飲みたい」と思いたければ、次のようにすることはできる。「水を飲みたい」と思いたくなるような状況を、みずから拵えるのである。たとえば、付近をランニングしてくるとか、サウナに出かけるとかして、たっぷりと汗をかくのだ。しかる後には、きっとふたたび「水を飲みたい」と思うようになるだろう。だが、これも、決して「水を飲みたい」という思いを直接、意志することができたということではない。そういう思いをもちたくなる環境を整えることができたにすぎない。ランニングの量が足りなかったり、サウナを使う時間が短すぎれば、やはり「水を飲みたい」という思いは湧き起こってはこないのだ。或る意志が生ずるにふさわしい環境を整えることはできても、意志それ自身は、それがおのずから生じてくるのを待つしかないのである。

ここから帰結するのは、「自発性（と抵抗）」それ自身の受動性である。自発性とそれが伴なっている抵抗は確かに能動的なものだが、自発性の発現それ自体は徹底して受動的なものなのだ。私自身がそれ「である」ところの自発性は、おのれの発現それ自体に対しては、何らなす術がないのである。世界に自発性が到来することによって、世界は「現象する」。この自発性は、それなしでも世界が世界であることにとって何ら支障はなかったように思われる以上、或る種の過剰であり、能動的な「力」の発露である。「現象すること」の秩序である生命は、そのような或る種の能動性＝「力」が生み出したものだと言ってよい。しかし、そのような「力」が起動すること自体は、もはや自発性や能動性といった「力」の論理では説明できないのだ。

ここで本章が直面しているのは、「現象すること」の場所としての「私」の全面的受動性である。感受性、すなわち「受け取ること」はすでに、或る種の受動性だった。したがって、ここで二つの受動性を区別しなければならない。感受性、すなわち「受け取ること」の成立自身に関わる全面的受動性と言ってもよい。だが、「受け取ること」のもつ受動性と、そのような感受性そのものの成立に関わる受動性とは、同じく「受動性（passivity）」と言っても、まったくその内実を異にするからである。

そこで、前者の受動性、すなわち「感受すること」のそれを、文字通り「受け取ること（receptivity）」と呼ぼう。これに対して、後者の受動性、すなわち〈「感受すること」そのことの成立に関わるそれ〉を、かりに「被ること（passion, pathos）」と呼んでおこう。[18]「受け取ること」は、現出する何ものかと、その現出を受け止める或る場所との相関において成り立つ。両者のいずれが欠けても、「受け取ること」、すなわち「現象すること」は成り立たない。生命は、個体と環境との「共－創発」とでも呼ぶべき事態だった。[19]そこでは、個体の「内から」発する「外へ」向けての動向（自発性）と、環境の側から（「外から」）個体へ（「内へ」）向かう動向（抵抗）の交錯において、何ものかが「現象する」。

これに対して、「被ること」は、それに対するいかなる反対動向も存在しない。自発性という能動性はつねに抵抗という受動性を伴って機能するのだが、そのような自発性と抵抗のペアが世界に到来することと自体に、何かそれと交錯する反対動向が存在しているわけではないのだ。そもそも、この到来に向き合う何ものも、いまだ存在していないのである。何かが存在すると言いうるためには、先の自発性と抵抗の下で当の何かが現象することが必須だからだ。こうした「現象すること」に事柄として先立つ自発性と抵抗の到来それ自体は、ひたすらな受動性の内でおのれを成就したに違いないのである（「感受すること」において「私」は、当の「感受すること」に参与する与格として誕生したことに鑑みれば、「被ること」における「私」は、ひたすらにそれを被る中で誕生した対格の私であると言うこともできる）。

だが、その到来を受け取る何ものも存在しないところでなされる受動性とは、奇妙な受動性ではあるまいか。受け取るものが存在しなければ、何が到来しようとそれは「素通り」するしかなかったのではなかったか。そして、「素通り」してしまったのであれば、結局のところそこには何も到来しなかったのではないか。それにもかかわらず、それが原初の到来なのだとすれば、それはあたかも神話における創世譚の如きものにすぎなくなってしまわないか。あるいは、宗教的テキストにのみ許される、もはや合理的思考の限界を越えた話にならないか。

実際、この到来は、たとえば『旧約聖書』冒頭の「創世記」に見られる記述にそっくりなのである。神が最初に「光あれ！」の言葉を発したとき、もしそれが真に万物の創造のはじめの時のことだとすれば、そのときそこには神のこの命令の言葉を聴き取る何ものも存在していなかったはずなのだ。どうしてそのような状況の下で、そもそも神の命令が成就するというようなことが可能となったのか。

ひたすらな受動性としてこの到来を「被ること」は、「現象すること」の秩序に属する通常の時間関係を破壊してしまうのだ。

というのも、もし、そのような状況下でこの命令が成就したのだとすれば、それは光が現に存在することを以って、その存在を命ずる声が発せられたことが遡って証示されるということ以外ではありえないからである。命令の言葉を聴き取った後、当の命令が実行されるという通常の時間関係が反転してしまって、命令が実行された後に、命令の言葉が聴き取られたことになるのだ。いわば「一度も存在したことのない過去」という、「現象すること」の秩序の論理では理解不能の事態が出現してしまうのである。[20]

ここにいたって、思考は、「根拠（理由や原因）」に基づいて何ごとかを理解するというおのれの営みの破綻に瀕しているのではなかろうか。思考に可能なことの臨界に達してしまったのではないか。「現に・いま・ここで」というあの端的性にして切迫性の「私」の底にぽっかり口を開けた、「根拠の脱落（Ab-grund）」としての深淵（Abgrund）を、いまや当の「私」は覗き込んでしまったのだろうか。それとも、「感じ、受け止めること（receptivity）」としての感受性（それは与格＝場所としての私において成立した）の底には、ひたすらに「被ること（passion, pathos）」としてのもう一つの感受性（それは対格としての私において担われる）が横たわっていた、と言うべきだろうか。「私」の内に、「受け取ること」と「被ること」という二つの異なる感受性が潜んでいたのだとすれば、「私」をあらためてこれら二つの感受性の総合として捉え直すことができるのかもしれない。

この新たな総合としての感受性にあえて名前をつけるとしたら、それをどのように呼べばよいだろうか。もしかしたら、それを「繊細さ（sensibility）」と呼ぶことができるかもしれない。同じ一つの世界の多様な現象は、それが唯一つの世界の現象であるにもかかわらず、その現れ方においてすべて異なるとも言えるからであり、その微細な差異を受け止め、享受し、尊重し、護ることを通して、その底に、あるいはその背後に、そもそもそのような「現象すること」そのものの成立に関わる「深淵」という、もはや「ある」とは言えない密かな次元が開けてしまっていることに気づき、それに直面し、それを担いつづけること、それもまたこの新たな意味での「感受性」の内実をなすだろうからである。

　そのように言ってよいのなら、繊細さとしてのこの感受性の前に、現象の多様性を通してわずかに姿を現わしたかにも見えるこの「深淵」にどのように向かい合うのかが、思考の最後の課題ということになるだろう。しかし、この「深淵」は、それが真にその名に値するものであるなら、もはや思考がそれに「向かい合う」（それに「対する」）ということが不可能な（それを「絶した」）次元となるはずである。もはや、それを「何」かとして理解することが叶わないからだ。それは、「深淵」ですらないのだ。すなわち、「絶対」である。いったい、そのような次元に直面してしまったのかもしれない思考に、なお何かをする余地など残っているのだろうか。いま「直面してしまったのかもしれない」という言い方をしたことからも明らかなように、そもそもそのような次元に直面したかどうかすら、思考にとってもはや定かではないのである。

　ここで思考は、もはや「……である」と何かを判断し、断言する機能を失っている。だが、「ひょっとして……かもしれない」という疑念をもつこともまた、思考にしか可能ではない一つの応対ではないだろうか。この疑念に対して、この次元においてはもはや答えが与えられることはないにもかかわらず、である。そうであれば、繊細さとしての感受性は、この深淵の密かな可能性におのれを開いたまま、もはやそれについて何かを判断したり断言したりすることなく、その意味では無言のまま、[21]ただ立ち尽くすことだけはできるのだ。これを、思考に許された究極の「自由」、思考にのみ可能な極北の「自由」と呼ぶことは、はたして言い過ぎだろうか。[22]

ここで、人口に膾炙したシラーの詩から、一節を引くことができるかもしれない。ベートーヴェンがその最後の交響曲でこの詩を音楽化したことからも知られる『歓喜に寄せて』の一節である。

　　跪《ひざまず》いたか、幾百万の民よ
　　汝は気づいたか、そこに創造主がおられることに、世界よ

ここでシラーが「創造主」と表現した事態は、本章の理解によれば「深淵」（と仮の名で呼ばれた「絶対」）のことなのである。そして、この「深淵」に対する唯一可能な対応は、シラーにとっては「跪くこと」だったのだ。本章は、それを「ただ立ち尽くす」と述べたのだが、それは別の脈絡では「ただ座る」ことでもありえただろう。「只管打座《しかんたざ》」（道元）である。そして、これらの対応の根底にあるのは、繊細さとしての「感受性」なのだ。シラーは、それを「気づく（ahnen）」――気配を感じとる――と表現したのである。

「私」を考えることは、――私を私たらしめている少なくとも一つの根本的な次元に思いをめぐらすことは――、その最深部で「絶対」に関わる問題に触れた。本来、「宗教」とは、こうした「絶対」と何らかの仕方で関わる私たちの営みのことを、あるいは私たちの態度のことを指していたはずではないだろうか（それは、「関わる」ということが意味を失ってしまうような「関わり」、不可能な「関わり」

たらざるをえないのだが)。ここで西欧語の「宗教」という言葉がもち得る含意に立ち入ることを許してもらえば、(23)それは「結びつき」を「あらためて」立て直すということなのである。英語でもフランス語でもドイツ語でも、「宗教」は基本的に「religion」だが、それはラテン語の「religio」に由来する。そして「religio」は、「ふたたび」、「あらためて」という意味の「re」と、「結びつける」、「関係づける」という意味の「ligare」を合成して作られた。すなわち、「宗教」とは、もはや思考が根拠を以って「何である」と判断し、理解することの叶わない「脱-根拠」=「深淵」と、この意味でもはや思考がそれに相対《あい》することのできない「絶対」と、「あらためて(re)」結び直す「関係(ligare)」のことなのである。

生命の成立の内に当初より孕まれていた「自己」(「私」「である」ことと、その自己維持)と「認知」(現象するものを「何」かとして判断すること――この判断の尺度はほかならぬ「自己=私」だった――)に端を発した「思考」という営みが、「感受すること」の二つの様態を通して「宗教」という新しい次元の入り口に立ったことを見届けたいま、生命と自由を課題に掲げた本書の筆をいったん擱く。この入り口で、思考を宗教へと橋渡しするとともに、ふたたび思考へと差し戻す蝶番のような役割を担っているのが「形而上学」なのだが、この形而上学については本書序章がすでに触れた。本書自身もまた、ふたたび入り口に帰ったのである。

あとがき

本書は、ここ五〜六年の間にさまざまなところで講演ないし研究報告のかたちで公表されたものを素材として、大幅な増補や改訂を行なった原稿を一書に纏めたものである。すべてがいったんは、私の話をわざわざ聴きに来てくださった方々を前にして語られ、一刻《いっとき》ではあれその場を共有した記憶をもった言葉たちがここにふたたび集うさまを目の当たりにして、著者としていささかの感慨を禁じえない。

というのも、それらそれぞれの場に居合わせてくださった方々で、複数の場を共有しておられる方はほとんどいないと思われるほど、それぞれの機会は異なる聴衆を想定して開催されたものだったからであり、かつまた、それぞれの場での皆さんの反応が今回の増補・改訂の作業にさまざまな仕方で反映しているからである。その場でいただいたご意見やご批判・ご質問を著者である私がはっきり意識して今回の作業に取り組んだのはもちろんのこと、私自身が必ずしも明確には意識していないながらも、それぞれの場の雰囲気が改訂に当たった現場に蘇っていたこともまた、確かなのだ。

そのような経過の後、ここにいったん活字のかたちで定着した言葉たちは、かつてそれぞれに場を共有してくださった方々にふたたび送り返されるとともに、今後は私の手を離れて、これまでにも増して多様な背景をおもちである筈の読者に向けて解き放たれたことになる。かつて場を共にしてくださった方々の下で、また、おそらくは一度も時空を共有することのない方々の下で、本書の言葉たちがどのように迎えられるのか。この一抹の不安と漠とした期待、ここに思考という営みのすべてが懸けられているのだろう。私自身もまた、そのようにして多くの言葉たちに出会い、それらにおのれの思考を育まれてきたのだった。

いまや私の手を離れる本書の言葉たちが私以外の方々の下で最初に響いたとき、それらを聴き取ってくださった方々を記憶にとどめるべく、それらの方々と共有した場所を以下に記す。

序章　「実在」の形而上学と生命の哲学

・二〇一三年二月八日　中島義道氏の主宰する哲学塾「カント」における講演

第一章　脳と心――「心の哲学」と現象学

・二〇〇八年九月二二日　榊原哲也氏（東京大学）を研究代表者とする文部科学省科学研究費「「いのち・からだ・こころ」をめぐる現代的問題への応用現象学からの貢献の試み」における研究報告（その後、「「心－脳」問題と現象学――デイヴィッドソン・リベット・フッサール」と題して、『思想』一〇三二号、岩波書店、二〇一〇年、に掲載）

第二章　脳科学・心理学・現象学――交錯と離反

・二〇一一年一二月三日　日本基礎心理学会大会における講演（その後、同名の表題の下、『基礎心理学研究』第三一巻第二号、日本基礎心理学会、二〇一三年、に掲載）

第三章　間主観性と他者――超越論的現象学における他者問題
・二〇一一年一一月二六日　濱田秀伯氏を院長とする群馬病院主宰の「ぐんま人間学・精神病理アカデミー」における講演

第四章　生命の論理――西田幾多郎と生命の哲学
・二〇一三年六月一日　藤田正勝氏（京都大学）を世話人とする西田・田辺記念講演会における講演

第五章　生命から自由へ――現象学と生命科学
第六章　自由の極北、あるいは「愛」――生命の論理からの逸脱か、その可能性か
この二章は、以下の複数の講演で取り扱った論題を再構成したものである。
・二〇一〇年七月四日　三田哲学会主催の公開対談「大澤真幸×斎藤慶典　自由の条件と、そのゆくえ」における問題提起（その後、"En deçà et au-delà de la liberté ou l'impossibilité de l'amour" と題して、*Revue Philosophique de la France et de l'étranger*, Nº 3, — Juillet-Septembre 2011—, P. U. F. に掲載）
・二〇一〇年一〇月一五日　東洋哲学研究所主催の連続公開講演会「現代科学の焦点――生命・脳・心」における講演（その後、「「心・脳」問題と現象学――生命へ」と題して、『東洋学術研究』一六六号、東洋哲学研究所、二〇一一年、に掲載）
・二〇一一年一月二七日　理化学研究所・脳科学総合研究センター主催の国際シンポジウム

「Moral and Brain（脳と道徳）」における講演（英文）

補章　感受性としての私——思考・形而上学・宗教

・二〇一三年七月一三日　慶應義塾大学文学部公開講座「「私」を考える」における講演（その後、「私の／と痛み——感受性としての私」と題して、『「私」を考える——文学部は考える4』慶應義塾大学出版会、二〇一三年、に掲載）

なお、後に雑誌などに掲載されたものも、このたび本書を纏めるにあたって大幅な増補・改訂・削除の手が加えられている。右にお名前を記させていただいた方々のほかに、それぞれの機会の実現にあたって多大のご尽力を賜った方々は以下の通りである。第一章に関して、互盛央氏（岩波書店）。第二章に関して、増田直衛氏（慶應義塾大学）。第五章、第六章に関して、上野大樹氏（京都大学）、山崎達也氏（東洋哲学研究所）、鈴木一郎氏（理化学研究所）、荒金直人氏（慶應義塾大学）、斎藤多香子氏（フランス国立東洋言語文化研究所）。補章に関して、松浦良充氏（慶應義塾大学）。以上のすべての方々には、本書の言葉たちの誕生にあたって、いわば産婆役を務めていただいたことになる。この場を借りて、衷心からお礼を申し上げる。

本書を企画し、編集の任にも当たってくださったのは、東京大学出版会の小暮明氏である。氏とは、同出版会が設ける南原繁記念出版賞の選考のお手伝いをしたとき初めてお近づきになったのだが、最近考えていることを一書に纏めてみないかという提案をしてくださった。私にとってはいささか思いがけないものだったこの提案に応えるかたちで成ったのが、本書なのである。氏は、私のこれまでの仕事と本書の内容を正確に把握された上で、的確なアドヴァイスをしてくださった。本書が多少とも読み易いものになっているとすれば、それは氏のおかげである。

こうしてさまざまな方々との関わりの中で次第に形を成し、そして何よりもそのようにしてようやく形を成しつつあるものたちに耳を傾けてくださった多くの方々の有言・無言の反響に曝されることで成長した言葉たちが、本書の読者の下であらためて生命の未聞の可能性に触れ、さらに新たな思考の言葉を紡ぎ出してくれることを願って、筆を擱く。

二〇一四年　さまざまな諧調の若緑が野山を埋め尽くす再生と創造の春に

斎藤慶典

著者略歴

1957年神奈川県生まれ．1987年慶應義塾大学大学院文学研究科博士課程単位取得退学．哲学博士（2000年）．現在，慶應義塾大学文学部教授．現象学，西洋近現代哲学を専攻．

主要著書

『思考の臨界―超越論的現象学の徹底』（2000年），『力と他者―レヴィナスに』（2000年），『心という場所―「享受」の哲学のために』（2003年）（以上，勁草書房），『デカルト―「われ思う」のは誰か』（2003年），『デリダ―なぜ「脱-構築」は正義なのか』（2006年）（以上，NHK出版），『哲学がはじまるとき―思考は何／どこに向かうのか』（2007年，ちくま新書），『知ること，黙すること，遣り過ごすこと―存在と愛の哲学』（2009年），『中学生の君におくる哲学』（2013年）（以上，講談社），『「実在」の形而上学』（2011年，岩波書店）など多数

生命と自由　現象学，生命科学，そして形而上学

2014年6月20日　初　版

［検印廃止］

著　者　斎藤慶典《さいとうよしみち》

発行所　一般財団法人　東京大学出版会

代表者　渡辺 浩

153-0041 東京都目黒区駒場4-5-29
http://www.utp.or.jp/
電話　03-6407-1069　Fax 03-6407-1991
振替　00160-6-59964

組　版　有限会社プログレス
印刷所　株式会社ヒライ
製本所　牧製本印刷株式会社

ISBN 978-4-13-010127-1　Printed in Japan

人名索引

以下の索引では、本文に関しては該当頁を、註に関しては該当する章と註番号（たとえば、第1章の註(2)であれば、1-(2)のように）を表示した。

た 行

な 行

は 行

ま 行

や　行

ら　行

事項索引

さ　行

た　行

な　行

は　行

ま 行

や 行

ら 行

わ 行

文　献

本書での引用は、以下の文献表に基づき著者名と出版年を以って出典を示す。外国語文献で邦訳のあるものについては、可能なかぎりそれに当たって参考にさせていただいたが、本書の文脈との整合性を図るなどの理由で必ずしもそれに従っていない場合があることをお断りしておく（頁付けは原書／邦訳書の順に示す）。なお、引用文中の強調は、特に断わりのないかぎり、引用者によるものである。また、〔　〕内は引用者による補足、……は中略を表す。

Aristoteles, *De Anima*, edited, with introduction and commentary, by Sir David Ross, Oxford University Press, 1961（アリストテレス／山本光雄訳『霊魂論』、アリストテレス全集 6、岩波書店、1968 年）

Aristoteles, *Metaphysica*, a rivised text with introduction and commentary by W. David Ross, 2vols., Oxford University Press, 1924（アリストテレス／出隆訳『形而上学』、岩波文庫（上）（下）、1959 年、1961 年）

浅野光紀『非合理性の哲学――アクラシアと自己欺瞞』、新曜社、2012 年

Badii, Remo & Politi, Antonio, *Complexity: Hierarchical Structures and Scaling in Physics*, Cambridge University Press, 1997（バディイ、ポリティ／相澤洋二監訳『複雑さの数理』、産業図書、2001 年）

Benjamin, Walter, *Über den Begriff der Geschichte*, hrsg. von Gérard Raulet, Suhrkamp. 2010（ベンヤミン／野村修訳「歴史の概念について」、ベンヤミン／野村修編訳『ボードレール他五篇』、岩波文庫、1994 年）

Bergson, Henri, *L'évolution créatrice*, 1907, P.U.F., 86e édition, 1959（ベルグソン／松浪信三郎・高橋允昭訳『創造的進化』、ベルグソン全集 4、白水社、1966 年）

Bloom, Paul, *Descartes' Baby: How the Science of Child Development Explains What Makes Us Human,* Arrow Books, 2005（ブルーム／春日井晶子訳『赤ちゃんはどこまで人間なのか――心の理解の起源』、ランダムハウス講談社、2006 年）

Campbell, D.T., "'Downward causation' in hierarchical organized biological systems", in Ayala, F.J., Dobzhansky, T. (eds.), *Studies in the Philosophy of Biology*, University of California Press, 1974
Chamovitz, Daniel, *What a Plant Knows*, Oneworld Publications, 2012（チャモヴィッツ／矢野真千子訳『植物はそこまで知っている——感覚に満ちた世界に生きる植物たち』、河出書房新社、2013年）
Damasio, Antonio, *The Feeling of What Happens: Body, Emotion and the Making of Consciousness*, Vintage Books, 2000（ダマシオ／田中三彦訳『無意識の脳　自己意識の脳』、講談社、2003年）
Davidson, Donald, "Mental events", in *Essays on Actions and Events*, Clarendon Press, 1980（デイヴィッドソン／服部裕幸・柴田正良訳『行為と出来事』、勁草書房、1990年）
Dennett, Daniel, *Kinds of Minds*, BasicBooks, 1996（デネット／土屋俊訳『心はどこにあるのか』、草思社、1997年）
Dennett, Daniel, *Freedom Evolves*, Viking Penguin, 2003（デネット／山形浩生訳『自由は進化する』、NTT出版、2005年）
Descartes, René, *Meditationes de Prima Philosophia*, 1641, AT. VII, 29（デカルト／所雄章訳『省察』、『デカルト／方法叙説・省察』、白水社、イデー選書、1991年、所収）
Dyson, Freeman J., *Origins of Life*, Cambridge University Press, 1985（ダイソン／大島泰郎・木原拡訳『ダイソン　生命の起原』、共立出版、1989年）
Emmeche, Claus, "Defining life as a semiotic phenomenon", in *Cybernetics and Human Knowing 5*, 1998
藤岡一郎『「見る」とはどういうことか——脳と心の関係をさぐる』、化学同人、2007年
Gallagher, S. "Where's the action? Epiphenomenalism and the Problem of Free Will", in Pockett et al, *Does Consciousness Cause Behavior?*, MIT Press, 2006
Heidegger, Martin, *Sein und Zeit*, 1927, M. Niemeyer, 1979（ハイデガー／原佑・渡邊二郎訳『存在と時間』、中公バックス・世界の名著74、1980年）
Hume, David, *Treatise of Human Nature*, Selby-Bigge, L.A. ed. Clarendon Press, 1896（ヒューム／土岐邦夫・小西嘉四郎訳『人性論』、中公クラシックス、2010年）

Humphreys, Paul, "How properties emerge", *Philosophy of Science* 64, 1997

Husserl, Edmund, *Logische Untersuchungen*, 1900/01, 2. umgearbeitete Aufl., Max Niemeyer, Ⅰ, Ⅱ-1, 1913, Ⅱ-2, 1921（フッサール／立松弘孝ほか訳『論理学研究』1～4、みすず書房、1968年、1970年、1974年、1976年）

Husserl, Edmund, *Ideen zu einer reinen Phänomenologie und phänomenologischer Philosophie, Zweites Buch, Phänomenologische Untersuchungen zur Konstitution*, hrsg. M. Biemel, Husserliana Bd. IV, M. Nijhoff, 1952（フッサール／立松弘孝訳『イデーンⅡ-Ⅰ、Ⅱ-Ⅱ』、みすず書房、2001年、2009年）

Husserl, Edmund, *Phänomenologische Psycologie, Vorlesungen Sommersemester 1925*, hrsg. W. Biemel, Husserliana Bd.IX, M. Nijhoff, 1962

Husserl, Edmund, "Grundlegende Untersuchungen zum phänomenologischen Ursprung der Räumlichkeit der Natur —— Umsturz der kopernikanischen Lehre ——", in *Memory of Edmund Husserl*, ed. by Marvin Faber, Harvard Univ. Press, 1940（フッサール／新田義弘・村田純一訳「自然の空間性の現象学的起源に関する基礎研究——コペルニクス説の転覆——」、木田元ほか編『講座・現象学』第3巻「現象学と現代思想」、弘文堂、1980年、所収）

Jonas, Hans, *Das Prinzip Leben. Ansätze zu einer philosophischen Biologie*, Insel Verlag, 1994（ヨーナス／細見和之・吉本陵訳『生命の哲学——有機体と自由』、法政大学出版局、2008年）

金子邦彦『生命とは何か——複雑系生命論序説』、東京大学出版会、2003年

Kant, Immanuel, *Kritik der reinen Vernunft*, 1781, 1787, Ph. B. 505, Felix Meiner, 1998

Kant, Immanuel, *Prolegomena*, 1783, Ph. B. 40, Felix Meiner, 1976

Kant, Immanuel, *Grundlegung zur Metaphysik der Sitten*, 1785, Ph.B. 41, Felix Meiner, 1965

Kauffman, Stuart, *At Home in the Universe, The Search for Laws of Self-Organization and Complexity*, Oxford University Press, 1995（カウフマン／米沢富美子監訳『自己組織化と進化の論理——宇宙を貫く複雑系の法則』、ちくま学芸文庫、2008年）

河本英夫『オートポイエーシス——第三世代システム』、青土社、1995年

Keller, Evelyn Fox, "The century beyond the gene", in *Journal of Bioscience*, Vol. 30, pp. 3-10, 2005

木村敏『時間と自己』、中公新書、1982年

Levinas, Emmanuel, *Autrement qu'être ou au-delà de l'essence*, Kluwer Academic Publishers, 1978（レヴィナス／合田正人訳『存在するとは別の仕方で　あるいは存在することの彼方へ』、朝日出版社、1990 年）

Lewontin, Richard, "The organism as the subject and object of evolution", *Scientia* 118, pp. 63-82, 1983

Lewontin, Richard, *The Doctrine of DNA. Biology as Ideology*, Penguin Books, 1993（レウォンティン／川口啓明・菊池昌子訳『遺伝子という神話』、大月書店、1998 年）

Libet, Benjamin, *Mind Time,—— The Temporal Factor in Consciousness*, Harvard University Press, 2004（リベット／下條信輔訳『マインド・タイム——脳と意識の時間』、岩波書店、2005 年）

Luisi, Pier Luigi, *The Emergence of Life. From Chemical Origins to Synthetic Biology*, Cambridge University Press, 2006（ルイージ／白川智弘・郡司ペギオ－幸夫訳『創発する生命——化学的起源から構成的生物学へ』、NTT 出版、2009 年）

Mainzer, Klaus, *Thinking in Complexity: the Complex Dynamics of Matter, Mind, and Mankind*, Third Rivised and Enlarged Edition, Springer-Verlag, 1997（マインツァー／中村量空訳『複雑系思考』、シュプリンガー・フェアラーク東京、1997 年、本訳書は 1996 年刊の第 2 版に基づく）.

Malaterre, Christophe, *Les Origines de la Vie: Émergence ou Explication réductive?*, Hermann Éditeurs, 2010（マラテール／佐藤直樹訳『生命起源論の科学哲学——創発か、還元的説明か』、みすず書房、2013 年）

Marion, Jean-Luc, "Entre analogie et principe de raison: la causa sui," in J.-M. Bayssade et J.-L.Marion (éds.), *Descartes: Objecter et Répondre*, P.U.F., 1994（マリオン／松田克進訳「類比と理由律の狭間に——「自己原因」の問題——」、『思想』869 号、1996 年）

Maturana, Humberto & Varela, Francisco, *Autopoiesis and Cognition, The Realization of the Living*, Reidel Publishing, 1980（マトゥラーナ、ヴァレラ／河本英夫訳『オートポイエーシス』、国文社、1991 年）

Maturana, Humberto & Varela, Francisco, *The Tree of Knowledge: the Biological Roots of Human Understanding*, translated by Robert Paolucci, revised edition, Shambhala, 1998（マトゥラーナ、バレーラ／管　啓次郎訳『知恵の樹』、ちくま学芸文庫、1997 年）

McGinn, Colin, *The Mysterious Flame, Conscious Minds in a Material World*, Basic Books, 1999（マッギン／石川幹人ほか訳『意識の〈神秘〉は解明できるか』、青土社、2001年）
Merleau-Ponty, Maurice, *Phénoménologie de la Perception*, Gallimard, 1945（メルロ＝ポンティ／竹内芳郎ほか訳『知覚の現象学』1、2、みすず書房、1967年、1974年）
Millikan, Ruth Garrett, *Varieties of Meaning*, MIT Press, 2004（ミリカン／信原幸弘訳『意味と目的の世界——生物学の哲学から』、勁草書房、2007年）
Mill, John Stuart, *System of Logic*, 1843, J.W. Parker, 1866.
Minsky, Marvin, *The Society of Mind*, Simon & Schuster, 1986（ミンスキー／安西祐一郎訳『心の社会』、産業図書、1990年）
Newton, Isaac, *Philosophiae naturalis principia mathematica*, 3d ed., 1726（ニュートン／中野猿人訳『プリンシピア：自然哲学の数学的原理』、講談社、1977年）
西田幾多郎「実践と対象認識」（『西田幾多郎全集』第3版、岩波書店、1980年、8巻、所収）
西田幾多郎「私と汝」（上田閑照編『西田幾多郎哲学論集』Ｉ、岩波文庫、1987年、所収）
西田幾多郎「論理と生命」（上田閑照編『西田幾多郎哲学論集』Ⅱ、岩波文庫、1988年、所収）
西田幾多郎「生命」（上田閑照監修『西田哲学選集』第二巻、燈影舎、1998(a)年、所収）
西田幾多郎『日本文化の問題』（上田閑照監修『西田哲学選集』第五巻、燈影舎、1998(b)年、所収）
西田幾多郎「弁証法的一般者としての世界」（上田閑照監修『西田哲学選集』第五巻、燈影舎、1998年(c)、所収）
西田幾多郎「私の絶対無の自覚的限定というもの」（上田閑照監修『西田哲学選集』第四巻、燈影舎、1998(d)年、所収）
西田幾多郎「私と世界」（『西田幾多郎全集』（新版）第六巻、岩波書店、2003年、所収）
大森荘蔵『物と心』、東京大学出版会、1976年
大森荘蔵「心」、大森荘蔵ほか『「心－身」の問題』、産業図書、1980年
大澤真幸『〈自由〉の条件』、講談社、2008年

Rose, David, *Consciousness. Philosophical, Psychological and Neural Theories*, Oxford University Press, 2006（ローズ／苧坂直行監訳『意識の脳内表現——心理学と哲学からのアプローチ』、培風館、2008年）
斎藤慶典『フッサール——起源への哲学』、講談社『選書メチエ』、2002年
斎藤慶典『デカルト——「われ思う」のは誰か』、NHK出版、2003(a)年
斎藤慶典『心という場所——「享受」の哲学のために』、勁草書房、2003(b)年
斎藤慶典『レヴィナス——無起源からの思考』、講談社『選書メチエ』、2005年
斎藤慶典『知ること、黙すること、遣り過ごすこと——存在と愛の哲学』、講談社、2009年
斎藤慶典『「実在」の形而上学』、岩波書店、2011年
Saito, Yoshimichi, "En deçà et au-delà de la liberté ou l'impossibilité de l'amour", in *Revue Philosophique de la France et de l'étranger*, N° 3 —— Juillet-Septembre 2011——, P. U. F.
柴田正良「非法則論的一元論と重ね描き——世界の暗黙的理解について」、『現代思想』、1990年7月号
清水博『新版・生命と場所——創造する生命の原理』、NTT出版、1999年
Smith, John Maynard & Szathmary, Eörs, *The Major Transitions in Evolution*, Oxford University Press, 1997（スミス、サトマーリ／長野敬訳『進化する階層——生命の発生から言語の誕生まで』、シュプリンガー・フェアラーク東京、1997年）
Solms, Mark & Turnbull, Oliver, *The Brain and the Inner World, An Introduction to the Neuroscience of Subjective Experience*, H. Karnac, 2002（ソームズ、ターンブル／平尾和之訳『脳と心的世界——主観的経験のニューロサイエンスへの招待』、星和書店、2007年）
鈴木秀憲「自由意志と神経科学——リベットによる実験とそのさまざまな解釈——」、『科学基礎論研究』、2012年、第40巻第1号、科学基礎論学会
Varela, Francisco & Thompson, Evan & Rosch, Eleanor, *The Embodied Mind: Cognitive Science and Human Experience*, MIT Press, 1991（ヴァレラ、トンプソン、ロッシュ／田中靖夫訳『身体化された心——仏教思想からのエナクティブ・アプローチ』、工作舎、2001年）
von Uexküll, Jacob, *Das allmächtige Leben*, Christian Wegner Verlag, 1950（ユクスキュル／入江重吉・寺井佳正訳『生命の劇場』、博品社、1995年）
Wittgenstein, Ludwig, *Tractatus Logico-Philosophicus*, 1918, Edition Suhrkamp

12, 1979（ウィトゲンシュタイン／野矢茂樹訳『論理哲学論考』、岩波文庫、2003年）
山下和也『オートポイエーシス入門』、ミネルヴァ書房、2010年
米本昌平『時間と生命』、書籍工房早山、2010年

註

序章　「実在」の形而上学と生命の哲学

（1）　詳しくは、本書第5章を参照。ここでは現代のオートポイエーシス理論の創始者であるマトゥラーナとヴァレラから引用しておく。「認知と生命システムの作動――ある場合には神経システムを含む――は同じ事柄だったのである」(Maturana & Varela〔1980〕, pp. xvi-xvii/23頁)。「認知は生物学的現象であり、生物学的現象としてのみ理解しうる。認知の領域についてのどのような認識論的洞察も、このことを理解しなければならない」(Maturana & Varela〔1980〕, p. 7/166頁)。「生きるとは知ることなのだ」(Maturana & Varela〔1998〕, p. 174/206頁)。

（2）　現出する「何（者）か」と、現出するものが「それに対して」現出するところの「それ（……）」(現出の原点）との重なり合いとずれについては、本書補章が考察する。

（3）　〈「生命」が「自然」を「包む」〉という、事柄のもう一つの半面をも含めてこの現実を理解することを可能にしてくれる関係概念として本書が導入するのが「基づけ」関係である。この「基づけ」については、本書第1章、第5章が詳しく検討する。「自然」を「生長するもの（タ・ピュオメナ)」の「生成（ゲネシス)」とする捉え方については、アリストテレスの『形而上学』(*Metaphysica*, 1014b10-20）参照。

（4）　斎藤慶典〔2011〕。

（5）　本書では、「現出」と「現象すること」を互いに置換可能な同義的表現として用いる。

（6）　この問いについては以下をも参照。斎藤慶典〔2003b〕、第8章1節。

（7）　詳しくは、本書第5章、参照。

（8）　この「認知」について、本章註(1)ならびに詳しくは本書第5章3節を参照。マトゥラーナと共にオートポイエーシス理論を創始した後、さらに独自の展開をみせたヴァレラは、個体と環境のいずれもが系（システム）の成立以前にそれ自体で存在するものではない点を、「イナクション（enaction)」

という概念を使って鮮明にした。「〔個体から〕独立した外在的で無関係な世界という考え方から、自己変化プロセスの構造と不可分な世界という考え方への大転換」が必要なのであり、このような考え方においては「独立した世界を〔個体が〕〈表象する〉のではなく、認知システムにより具体化される構造から分離されない種々の特徴をもったドメインとして世界を〈行為から（を通して）産出する（enact)〉のである」（Varela & Thompson & Rosch〔1991〕, pp. 139-140/201 頁）。より正確には、個体と環境（世界）は〈共に行為から産出される〉（co-enaction）のだ。

第１章　脳と心

（１） Davidson〔1980〕, pp. 207-227/262 ～ 298 頁。以下、同書からの引用は、略号 AE につづいて、原書頁／邦訳書頁の順に表記する。なお、本章でのカントからの引用は、用語の対応上、デイヴィッドソンの用いる英訳文に従った。

（２） ドイツ語原文は以下を参照した。Kant〔1785〕, S. 82. ここでカントが「自然」の名の下で念頭においているのは、物（理）的な意味でのそれ（それが現に存在しているかぎりで）である。たとえば、次のような表現がある。「およそ結果は法則に従って生起するものであるが、こうした法則のもつ普遍性は、最も一般的な意味において本来、自然（形式的に見られた）すなわち物の現実的存在（それが普遍的法則に従って規定されているかぎりの）と呼ばれているものの本質をなすものである」（Kant〔1785〕, S. 43.）。「自然は、普遍的法則に従っているかぎりの、物の現実的存在である」（Kant〔1783〕, S. 49）。

（３） 「右の引用において、「人間の行為」を「心的出来事」へと一般化し、「自由」を「非法則性」に置き換えるならば、それは私の問題の叙述となる」（AE207/263）。だが、注意しなければならない。「人間の行為」の「心的出来事」への「一般化」は、何の議論もなしにすんなり認められるほど自明なものだろうか。ここにすでに、デイヴィッドソンが物（理）的次元と心の次元の間に暗黙の内に認めている関係の不透明さが現われてはいないか。後論参照。

（４） 正確には、自発性と自由は区別されなければならないが、この点については後に詳しく検討する。

（５） 念のため述べれば、本章では量子力学における「不確定性」（ハイゼン

ベルク）に関わる問題には立ち入らない。その理由は以下の二つである。

第一に、この「不確定性」が「原因」の不在によるものなのか（すなわち、偶然的なものなのか）、それとも「原因」の原理的な観測不可能性によるものなのか（すなわち、「原因」は存在するのだが、それを私たちは原理的に観測できないということなのか）は、前者の方向で考えるいわゆる「コペンハーゲン解釈」が一応認められているとはいえ、なお係争中であると言うべきだからである（もっとも、はたしてこの点に決着がつくものなのかすら、定かではないのだが）。

第二に、この「不確定性」は、（かりにそれが偶然性に由来するものだとしても）それだけでは、私たちの行為の「自由」の問題に直結しはしないからである。そもそも「自由」とはいかなる事態のことなのかすら決してあらかじめ明らかとは言えないのであり、少なくとも、物（理）的レヴェルでの原因が不在であることが、そのまま「自由」に等しい（ないし「自由」の保証となる）とは、本書は考えない。

（6） あらかじめ述べておけば、ここで「心的出来事は物（理）的にも記述される」とか「心的出来事は物（理）的出来事でもある」というときの、「にも」や「でも」がどういう内実を指し示しているのかが問題なのである。本文のすぐ後に明らかなように、デイヴィッドソンはそれを「同一」と解するのだが、その「同一」が完全に外延の等しいものであるとき、矛盾は避けがたくなる。逆に言えば、その「同一」が外延の等しさではないのであれば、必ずしも矛盾とはならない余地が生ずる。つまり、彼の用いる「同一」性概念の不透明さが（「同一」ということでいかなる事態を指し示そうとしているのかに関する不透明さが）、彼の議論の説得力を殺いでいるのである。後論参照。

（7） すなわち、ある出来事が別の出来事を確かに「惹き起こし」たのだが、それはなぜだか知らないがそうなったのである。つまり、そこに何ら必然性は見出されない（ここで「なぜだか知らないが」ということを私たちの知識の欠落と捉えると、非法則論的一元論はスピノザ主義に傾くことになる）。さてしかしこのことは、第二の原理に関しては問題を生じさせずにはおかない。というのも、なるほど第二の原理は心的なものが物（理）的なものであるかぎりで、すなわちそれが物（理）的に記述されたかぎりで維持されているにしても、心的なものが心的なものであるかぎりで（心的に記述されたかぎりで）、その心的なものと物（理）的なものとの間に存在する因果性（第

一の原理はこれを認めている）に関して、厳格な決定論的な法則の存在が否定される（つまり第二の原理がもはや維持されない）ことになるからである。第二の原理は「因果性の存在するところには法則が存在しなければならない」と明言しているにもかかわらず、いまや示されているのは「因果性は存在するが法則性は存在しない」という事態なのだ。前註(6)でも述べたように、ことは心的なものと物（理）的なものとの「同一」性とその「記述」に関わっており、この点が以下（第1節b）であらためて検討される。

（8） そのようなものの候補として、「数」を挙げることができるかもしれない。「数」に関して、その存在論上の身分が誰にも異存のないかたちで定まっているとは言い難いが、それでもおおよそ次の二つの方向の内のいずれかで考えるのが通例ではないか。

第一の方向は「数」を、「物」の側にそれ自体で内在している或る関係性と捉える。ピュタゴラスや近代自然科学の法則把握は、この方向性の内にあると言ってよいだろう。第二の方向は「数」を、私たちのような「心（意識）」をもった存在が、当の「心」において行なう「数える」作用の内で産み出されるものと捉える。いわゆる心理学主義や、数学基礎論における規約主義などは、大きく言えばこの方向の内にあると言ってよい。

つまり、結局のところ「数」も、「物」の秩序か「心」の秩序のいずれかに属すると考えられているのである。なお、この「第三のもの」に関しては、本章3節b（66-67頁）をも参照。

（9） 本書はいずれこの常識をも再検討することになるが、議論の現段階ではこの常識に従っておく。

(10) この場合の「同じ場所」は、空間的位置でも時間的位置でもよい。本文で次に挙げる例は前者のケースであり、心的出来事と物（理）的出来事が「同じ」であるとされるのはさしあたり前者と後者を組み合わせた形をとるが、これがうまく機能しない点については本文後論参照。

(11) だからこそ、逆に、その場所を大まかに胸や頭や身体全体に重ね合わせることがなされてきたのである。いずれもが「ここ」や「そこ」でありうるからであり、日常生活を営む上では、それで大した支障をきたさなかったからである。だが、心臓や脳や……の自然科学的な解明と制御が進むにつれて、たとえば脳死のような仕方で、もはや大まかな重ね合わせでは十分な対応のできないケースが生じてきた。つまり、心的出来事と物（理）的出来事とが「同じ」であることの正確な内実が明らかにされなければならない段階に、

いまや私たちは立っているのである。

(12) デイヴィッドソンがみずからの主張する「同一」性の内実を多少とも正確に表現しようとしてもちだす〈「タイプ同一性」と「トークン同一性」の区別〉は、彼がここで検討した同一性に接近している可能性を示唆するものと解釈できるが、そのような同一性概念がうまく機能しないことはいま論じた通りである。

(13) これは、デイヴィッドソンが論考中で引用しているJ・J・C・スマートの見解(AE212/271)にほぼ等しい。

(14) これは、リベットを論ずる次節で取り上げるいわゆる「無意識的過程」に関してもあてはまる。なぜなら、どんな「無意識的過程」も、何らかの行為なり行動が「無意識に」(つまり、当人にそれと意識されずに)行なわれること以外ではないからである。たとえば酔っ払った私は、どこをどう歩いているのか知らないまま、確かに我が家に向かって歩いているのであり(「帰宅」という行為をしているのであり)、たいていの場合、無事我が家に辿り着くのだ。このときの「帰宅する」という記述自体は物(理)的記述ではありえず、当人がその意志を意識していると否とに拘わらず、心的次元に属する記述なのである。この心的記述に基づいて、たとえば脳内のそれに対応する特定の物理的－神経生理学的過程が探索され、記述にもたらされるのだ(それはそのまま、足の筋肉組織の物理的緊張運動に因果的に結合される)。かくして「帰宅する」という行為が物理的記述を(も)もつ。デイヴィッドソンがカントを敷衍して「人間の行為を心的出来事に一般化する」と一言で述べるとき(註(3)参照)、その背後には少なくともこれだけの過程が控えているのである。

(15) この点については、本書第5章で触れるミンスキーの見解をも参照(第5章、註(26))。そこで彼は、何が原因たりうるかの特定に心的次元の関与が不可欠である点を指摘している。

(16) ついでに言えば、翻訳もまたその実際においては、このような「重ね描き」以外ではないはずである。誰であれ何かを理解するのはいずれかの特定の言語においてなのだから、その特定の言語の上に(ないし、その中に)他の言語を重ねるしかないはずだからだ。

(17) この点で興味深い指摘を行なっているのは、デイヴィッドソンの「非法則論的一元論」と大森荘蔵の「重ね描き論」を文字通り重ね合わせつつ、「脳生理学に対して素朴心理学(folk psychology)の方に記述上の優位を認

める」柴田正良〔1990〕（120頁）である。

(18)　この「外界」には、物理・化学的存在者としての「脳」の特定の状態も含まれる。

(19)　Libet〔2004〕．以下、同書からの引用は、略号MTにつづいて、原書頁／邦訳書頁の順に表記する。

(20)　実験のより詳しい概要については、たとえば以下を参照。鈴木秀憲〔2012〕、27～42頁。

(21)　ゲシュタルト心理学は、対象や環境の物理的性質に還元できないこの「意味」に、「形態（ゲシュタルト）」の名を与え、私たちの行為がこの「形態＝意味」の世界の中で営まれるものであることを示した。こうしたゲシュタルト心理学の成果が、フッサールの影響下で育まれたことはよく知られていよう。「意味」概念が生物の行動を理解する上で決定的に重要である点については、本書第5章をも参照。

(22)　意志決定に関して、必ずしもその決定が行為者の意識に上る必要がないことはデネットも指摘している。Dennett〔2003〕, p. 237/330頁参照。ほかにも、次のような指摘を参照。「見ることにおいて、「ものが見えるという主観的経験が生じる」ことと、「見ることに依存して行動を起こす」ことが独立に起こりうる」（藤田一郎〔2007〕、61頁）。「盲視やグッデールの実験は、弁別ができたとしても、必ずしも被験者は刺激を主観的に知覚できていないということもありうることを示している」（藤田一郎〔2007〕、152頁）。「情報の受容、分析、貯蔵（そして活動のプログラミング、調節、確認）は意識に依存しない。コンピュータはそのような機能を果たすことができる（しかもしっかりと）し、また、私たちもたいていの場合、その大部分を無意識的に行なっている」（Solms & Turnbull〔2002〕, pp. 276-277/400頁）。

この「無意識的」な部分と「意識的」な部分との間には、後に本論で詳しく検討するように（前者が後者を「基づけ」るという）「基づけ」関係が成り立っているのだが（本章3節ならびに第5章2節参照）、このときしばしば基づける項の振る舞いの大半が基づけられる項にとって「無意識的」にとどまる理由は、ある意味では単純である。ミンスキーは両項（彼はそれぞれを「エージェント」と呼ぶ）の間に上下の階層性があることをはっきり認めた上で（「下位レヴェルのエージェントたちは上位レヴェルのエージェントたちによって制御される必要がある」、Minsky〔1986〕, p. 34/33～34頁）、その理由を次のように述べている。「下位にあるエージェントたちがしてい

ることを何もかも知っている上位エージェントなどありえない。理由は簡単で、そんなにたくさんのことを知るための時間などないからである」(Minsky〔1986〕, p. 60/75頁)。生物体が行なう行動の多くは、それが当の生物体の維持に直結する基礎的なものであればあるほど、状況の変化に応じて「即座に」なされねばならないのである。

(23) 註(42)参照。

(24) 「停止する」という心のはたらきにも無意識の過程が先行して存在していておかしくない点については、リベットの次の発言をも参照されたい。「心というのは、主観的な意識経験と無意識の心理的機能の両方を含んだ、脳の全体的な特性であるという定義が有効だと考えられる」(MT99/115)。「無意識の過程が、〔脳の〕先行活動を〈受け入れがたい〉と潜在的にラベルづけるときにだけ、意識的な拒否過程が喚起される必要が生ずる」(MT139-140/163)。この点について、デネットもリベットの別の箇所での発言(「拒否権を発動する(コントロールする)という意志決定の根拠となる要因が、その拒否権発動に先立つ無意識のプロセスによって展開されていたという可能性は排除されていない」)を引いて注意を喚起している(Dennett〔2003〕, p. 237/329〜330頁参照)。鈴木秀憲も同様の指摘をしている(鈴木秀憲〔2012〕、30頁)。

それにもかかわらず、リベットが拒否権の発動に先行する無意識的過程の存在に積極的にコミットすることがないのは、そのような過程の存在を示す経験的証拠がいまのところ挙がっていない点にあるようである。しかし、準備電位の起動すなわち電気的興奮それ自体はその内実が何であるかを示すものではないのだから、それが当の行為に肯定的に関わるものか、それとも否定的に関わるものなのかを識別することはできない。そのために、否定に関する経験的証拠が挙がらないように見えるのではないか。つまり、準備電位の起動の内には、当の行為の否定に関わるそれも(肯定に関わるそれに後続するかたちで)含まれている可能性が考慮されなければならないのである。なお、リベットの実験が示す哲学的含意を明快に整理しつつ、みずからの自己欺瞞論とアクラシア論との整合性を説得的に証示する浅野光紀〔2012〕も、この点に関しては(浅野の当面の関心に直接関係しないこともあってか)リベットと同様に態度を保留したままであり、これ以上の立ち入った検討は行なっていない(浅野光紀〔2012〕、318頁、参照)。

(25) ここで「みなされる」という言い方をしたところからも見て取れるよう

に、本書は「自由」を、それに基づいて私たちの世界が構成されているところの一つの（有意味な）「制度」として捉える。それが制度であるかぎりで、それは私たちが本当に自由であるか否かという問題とはさしあたり独立である。こちらの問題をどのように考えるかに応じて、自由のもう一つの側面（制度とは異なる側面）が見えてくるはずである。この点については本章3節が触れると共に、本書第6章でさらに立ち入って考察する。

(26)　前註でも触れたように、「自由」にはこの「新たな次元」を保障する制度という側面がある。

(27)　こちらの側面が、前註(25)で触れた「私たちが本当に自由であるか否か」という問題に関わる。なお、意識過程が単なる随伴現象であるか否かという問題と、私たちは自由な存在なのか否か（決定論に服しているのか）という問題は別の問題だと指摘されることがあるが（たとえば、Gallagher〔2006〕、鈴木秀憲〔2012〕、32頁、など参照。デネットもそう考えているように思われる）、本書も基本的にはこの指摘に賛同する。その上で、後の議論からも明らかなように、本書は前者の問題については（「基づけ」理論に依拠して）「否」と答え、後者については独自の見解を提出する。

(28)　リベットも言及している「躊躇行動」は、無意識の次元で起動過程と停止過程が葛藤していることの表われと見るべきである。

(29)　リベットが指摘している、心が行なう時間的遡行にはそれに対応する神経基盤が見当たらないという事実（MT85/99, 86/100）は、心と物との異次元性を示すものにほかならない。つまり、この「遡行」は心的出来事ではなく（心的出来事であれば、その物理的－神経生理学的記述が可能である）、言ってみれば心的出来事の「枠組み」（あらゆる心的出来事がその内で生ずるところの「枠組み」）の設定に属する事柄なのである。したがって、心は何かを意識するそのたびごとに時間的遡行を行なっているのではない。そうではなく（リベットが述べるのとは逆に）、心が何かを意識する次元を、当の心の次元の上に重ね描きされた物（理）的次元に相対的に、丸ごと「後ろにずらす」のである。同じことだが、心的次元の上に物（理）的次元を重ね描くとき、後者の次元を丸ごと前者に対して「先行させる」のだ。何かが意識されるためにはおよそ〇・五秒の時間を要するという神経生理学的事実と整合させるためである。したがって、「先行（遡行）」といい「後行（遅延）」といっても、それらは記述の枠組みの設定に関わる（相対的な）ものであって、それぞれの仕方で記述された次元の内部での時間的関係ではない。いず

れの次元の内部においても、「いま・ここで・現に」起こっている事態に直ちに（リアルタイムで）対応がなされていることに――それが必要な対応であれば――変わりはないのだ。このことにとって、先の神経生理学的事実（が知られているか否か）は何の関係もないのである。両次元の異次元性の指摘については、ほかにMT153/180をも参照。

(30) 分離された二つの脳半球も皮質下で連結を保っており、この部分に「統一された意識を伴う精神の場」の存立根拠が存在する可能性についてはリベットも言及しているが、通りすがりの言及にとどまっており、議論の主題となっていない。MT172/203参照。

(31) たとえば、物（理）的レヴェルでは互いに独立している私の脳と他人たちの脳の間にすら（つまり、複数の脳の間にすら）ある「統一された場」の成立を見て取ることができるのだが（私たちが形成している「社会」とはそのような場にほかならない）、このときにも音声や文字といった物（理）的媒体を介して複数の脳たちの間に物（理）的次元での交通と統一が成立しているのであり、しかもその上で、この統一を形成する原理自体は物（理）的過程にではなく、家庭や会社や国家といったそれぞれの目的へと向けられた意味形成態（意味形象）の内に、根をもっているのである（もちろん、この各々の意味形象が必ずしも私たち一人ひとりに明確に意識されている必要がない点は、行為の多くの部分が潜在的で無意識的な、受動的過程の中で調整されていたのと同様である。肝要なのは、この調整が「意味」という新たな秩序に基盤をもっているという点なのだ）。別の箇所で彼も述べている通り、「大きな損傷を受けても十分に機能することができ、依然として意識と自己を生み出せるような、もっとグローバルな（全体的な）表現を」(MT207/245)追求すべきなのである。

(32) Husserl〔1900/01〕, Ⅱ-1, S. 261f./第3分冊49頁以下, Ⅱ-2, S. 152-156/第4分冊177～181頁。

(33) Merleau-Ponty〔1945〕, p. 451/第2分冊281頁。

(34) 念のため言えば、その議論は、メルロ＝ポンティ自身が言う「〈基づけるもの〉は経験的な意味で最初のものだというわけではなく、〈基づけられるもの〉を通してこそ〈基づけるもの〉が姿を現わす」(Merleau-Ponty〔1945〕, ibid.) という部分に、正確に対応している。

(35) 註(17)参照。

(36) 引用が示すように、デイヴィッドソンにおいては、物（理）的なものの

基底性は心的なものの包摂（包括）性を認めないことと組（ペアないしセット）になっている。これに対して、「基づけ」理論における物（理）的なものの基底性は、心的なものの包摂（包括）性と不可分なのである。デイヴィッドソンの引用文に即して言い換えれば、「心的でない」出来事がそのようなものである可能性は、「心的なもの」の次元ではじめて確保されるのだ。

(37)　もっとも（先に註(16)でも触れたように）、翻訳の実際においては、どちらか一方の言語の側への翻訳がなされるのだから、そこにはここでの「包摂」に似た関係が成立する（それを先には、一方の上に他方を「重ね描き」する、と表現した）。しかし翻訳の場合、包摂され＝翻訳された言語はこの包摂＝翻訳とは独立に存立しつづけるのだから、この独立性は包摂への「抵抗」という（或る種の倫理＝政治的な）かたちをとる。「物」が「心」へ包摂される場合、この「抵抗」は目立たない、ないし別の形態を取ると考えられる。心的秩序が物（理）的秩序なしには存立しえないというのは、或る意味では後者の前者に対する決定的な「抵抗」であるが、普通ここに倫理＝政治的な含意を読み取ることはしない。この「抵抗」は「実在」ということと関係があるのだが、ここではこの点に立ち入らない。本書序章ならびに補章、また斎藤慶典〔2011〕を参照。なお、斎藤慶典〔2009〕、第7章「死し、書き、殺せり――「何ものでもないもの」に」においても、いささか異なった角度からではあるが、この問題を取り上げた。

(38)　もちろん、ここで物質的単位が植物的秩序に対して姿を現わすその仕方は、心に対して物が姿を現わす（すなわち、意識される）その仕方とはおよそ異なったものだろう。それ自体を心の秩序のタームで表現することはできない。心の秩序の側からは、それを「無意識的」と表現できるのみなのである。それにもかかわらず、植物が特定の物質（光を含む）を「感知」していることについては、たとえばChamovitz〔2012〕を参照。

(39)　註(33)参照。

(40)　註(34)をも参照。

(41)　「……脳がどうこうしたから何かが見える、といった「原因結果」の関係ではなく、表からみればこう、それを裏からみればこう、といった「即ち」の関係をここに見てとるべきではないか、……」（大森荘蔵〔1980〕、218～219頁。強調は原文）。大森は、この「即ち」に基づく変化を（因果関係に基づく変化と区別して）「共変」とも呼んでいる（たとえば、大森荘

蔵〔1976〕、44～47頁、61～62頁などを参照)。

(42) フッサールは議論の混乱を防ぐため、こうした心的次元での(「決心」と「振る舞い」の間に成り立つような)関係を「動機づけ(Motivation)」と呼び、物(理)的次元で成立する「惹き起こす(cause)」こと、すなわち「因果関係(Kausalität)」と厳格に区別した。こうしておけば、心的次元と物(理)的次元の間に因果関係の成立を認めることがカテゴリー・ミステイク以外の何ものでもないことが明瞭となる。心と物が、相互作用の成り立つ余地のない異なる次元を形成している点を見抜くことが(そしてその上で、この二つの次元の間に成り立っている関係の内実を明らかにすることが)肝要なのである。

(43) Kant〔1785〕, S. 83. 二箇所の強調はカント原文による。なお、デイヴィッドソンによる引用文中では、最初の箇所の強調が脱落しているが、これは本書の観点からすれば彼が自由の問題の核心を捉え損なっていることの証しでしかない。因果必然性に基づく規定と自由との共存があくまで可能性(「共存しうる」)において(のみ)維持されるものであることこそ(より正確に言えば、自由はその「純粋な可能性」においてのみ存立するものであるがゆえに、その自由と因果必然性による規定との関係もまた、可能性におけるものとなること、したがってまた両者の「必然的な統一」もまたこの可能性における統一であることこそ)、自由にとって決定的な事柄なのである。本章次節、ならびに本書第6章参照。

(44) 本章34頁参照。

(45) この「後追い」は時間軸上のそれではなく、事柄の原理上でのそれである。一本の数直線として表象される客観時間上に一列に配置された〈原因と結果の連続体〉上では、次元の差異と次元間の「基づけ」関係に由来するこの「後追い」は跡形もなく姿を消す。この「後追い」を、因果的思考の本質である過去遡及性として捉えることもできる(本書第5章2節、参照)。

(46) もちろん、この場合も、当の「……しようと欲する」ことに対応する脳内の特定の物(理)的状態には、それに先立つ何らかの原因を指定することができる。そして、そのようにして指定された原因に対してもさらにその原因を指定することができ、以下同様にして原因の遡行はどこまでも可能である。

(47) すでに無意識の内に起動してしまっている行為を差し止める点にのみ自由の存立の余地を認めたリベットの議論は、動機(による誘い)を斥けうる

この原理的な余地を、物（理）的次元と心的次元（この場合は「心Ｉ」）の次元間の差異に無頓着なまま、心的次元の物（理）的次元への（因果的）介入と捉えてしまったものと見ることができるだろう。このとき、意志の否定的介入（行為の差し止め）にのみ、それに先行する無意識的な物（理）的過程の存在を認めない奇妙な議論構成があたかも成り立つかのような見かけが成立するのである。

(48)　行為に関して法則論的必然性に従ってなされたどんな予測（予言）も、それがその行為の当事者に知られたとたんに覆されうるものとなるといういわゆる「予言破りの自由」は、この原理的に残らざるをえない空白地点（心的次元が物（理）的次元を包摂しているかぎりでの、その余白部分）に立脚している。法則論的に示されたいかなる予言（予測）も、それが心的次元での「決心」、ならびにそれに従った私たちの「振る舞い」に関わるものであるかぎりで、覆される余地がつねに残ってしまうのだ。このことは、世界に関する物（理）的記述が（もちろん物理的記述にかぎらず、どんな記述も）、その記述の内部で閉じることができないという「不完全性定理」とも関連している。この点をデネットは自己言及性の問題として捉えている。「自分自身について完全な記述を行ないうる情報処理システムは存在しない。……ラプラスの悪魔でさえ認識の限界をもっているため、（自分がその外にいる）宇宙の次の状態を予測できるようには、自身の行動を予測できない」(Dennett〔2003〕, p. 91/135 頁)。

(49)　この「なる」は、「みなされる」と言い換えることができる。すなわち、制度としての自由である。したがってこの自由は、事実のレヴェルで私がそれを認めていなくても、権利のレヴェルで私に帰属するとみなされることがありうる。私が知らず知らずの内に行なった行為に関して責任を問われるケースが、これにあたる。

(50)　このことは、世界の内に無数に存在する人物たちを構成する身体や脳の物（理）的特性をいかに仔細に調べようと、それがほかならぬ「私」のそれであって他の誰のものでもないことを示す何ものも見出しえないことからも明らかであろう。それは「私」の側からしか、示すことができないのである。「自由」もまた然りなのだ（前註(49)のように、私が責任を問われるケースでも、問われている責任――すなわち自由――がほかの誰でもなくこの私に帰属するものであることは、私の側からしか示すことができない）。これを「私」の端的性・当事者性（ipseity）として捉え、「私が私であること」の中

核に据える議論を、本書補章は展開する。

(51) これが、制度としての自由とは異なるもう一つの側面、「純粋な（単なる）可能性」としての自由に関わる側面である。この論点については、本書第6章があらためて取り上げる。

(52) この事態を「下降的因果律」ないし「下向きの因果関係」という概念を使って説明しようとする試みがあるが、この試み（が「因果」という関係概念を用いているかぎりで上手く行かないという点）については、本書第6章の註(10)を参照。

第2章　脳科学・心理学・現象学

(1) この「認知」が生命の本質的なメルクマールの一つである点については、あらためて本書第Ⅱ部で現代の生命科学の知見を参照しながら検討する。

(2) 脳を多くの器官の中の一つとして捉え相対化する必要性については、デネットの次のような指摘がある。「脳（つまり心）は数多い臓器の一つであり、比較的最近になって支配権を握った〔にすぎない〕……脳を主人とみなすのではなく、気難しい召使と捉え、脳を守り、活力を与え、活動に意味を与えてくれる身体のためにはたらくものだと考えないかぎり、脳の機能を正しく理解することはできない」(Dennett〔1996〕, pp. 77-78/139頁)。このように捉え直すことは、心を脳と同一視する考え方から私たちを解放することにもなる。つまり、「心は脳と同一のものだという考え方をひとたび捨て、心の存在を身体の他の部分にも広げて考える」(Dennett〔1996〕, p. 78/139～140頁) のである。このとき、心は覚醒した明晰な意識以外の領分においても、すでにさまざまな仕方で機能している。本書の言う、「こころ」である。デネットは同所で、『ツァラトゥストラはこう語った』のニーチェを引き合いに出している。「私は肉体〔＝身体〕であり、他の何ものでもない。魂〔＝心〕とは身体の或る部分を表わす言葉にすぎない。……肉体〔＝身体〕は偉大な理性であり、一つの意味をもった多様体である。……小さな理性も肉体〔＝身体〕の道具であり、兄弟よ、それをおまえは「精神」と呼ぶ。精神は偉大な理性の小さな道具であり、玩具なのだ」(Dennett〔1996〕, pp. 78-79/140頁)。ここで肉体＝身体の隅々まで行き渡り、肉体＝身体を肉体＝身体たらしめているもの、すなわちニーチェの言う「偉大な理性」が、本書の言う「こころ」なのである。

本文の次段落も指摘するように、脳が孤立して存在するものでない点につ

いては、次のような指摘もある。「脳は……孤立した器官ではない。それはさまざまな仕方で身体の他の器官とつながっている。脳と、脳が働く仕組みについてのこの極めて重大な事実は、あまりに見逃されがちだ（特に、脳をコンピュータの類似物と考えたがる人々には）」(Solms & Turnbull〔2002〕, p. 18/26 頁)。そればかりではない。脳は、いわゆる外部世界ともつながっている。「脳は外部世界に主として二つの仕方でつながっている。第一に感覚装置（視覚器官や聴覚器官など）によって、第二に運動装置（いわゆる筋骨格系）によって。このようにして、私たちは世界から情報を受け取り、世界に向かって行動する」(Solms & Turnbull〔2002〕, p. 20/28 頁)。

（3） たとえば、第1章1節で取り上げたデイヴィッドソン、2節で取り上げたリベットのいずれにおいても、因果関係の不適切な拡張が認められた。また3節で取り上げたフッサールは、因果関係概念を限定した上で、それに動機づけ関係を対置した。同章の註(42)をも参照。

（4） 本書第1章参照。リベットが行なった一連の実験とその結果についての考察は1980年代からいくつかの単行論文の形で公表されていたが、それらを一書に集成したものがLibet〔2004〕である。

（5） リベットが行なったこのタイプの実験は、肘を動かすときの決断の時間とその前後の脳状態の比較である。この決断（決心）が行なわれた「心の時間（マインド・タイム）」をミリ秒の単位で測定するために彼が考案した時計については、本書第1章2節冒頭の図1-2（46頁）を参照。

（6） 本書第1章2節 b）批判的検討を参照。

（7） 2011年12月3日に行なわれた日本基礎心理学会での講演。

（8） 木村敏〔1982〕。斎藤慶典〔2003b〕、第2章をも参照。

（9） ここでは素粒子の存在論上の身分の問題には立ち入らない。第1章、註(5)をも参照。

（10） McGinn〔1999〕、参照。「もの」の次元と「こころ」の次元を架橋する第三の論理が存在しないという点では、本書はマッギンと意見を同じくする。しかし、それが生物種としての人間の認知能力の限界に由来すると考えられている点には、賛同しない。私たちはそうした限界を遥かに越えた事柄に関して、多くのことを知ったり探求したりすることができる（たとえば、みずから発する超音波に対する反射を聴くことで物や距離を見分けるコウモリの認知を体験することはできないが、それがどのようなことなのかを理解することができる）。ことは「もの」と「こころ」の本質に由来する原理的な問

題なのである。したがって、彼のように両次元の関係をことさらに「神秘」と呼ぶ必要もない。

(11) 意志の決定が点的なものではなく、過程的なものである点については、デネットも指摘している。「リベットが発見したのは、意識に先立って不気味な無意識があるということではなく、意識的な意思決定には時間がかかるということなのだ」(Dennett〔2003〕, p. 239/332〜333頁)。リベットが述べていた、心の次元での気づきの物理的次元での出来事に対する遅れを取り戻す心的メカニズムについての議論(本書第1章2節参照)は、この「同時刻性」が事実レヴェルの問題ではなく「要請」であることを示していると言ってよい。それは「同時刻」でなければならないのであり、そうでなければ世界で起こることに対応できないのである。同じことを逆から言えば、現に私たちが世界で起こる出来事に対応できているのだから、それは「同時刻」なのである(本書第1章の註(29)、第5章の註(9)をも参照)。

(12) 本書第1章、70頁ならびに註(41)参照。

(13) 本書第1章3節。

(14) 自己の存続と再生産が生命の本質的なメルクマールの一つである点も、あらためて本書第Ⅱ部で検討する。

(15) この点については、斎藤慶典〔2002〕、第2章1節「デカルトとフッサール——懐疑と還元」、を参照。

(16) この間の事情についても、詳しくは斎藤慶典〔2002〕を参照。また、この最終的地盤に与えられた「超越論的主観性」という名称に関しては、本書第1章65〜67頁をも参照されたい。

(17) この点に留意して、本書第1章は「超越論的次元」という呼称を採用した。

(18) この論点に関しては、本書補章においてあらためて取り上げる。

(19) Wittgenstein〔1918〕。「私は私の世界である」(5.63)、「主体〔=私〕は世界に属さない。それは世界の限界である」(5.631)。

(20) Aristoteles, *Metaphysica*, 1003a20 参照(アリストテレスからの引用は、慣例に従いベッカー版の頁数と行数を表示する)。また、斎藤慶典〔2011〕の序章「形而上学とは何か」、をも参照。

(21) したがって、まず以ってこの「こころ=心」に定位して現象学を開始し、しかる後に超越論的現象学の問題群に取り組むという途筋が考えられる。フッサール自身もこの途行きを(ほかの途行きとならんで)試み、それを

「現象学的心理学を経由する途」と呼んだ。現象学的心理学に関しては『フッサール全集（Husserliana）』第IX巻のすべてがあてられている。

(22)　生命と自由を主題とする本書がこうした形而上学的次元と接する地点については、本書序章を参照。

第3章　間主観性と他者

（1）　本書第1章3節b、ならびに第2章3節、参照。

（2）　この点については、本書第2章3節で問題を提起した。同所の註(18)をも参照。

（3）　この点についての立ち入った考察は、以下でフッサールの高弟の一人ヤン・パトチカのフッサール批判を引き合いに出しつつ行なった。斎藤慶典〔2011〕、第Ⅱ部第5章「現象——フッサール／パトチカから」。

（4）　この「間接的で潜在的な仕方で」「共に現象している」ものの現出性格自身は「端的で直接的」であることに注意されたい。つまり、後者の「端的で直接的」な現出はおよそ現象するもの・しうるもの（それが「現象しうるもの」として現象しているかぎりで）のすべてに及んでいるのであり、その上で、その内の一群のものは私（という人物）に対して現象し（この意味で「直接的」であり）、他のものはそのようには現象しないという意味で「間接的で潜在的」とされるのである。したがって、「直接性」に実は二義があり（「超越論的次元」でのそれと「人物としての私」の次元——超越論的次元において現象する特定の時間的・空間的地点の次元——でのそれ、と言ってもよい）、それらの重なり合いとずれが本章の主題である。

（5）　この点に関しては、斎藤慶典〔2003a〕を参照。

（6）　この後者の意味での「現象すること」の端的性が、超越論的次元における「直接性」である。前註(4)参照。

（7）　投射説が正しいなら、この投射に対応する何らかの物理的・神経生理学的過程が検出されなければならないが、そのような過程はどこにも見出されていない。表象説が正しいなら、現出した机は私の頭の中（脳内）に見えているのでなければならないが、当の机はあくまで「そこ」に、つまり（頭や脳といった）私の身体の外部に見えている。

（8）　本書補章で考察するライプニッツ・ベルクソン・西田幾多郎らの発想から見れば、この「内から外へ」向かう動向は時間の空間化への動向（の相対的優位）と重なるかもしれない（補章5節参照）。なお、以上の第一のケー

スにおける諸現出の在りようは、統合失調症の或る種の症状に対応しているように思われる。

(9) 前註で触れた本書補章の議論との関連で言えば、この「外から内へ」向かう動向は空間の時間化の動向（の相対的優位）に重なる。これを「内から外へ向かう力（自発性＝時間性の空間性への展開）」の減退と捉えれば、非若年性と関連づけることができるかもしれない。

(10) 以上の第二のケースにおける諸現出の在りようは、鬱病の或る種の症状に対応しているように思われる。

(11) ここで「超越論的主観性の空間化」と述べた事態を本書補章での議論と関連づけて整理すれば、次のようになる。私たちの現実は、〈一なる持続がおのれを多様なるものの拡がりへと展開する動向〉（時間の空間化）と〈多様なるものの拡がりがおのれを一なるものの持続へと収束させる動向〉（空間の時間化）の交錯において世界が現象することで成り立っている。そして、不具合の発生が主として前者の動向の内に根をもっている場合――本章は、この場合を統合失調症に親近性が高いとみている――と、後者の動向の内に根をもっている場合――この場合を鬱病に親近性が高いとみている――を想定することができる（もちろん、この二つの動向はつねに相関しているので、事態はそれほど単純ではないが）。その上で本文が注目しているのは、これらの不具合が主に空間化のレヴェルで顕在化する場合と、時間化のレヴェルで顕在化する場合（こちらに関しては、本章3節で考察する）があるのではないか、ということである。

(12) 他方で、社会の全体化があらためて亢進すれば、その中での各人が果たすべき役割への要求は増すだろう。このことと鬱病の蔓延化との相関を考える余地もあるかもしれない。

(13) 「深い」という言い方は誤解を招くものかもしれない。というのも、なるほど何ものかが現象するためには時間が必要不可欠であるにしても（このことはいま本文で確認したとおりである）、時間の継起の中で現象するものが何らの形（輪郭）ももたなければ、やはり現出ということは不可能になってしまうからだ。たとえば人が沈思黙考しているとき、その思考対象は知覚される空間的なものではないにしても、やはりそれに固有の「形（輪郭）」を具えていなければそもそも「何」を思考しているのかが不明となってしまうだろう。この意味で不可欠の「形」は何らかの仕方で「拡がり」を有しているのだから、すでに「空間」の次元に足を踏み入れていると言ってよい。

したがって、本書補章で用いる「内」と「外」という表現に載せて言い直せば、時間は〈そこから現出へ向けての動向が発する「内」の次元〉に根をもち、空間は〈そこで現出がおのれを展開する「外」の次元〉に根をもつのである。この意味で、時間（内）と空間（外）は別の次元を構成しながらも相互に嵌入することを以ってはじめて現出を構成する不可分のものなのだ（したがって、時間と空間は相互に独立したものではなく、「時空（間）」という仕方で共属している）。本文がこれから検討しようとしているのは、この意味での「内」の次元である。

(14) 念のために言えば、ここでの「外部」は、先に本書補章を引き合いに出して論じた〈時間の発出地点が「内」で、空間の展開されるところが「外」〉と言うときの「外」とは関係がない。あえて関連づけるとすれば、「内」と「外」という仕方で時空的に展開されるこの世界の（ありえない）「外部」が、ここで言う「外部」である。なぜそれが「ありえない」という形容（限定）を伴わなければならないのかについては、本文後論を参照されたい。

(15) ここで言う「私たち＝われわれ」の中には、それに対して世界が現象するかぎりでのすべての存在者が含まれる。したがって、単に人間としての他人たちばかりではなく、動物たちや（場合によっては）植物たちも含まれる。この点の検討は、主として本書第5章で行なう。

(16) 以下では便宜上時間の次元を独立に取り上げて論ずるが、実際には時間と空間は相互に嵌入し合っている。本章の註(8)、(11)、(13)参照。

(17) 先のビッグバンにしてもエントロピー最大の状態にしても、それらがこの宇宙の創成の時と終焉の時であるのなら、それ以前とそれ以後の世界が何らかの仕方で問題とならざるをえない（たとえば、先に触れた「紐＝弦」理論がこの場面で登場することがある）。たとえそれが「無」なのだとしても、「無」もまたそのようなものとして現象してしまうのである。そして、この「無」に関しても、それがどこかで始まったり、終わったりするのであれば、そこにふたたび「存在」が回帰せざるをえない。すなわち、こうした意味において何らかの仕方で現象せざるをえないかぎりでの「無」をすら含んで、この時間的変転と流動は「外部をもたない」。実は、「無」に関して事情はもう少し込み入っているのだが、ここでは立ち入らない。この点に立ち入った考察としては、斎藤慶典〔2011〕、第2章、第4章などを参照。

(18) この逆転について、詳しくは、斎藤慶典〔2011〕、第6章2節を参照。

(19) より正確に言えば、超越論的主観性自体はそもそも「速さ」を云々する

次元にはない。「速さをもたない」ことが有意味に問題化されうるのは超越論的主観性における現出の原初の「時」に関してであり、この「時」に時計で測られる時刻が重ねられるとき、すべては「時間」の内に然るべき位置を占めることになる（このことを俟ってようやく、「速さ」ということが有意味に機能する）。そこにおいて現出の原初の「時」が到来する超越論的主観性自身は、何ものかの現出という事態を可能にする或る次元の開けにほかならず、開かれたこの次元の内で（過去・現在・未来といった）すべての時間様相が姿を現わすという意味では（つまり、それ自身は時間様相の変転の内に入り込まないという意味では）、それを「永遠の今」と形容することもできる。この次元の開けが「瞬間」という特異な（もはや普通の意味で時間的ではない）様相をもつことについては、つづく本文での考察を参照されたい。「瞬間」と「永遠の今」については、斎藤慶典〔2011〕、第6章2節をも参照。

(20)　Husserl〔1940〕。この草稿の表題（「自然の空間性の現象学的起源に関する基礎研究——コペルニクス説の転覆——」）が示しているように、ここでフッサールは空間性の起源について考察していたのだが、その考察が目を向けることになった次元（すなわち、超越論的次元）は、世界が時空的に現象するその場所に関わるものだったのであり、そうであればその場所は、時間的な意味でも「絶対に動かない」と言ってよいのである。斎藤慶典〔2002〕、第5章4節をも参照。

(21)　ここで「定かでない」とは、それぞれの「そのつど」において現出した事態を時計時間で測ってみれば、それらは実に多様であるという意味である。「いま私は本書を読んでいる」という事態の現出は時間にして数十分から数時間に及びうるが、「いま私は窓外を燕が横切ったのを見た」という事態の現出はせいぜい数秒のことであろう。

(22)　そのような時間の設定を行なうためには、まず以って時間を「長さ」として取り出さなければならない。それは、もともと断続でしかなかった一つの現出と別の現出の「間」を連続的かつ一様に時間が流れているとみなすことによって可能となる。そのようにして取り出された「長さ」の内で、基準として選ばれた特定の「長さ」を連続的に結合することによって時計が成立する。この連続的結合を可能にするのは、周期的と受けとめられる現出である（太陽の運行——実際は地球の自転——や原子の振動がこれに当たる）。特定の「長さ」がつねに現出（再現）可能でなければ、それで以ってほかの長さを測ることができないからだ。しかし、この周期的な「長さ」自体を測

ることはできない。この「長さ」を以ってはじめて、そもそも長さを「測る」ということが可能となるからだ。ということは、この基準となる「長さ」自体の変動（がかりにあったとしても、それ）を検出する術はないということにほかならない。つまり、この「長さ」が一様に推移する連続体であることは、どこまでもそのように「みなす」という仮定にとどまるのである（事実、相対性理論が示したように、異なる慣性系では、時間の進み方——この場合は「一様性」の内実——が異なる。しかもこのことは別の慣性系——別の時計——との対比においてしか明らかにならず、この別の時計についても同じことが成り立ち、以下同様にしてどこまでもつづくのである）。このようにして（はじめて）時間は数えられるものになるのだ（言うまでもなく、同じことが空間を測る場合にも妥当する）。

(23)　たとえば、脳死判定における死亡時刻の決定に関わる問題などに、こうした側面が現われている。

(24)　現出の強度の違いが「速い」「遅い」といった速度で表現されるのは、おそらく次のような事情によるのだろう。現出に対して感じとられた時間性格をその「長さ」や「短さ」に置き換え（「長く感じた」「短く感じた」というように）、測定された「長さ」（一時間や一分や……）をこの感じとられたそれで割るのである。ちょうど、移動距離を経過時間で割って速度を測るときのように、である。そうすると、基準となる単位時間当たりの「長さ」が求められ、それを以って（「長く感じた」場合には単位時間当たりの値は相対的に小さくなるので）「遅い」とか（「短く感じた」場合にはその値が相対的に大きくなるので）「速い」と言うのだ。

(25)　以上の第一の可能性の諸形態は、統合失調症の或る種の症状に対応しているように思われる。

(26)　以上の第二の可能性の諸形態は、鬱病の或る種の症状に対応しているように思われる。

(27)　真性癲癇の典型的な症例（大発作）は、こうした瞬間にきわめて近似しているように思われる。

(28)　この「被る」という事態については、本書補章6節があらためて取り上げる。

(29)　もちろん、私の同類として、仲間として、この世界の現出を間主観的に構造化している他人たちの中に世界の外部としての他者が潜んでいる可能性は、あらかじめ排除されない。レヴィナスは、それを「顔」として問題化し

た。この点については、斎藤慶典〔2005〕を参照。

第４章　生命の論理

（１）「闇」も「死」も、生の下ではじめて、その反照のようにして姿を現わす。

（２）前章で論じた「永遠の今」に関わる議論を想起されたい。第３章、註(19)参照。

（３）「論理と生命」（西田幾多郎〔1988〕)、230 頁。以下、同論文からの引用は西田幾多郎〔1988〕の頁付けを記す。

（４）「論理と生命」186 頁。

（５）「論理と生命」206 頁。

（６）「論理と生命」275 頁。

（７）「論理と生命」296 頁。

（８）本文の言う「別の箇所」とは、「実践と対象認識」と題された論考である。西田幾多郎〔1980〕、438 頁参照。

（９）「生命」（西田幾多郎〔1998(a)〕)、427 頁。以下、同論文からの引用は西田幾多郎〔1998(a)〕の頁付けを記す。

この引用に見られるように西田は、しばしば「世界」を表現の主体としても捉える。これに対して本書は、あくまでそれぞれに固有の形を具えた個々のものが表現の主体であって、それらが「そこにおいて」おのれを表現にまでもたらす「或る開かれたところ」が「世界」なのだと考える（したがって、本書が——簡略化のために——「世界」を主語の位置において述べる場合も、その意は「世界において現象するところのそれぞれは」ということである)。この意味での世界は、西田の言う「場所」に該当する。したがって、もし「自覚」ということを言うとすれば、それはおのれに固有の形を具えた個々のものが世界においておのれを自覚するのであり、そのような世界という或る開かれた次元が開示される媒体として機能するのが身体としての私なのである（身体については本章３節を参照)。この「自覚」に私は媒体として参与するのだ（したがって、「自覚」は媒体である私の下で生ずる)。西田自身が事態をこのように捉えている箇所も確かに存在する（たとえば「物来って我を照らす」という西田のよく知られた文言を、本書はこの意味に解する)。

(10)「論理と生命」295 頁。

(11) 本書第１章２節 b、参照。

(12)「生命」391 頁。現代の生命科学は、ここでいう（因果的ではなく）「表

現的」な相互作用を、「情報」という概念で捉えようとする。「心〔個体〕は生態系〔環境〕との相互作用の中で次第に適合していくのであり、いわば心と環境は互いに合致する鍵と鍵穴のような関係である。ただし、その作用は機械的〔因果的〕ではなく、情報的である」(Rose〔2006〕, p. 124/163 頁)

(13) 後にあらためて論ずるように、正確にはその構造は第一義的には個体が属する「種」に固有なのだが、ここではさしあたり個体と環境の関係に焦点を絞って論じているので、このように述べておく。

(14) ハイデガーであれば、これを Ent-fernung ——「遠さ (fern)」という外的な関係を「脱け出て (Ent-)」「近さ」という表現的で内的な関係に入ること——と呼ぶだろう。この表現的関係の下であらためて、ポジティヴな意味で「近い」ものとネガティヴな意味で「遠い」ものが配置される (構造化される) のである。Heidegger〔1927〕, S. 104-S. 110/208 ～ 217 頁。『存在と時間』、第Ⅰ部第 1 篇第 3 章 23 節「世界内存在の空間性 (Die Räumlichkeit des In-der-Welt-Seins)」参照。

(15) 『日本文化の問題』(西田幾多郎〔1998(b)〕)、365 頁。以下、同書からの引用は西田幾多郎〔1998(b)〕の頁付けを記す。

(16) 「私と世界」(西田幾多郎〔2003〕)、89 頁。以下、同論文からの引用は西田幾多郎〔2003〕の頁付けを示す。ただし、他の引用箇所と表記をそろえるため、現代仮名遣いに改めた。

(17) 「私と世界」95 頁。

(18) 「論理と生命」219 頁。

(19) 「論理と生命」298 頁。

(20) 「論理と生命」192 頁。「種の生命」とは「特殊なる規準的構造と環境との関係の能働的維持」にほかならない (「論理と生命」195 頁)。

(21) 「論理と生命」196 頁。

(22) 『日本文化の問題』402 頁。

(23) 『日本文化の問題』386 ～ 387 頁。ここでも西田は、種としておのれを表現にもたらすところの主体を「世界」として捉えている。また、彼が種的限定の先に姿を現わすものとして文化を位置づけるのは、さしあたりそれが単なる生物的生命を越えたものであるかぎりでのことである。このとき、当該の文化 (たとえば「日本文化」) をそのようなものとして限定しているのは民族 (たとえば「日本民族」) という、なお種的なものであることになろう。「個が」そのようななお種的なものの「外に出る」と西田が語るとき

(次の引用参照)、それがいかなる事態なのかはあらためて検討されねばならない。本章4節参照。

(24) 「論理と生命」198頁。

(25) 本章4節参照。

(26) 「論理と生命」293頁。

(27) 「生命」426頁。

(28) このことは、前章で論じたように、時間がその原初の「時」において(連続体ではなく)「断続体」であるとしても、変わらない。そのつどの「断続体」において、(過去・現在・未来のすべてを含む)一つの「時」しか存在しないからである。本書第3章3節a、参照。

(29) 本書の理解からすれば、事態は「そのつどを貫く一つの流れ」ではなく、「唯一つしか存在しないそのたびごとの〈そのつど〉の内に姿を現わす一つの流れ」であるが、このときの「そのつど」が一なるもの(の多様なるものへの展開)である点が押さえられていれば、本文の議論の文脈上はさしあたり問題ない。前註(28)も参照。

(30) 「生命」411頁。

(31) 「生命」414頁。

(32) 「生命」415頁。

(33) 「生命」437頁。

(34) 「私と世界」91頁。

(35) この意味での「無意識的意識」であれば、植物においてさえそのようなものが機能していることを示唆する現代の研究も存在する。たとえば、本書第1章で言及したChamovitz〔2012〕(第1章、62～63頁、ならびに同所への註(38))は次のような発言を引用している。「手続き記憶に特徴的な最低レヴェルの意識(無意識)が外部刺激および内部刺激を感知しそれに対応できるという能力を指すのであれば、すべての植物および単純な動物には最低レヴェルの意識があるということになる」(Cvrckova, Lipavska, and Zarsky, “Plant Intelligence.” Chamovitz〔2012〕, p. 165/155頁より引用した)。また、フォン・ユクスキュルも変形菌類(粘菌類)の胞子から脱け出た粘液アメーバが或る段階で集団をなし、さらにそれらがいっせいに同一の行動パターンを示して移動するといったケース(こうした段階を経てふたたび子実体から胞子へと還帰する)を検討しつつ、次のような仕方で「植物の魂」に言及している。「集団内の個々の主体〔粘液アメーバ〕がこのようにすべて同一の

行動のトーンを示すような場合には、その集団はそれらを支配する一つの集団の魂を有していると言わねばならない。……いずれにしても、多くの個体の行動を調整する一つの集団の魂というものを措定するのであれば、私たちは植物に対しても同様に、植物体の多くの細胞を秩序づけている植物の魂というものを認めてもよいだろう……」(von Uexküll〔1950〕, S. 89/146～148頁)。同じ事例について、現代の複雑系の科学者マインツァーも「創発」ならびに「自己組織化」の観点から検討を加えている。本書第5章の註(18)参照。

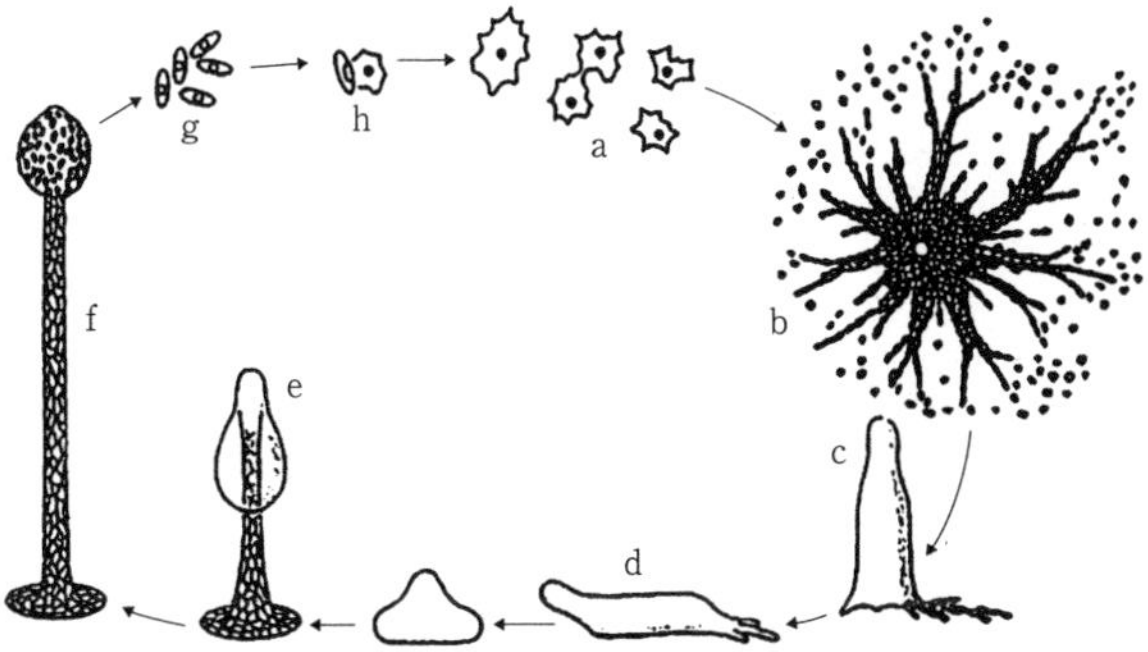

変形菌類の生活環　a：遊走中の粘液アメーバ，b：初期の集合体，c：後期の集合体，d：移動体，e-f：子実体，g：胞子細胞，h：粘液アメーバ（ユクスキュル『生命の劇場』博品社，1995年より）

(36)　「私と世界」91頁。

(37)　波音が聴取されるメカニズムの説明としてこれが妥当か否かは措くとしても、私たちの日常の生命維持活動の多くが、当人にそれとして明確に意識されない状態で営まれていることは確かである。それらも、ほんのわずかの変異が生じたときに直ちに或る種の違和感として感じとられることからも分かるように（必ずしもつねにというわけではないが)、まるで意識されていないわけではないのだ。

(38)　「……努力は内から外へである」。「生命」430頁。

(39)　同所。

(40)　もちろん、いわゆる「個性」なども個体に固有の形の一つだが、それとても身体なしには発揮されえない。

(41)　同所。

(42)　「弁証法的一般者としての世界」(西田幾多郎〔1998(c)〕)、76 頁。

(43)　味覚は触覚の一種と捉えることができる。体内に摂取すべき食物（場合によっては排除すべき異物）との口ならびに舌との接触において味覚が生ずるからである。この活動が生命維持にとって決定的に重要であることを見過ごしてはならない。

(44)　前註(43)参照。

(45)　この動向に本章はすでに「自発性」という名称を与えた（164 頁参照)。この自発性に本書は第 1 章（2 節 b、52 頁）で出会っている。自由意志をめぐるリベットの所説を批判的に検討した箇所においてである。そこで本書は、自発性と自由とを区別すべきであると論じた。だが、自由が自発性のないところに成り立たないこともまた、見過ごされてはならない。自発性は「自己」ないし「私」というものの成立に深く関与しているからである。ここで本書は、自発性に関してゲーテの次の言葉を想起すべきかもしれない。それは「満ち溢れるようにもろもろの〈形〉を生み出す創造の大海原」(von Uexküll〔1950〕, S. 166/286 頁より引用した）の如きものなのであり、生命はこの「大海原」にその源を汲んでいるのである。これらの点については、本書第 6 章であらためて考察する。

(46)　「欲求とは個物が世界を映すことより生ずる自己形成の要求である」(『日本文化の問題』375 ～ 376 頁)。ただし「欲求」を生物個体全般に見出される基本動向として捉えていると思われる用法も散見されるので、厳密な用語法ではない。本章 157 頁をも参照。

(47)　「私と世界」94 頁。

(48)　本書第 6 章、参照。

(49)　「私と世界」95 頁、参照。人間的生命において環境は「食物的たるとともに道具的」(「論理と生命」212 頁）でもあるのだが、この点はいまは措く。

(50)　「私と世界」95 頁。

(51)　「物は唆すもの」(「論理と生命」190 頁)。

(52)　「「是」というものの裏にはいつも「私」というものがなければならない」(「私の絶対無の自覚的限定というもの」、西田幾多郎〔1998(d)〕、238 頁。以下、同論文からの引用は西田幾多郎〔1998(d)〕の頁付けを記す)。

(53)　「論理と生命」240 頁。

(54)　同所。

(55) 「論理と生命」228頁。

(56) もちろん、「行為」の能動性にはさまざまな程度の差がある。ふつうには能動的と呼ばない程度のものも、そこには含まれる。たとえば、ぼんやり外を眺めているときとか、場合によっては睡眠中ですらそこに含まれることは、かりに私が昏睡状態に陥ったときにはもはや何も意識されないことからも明らかだろう。「内から外へ」の動向は、すなわち「行為」は、睡眠中ですら発動しているのである。

(57) 「論理と生命」234〜235頁。

(58) 同所参照。

(59) 『日本文化の問題』400頁。

(60) 『日本文化の問題』382頁。

(61) 同所。

(62) 「論理と生命」198頁。本章158〜159頁をも参照。

(63) 「論理と生命」241頁。

(64) 「論理と生命」216頁。

(65) 「私の絶対無の自覚的限定というもの」253頁、参照。

(66) 「論理と生命」189頁。

(67) 「生命」394頁。ここで遺伝を「形」の側から考えようとする西田の捉え方（形の自己形成としての遺伝）も注目されてよい。あくまでも「現象する形」というそれ自体生命体にとって意味を担った（意味そのものである）ものが特定の核酸の配列を遺伝子たらしめるのであって、その逆（特定の核酸の配列が形を定めるの）ではないのである。この発想は現代の生命科学者の次のような発言に受け継がれており、基づけ関係に依拠して生命を捉える本書もまたこの発想に賛同する。「ある核酸の塩基配列は、生きた細胞の中にある解読システムや連動システムが存在するときにのみ、遺伝子を構成することになる。言い換えれば、細胞は、核酸の配列を遺伝子に変える意味作出システム（a meaning making system）である。そうであるなら、細胞を遺伝子とその産物からなると考えることは適切とみなしうるであろうか」（Keller〔2005〕, p. 9. 米本昌平〔2010〕、426頁より引用した）。

この論点はドーキンスの「ミーム（意味素）」という考え方にもつながるものであり、彼はこの「ミーム」のうちに「進化の歴史を通してすべての生物種の上に降りかかっている複製装置の厳格な要求」（Dyson〔1985〕, p. 74/101頁）の体現者である遺伝子の「圧制」からの解放の可能性を読み

取っている。「遺伝子のこの独裁は三十億年もつづいており、最近の数十万年の間、ただ一種「ヒト」によって何とか打倒されている。私たちは象徴言語と文化を発明して独裁制を打倒してきた。私たちの行動様式は、いまや大部分が遺伝的に決められているのではなく、むしろ文化的である。……私たち人類は、誤りを犯し選択する自由を遺伝子から取り返した」(Dyson〔1985〕, pp. 74-75/101 頁)。自由にかかわるこの問題を、本書は第6章であらためて取り上げる。

(68) 「生命」391 頁。

(69) 「私と汝」(西田幾多郎〔1987〕)、281 頁。以下、本論文からの引用は西田幾多郎〔1987〕の頁付けを記す。

(70) 「私と汝とは対象的に相対するのではなくして、自己の生命の底において相対するのである」(「論理と生命」254 頁)。本文後論に明らかなように、「自己の生命の底」において私が相対している「汝」はもはや再生産された自己ではない。

(71) 「私と汝」281 頁。

(72) 同所。

(73) 「私と汝」284 頁。

(74) 同所。

(75) 「私と汝」342 頁。

(76) 「私と汝」307 頁。

(77) 本章 166 頁。

(78) 「私と汝」304 頁。

(79) 『日本文化の問題』357 頁。

第5章　生命から自由へ

(1) この「さらなる展開の可能性」をあらためて立ち入って検討する作業は、つづく第6章が行なう。

(2) 本章の元になった原稿は、理化学研究所で 2011 年1月 27 日に開催された国際シンポジウム「脳と道徳 (Moral and Brain)」における提題のために執筆された(原文英文)。本章の内容を伝える上で役に立つと思われるかぎりで、その際用いた英語表記を若干挿入した。

(3) 行為の「理由」は、しばしば「目的」によって表現し直すことができる。たとえば、脳と道徳の問題を考えるために、私はこのシンポジウムに参加し

たのである。すなわち、私がこのシンポジウムに参加したことの「目的」は、脳と道徳の問題を考えることなのだ。

（4） もちろんこのことは、日常的な対応のレヴェルで、両次元の相関関係を利用することを何ら妨げないことは言うまでもない。現に相関が存在する以上、脳の特定部位の損傷を物理化学的対応によって修復することは私の言語能力の回復につながるかもしれないし、対人関係の改善は胃の症状を軽くしてくれるかもしれない。しかし、そのような対応が有効であることと、なぜそのような対応が有効であるかを知っていることとは決して同じではないし、後者の知が（もし可能なら、それは）より有効な対応を教えてくれることは間違いない。

（5）「私たちは、脳が意識を生み出す〈事実〉を知っているが、〈どのように〉生み出すかは知らない」(McGinn〔1999〕, p. 88/99頁)。「イメージ（表象）がニューラルパターンから〈どのようにして〉出現するかに関しては、謎がある。一つのニューラルパターンがどうやって一つのイメージに〈なる〉のかは、いまだ神経生物学が解決できていない問題である。……イメージはニューラルパターンそのものではなく、ニューラルパターンに〈依存し〉、そこから〈生じる〉ものなのだ」(Damasio〔2000〕, p. 322/387頁)。ここで「イメージ（表象)」と言われたものが「こころ」の次元に属するものである以上、すでに論じてきたように、この「問題」は神経生物学が神経生物学であるかぎりで（物理化学的なものである神経を扱うかぎりで)、原理的に解決できないものなのである（「問題」が不適切に設定されている、と言ってもよい)。したがって、そのことはもちろん神経生物学の責任ではない。

（6） 本書、第2章1節a、84頁、参照。

（7） 本書、第1章2節b、51～56頁、参照。

（8） この点に関して、デネットは次のような仕方でリベットを批判している。「〈……しよう〉という意志決定について、それが〈意識にのぼる〉ずっと前にあなたは目的をもって反応し始める」(Dennett〔2003〕, p. 237/330頁。ここで反応し始めているのが脳や脳内の物理化学的過程ではなく「あなた」であることに注意されたい)。また、次のような発言も参照。「大部分の精神機能〔心的なはたらき〕が無意識的に作動しているという考えは、今日の認知科学においては非常に広く受け入れられている」(Solms & Turnbull〔2002〕, p. 79/117頁)。「多くの認知科学者たちは、現在、意識は心的生活において

あまり重要性をもつものではなく、私たちの精神〔心〕のはたらきの非常に多くの部分は意識なしに行なわれると主張している」(Solms & Turnbull〔2002〕, p. 80/118 頁)。

(9) この問題が実験によって決着のつく経験的なものではなく、原理的なものであることについては、すでにフッサールによる次のような指摘がある。「脳の諸状態……は、それらに対応する意識の諸経験に客観的・時間的に先行しているのか、それとも原理的な諸理由によって脳の状態とそれに対応する意識とは、同時性ということの絶対的意味で、同時的なはずではないのか。そうであるなら、並行関係〔=対応関係〕が存在するのは当然のことではないのか」(Husserl〔1952〕, S. 291/Ⅱ-Ⅱ、140 頁)。「問題は、そういう場合〔=身体の諸部分が意志に従って動く場合〕に経験的な前後関係があるか否かを、はっきり言えば、手を動かすのに必要な脳が興奮する客観的な時点を感覚〔=手を動かすという意志を感じ取ること〕と同一の時点とみなすべきかどうかを、いつか経験的に決定できるかどうか、ということである」(Husserl〔1952〕, S. 296/Ⅱ-Ⅱ、145 ～ 146 頁)。

次節であらためて取り上げる複雑系を専門とする生命科学者・金子邦彦はこの問題を次のように整理している。「複雑な現象において実験で測定できるのは、しばしば現象 A と現象 B が相関〔対応〕しているという事実だけである。……得られるのは相関〔対応〕だけで、現象 A が結果 B の原因である(A → B)と推定するのは困難なことが多々ある」(金子邦彦〔2003〕、21 頁。複雑系では一般に、ここでの現象 A をミクロなレヴェルの、現象 B をマクロなレヴェルのものとして捉えるが、このレヴェルの差異を本書は、いま問題となっている物理化学的過程と「心」的過程の差異に該当する可能性があると考えている)として、この「因果関係を引き出すこと」が「困難」である理由を二つ挙げる。第一は、「たくさんの要因があって、それぞれが〈A ならば B〉(A → B)という形で書けていても、それがたくさん組み合わさっているために一部を見ているかぎりでは因果関係に到達するのが非常に難しい場合である。N 種要因があると、可能な因果関係の組み合わせ方はその N からいくつかを取り出す場合の数となる。……さまざまな可能性をすべて考えれば、可能な数の組み合わせの総数は $N!$ のオーダーにものぼってしまう。N が大きければ、こうした可能な組み合わせの中から正解をつきとめるのは実質上無理になってしまう」(金子邦彦〔2003〕、22 頁)。第二は、「変数が連続的に変化していくために、そもそもそのような〔「A → B」

というような〕論理的関係で表せないという場合である。……〔たとえば、X、Yという量があったとして〕X、Yは同時に変化していくので、このダイナミクスによる表現と〈原因－結果〉という順序だった表現とは必ずしも一致しない。つまり、ダイナミックな過程は、……論理式の組み合わせでは一般に描けない」（金子邦彦〔2003〕、22～23頁）。

(10)　この間の経緯について、詳しくは本書第1章3節bを参照。

(11)　Maurice Merlau-Ponty〔1945〕.

(12)　詳しくは、本書第1章3節a、58頁以下、参照。

(13)　ここで「あらためて」と述べたのは、こうした発想自体はすでに19世紀半ばまでに、はっきり表明されていたからである。それを最初に明示的に述べたのはイギリスの哲学者J・S・ミルとされる。「生物の体は、最初には無機的状態にあった物質からできている点で、無機物に似ている。しかし、これらの物質が特定の仕方で配置された結果として生ずる生命現象は、それら構成物質を単なる物理的試薬とみなしたときに生ずるはずの効果からはまったく類推できない」(Mill〔1843〕, pp. 407-408. Malaterre〔2010〕, pp. 79-80/97頁、参照)。しかし、この発想がその後生気論と結びつけられたために、いったん退潮を余儀なくされる。それがあらためて取り上げ直されたのは、複雑系科学の台頭の中においてのことであった。「1990年代になると物理学、あるいはより正確には物理学の中で生まれつつあった「複雑系」と呼ばれるシステム科学において、創発概念の注目すべき再来が起こった。この分野では「基本的な構成成分を見分けることができないか、あるいは相互作用を的確に記述することができない」ために、複雑系という言葉が使われた」(Badii & Politi〔1997〕, p. xi/i頁。Malaterre〔2010〕, p. 93/115頁、参照)。この間の経緯については、Malaterre〔2010〕が詳しい。

(14)　Luisi〔2006〕, p. 112/139頁。

(15)　Mainzer〔1997〕, p. 16/25頁。「素粒子から星や生物にいたる宇宙構造の多様性は、均質な状態の対称性が破れるという普遍化された相転移として説明することができる」(Mainzer〔1997〕, p. 71/94頁)。「ミクロな状態がマクロな振る舞いに強い影響を与えることがある。そのときミクロな揺らぎは倍増されて、安定した形態を破壊する。そのような非線形性は熱平衡から遠く離れたところで実現される」(Mainzer〔1997〕, p. 93/121頁)。「分岐点近傍で継続して生ずる不安定さ」(Mainzer〔1997〕, p. 112/142頁)。

(16)　清水博〔1999〕、32頁。

(17) この「過剰なエネルギー」は、さしあたり物理量として捉えられるそれを指しているが、最終的にはそうしたエネルギーの形而上学的根拠としての或る種の「力」の想定に結びつく。ここに、本書の背後にある「実在」の形而上学との接点がある。本書序章1節ならびに第4章の註(45)に引用したゲーテの言葉（「創造の大海原」）を参照されたい。

なお、ルイージはここで言う「過剰なエネルギー」に関連して、次のような「活性化」について述べている。「化学的な活性化が必要であることは、まさに前生物化学における重合反応の弱点なのである。原理的に言って、重合反応のためには「前生物学的（な環境における）活性化」が必要であり、すなわち或る種の自発的反応が前生物的環境において存在したことを意味する」(Luisi〔2006〕, p. 62/81頁)。同様の趣旨の発言は、以下にも見られる。「受動的な局在は、膜の生成、維持、分裂といった能動的な過程にどうにかして置き換えられなければならない」(Smith & Szathmary〔1997〕, p. 99/134頁)。「自然淘汰だけが私たちの世界の秩序を作り出す原動力ではない……生物の世界を作り出す作業において、自然淘汰は、あくまでも自発的に生み出された秩序をもつシステムに対して機能してきた」(Kauffman〔1995〕, p. viii/14頁)。「生物の世界の創造にあたって、自発的秩序は自然淘汰と同じくらいに効力をもっていたことを、私は示したい」(Kauffman〔1995〕, p. 71/146頁)。「外からの条件だけではコントロールできない状態を生物は内部にもっていて、それゆえに「自主的に」振舞うように見える」(金子邦彦〔2003〕、29頁)。「〔生命システムは〕「内部状態をもった増殖系」である」(金子邦彦〔2003〕、387頁)。

(18) Mainzer〔1997〕, p. 98/126頁。この発言は次のような文脈の中でなされている。「アメーバは独立した個々の細胞だが、餓死寸前のところまでくると集合体に転移し、多細胞体へと結実する。……細胞が集合するプロセスは、不安定状態を経て実現される自己組織化の表現なのである」(同所)。ここでマインツァーが検討しているのは、本書が第4章（註35参照）で言及したフォン・ユクスキュルがすでに引き合いに出している粘液アメーバのケースである。同じケースはこの分野では好んで引用・検討される。次の図をも参照。

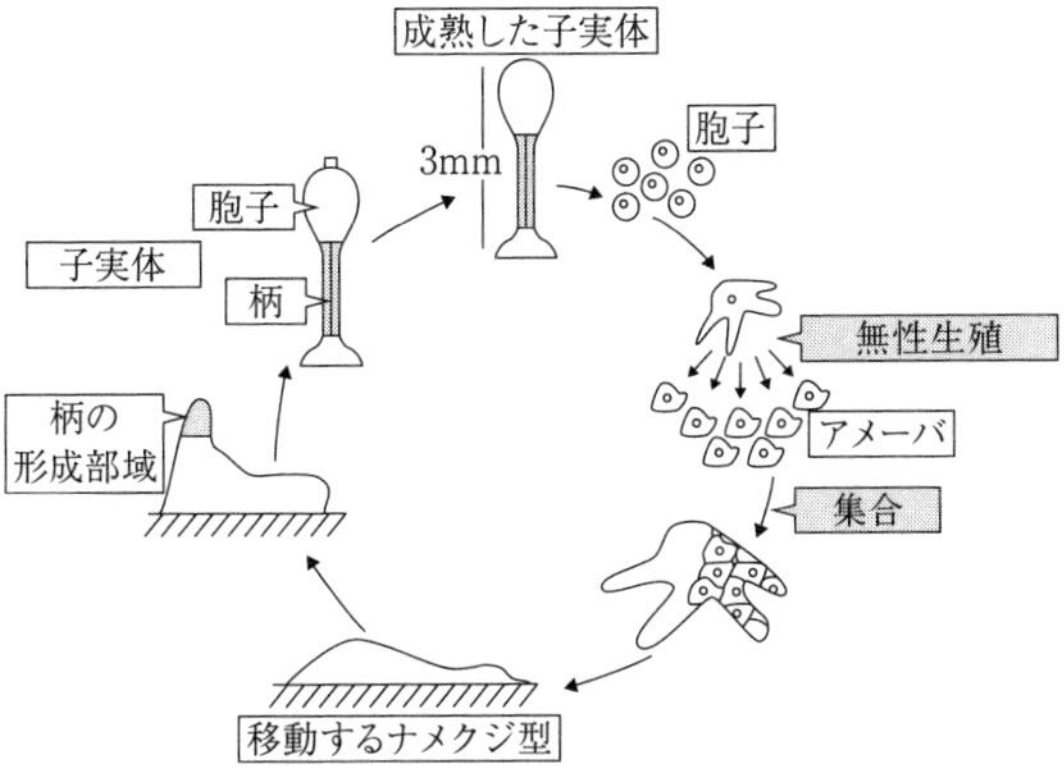

タマホコリカビの生活サイクル（スミス、サトマーリ『進化する階層』シュプリンガー・フェアラーク東京、1997年より）。

(19)　この「エネルギー」を或る種の「自発性」と見ることができる点については、前註(17)を参照。この「自発性」に、本書はすでに第1章（2節b）で出会っていることを想起されたい。

(20)　Mainzer〔1997〕, p. 150/194頁。マクロなレヴェルで創発した「認識（認知）構造」の私たちの下での実現形態が「心」にほかならない。これを理論生物学の用語で生命一般に普遍化して表現すれば、次のように言うことができる。「生命は、自身の環境世界をつくりあげている自己組織化する物質的「コードシステム」の中でなされる表徴（signes）の機能的解釈である」(Emmeche〔1998〕, pp. 3-17. Malaterre〔2010〕, p. 23/17頁より引用)。ここで言う「表徴」が「機能的に解釈」されたとき、それが本書の述べる「意味」となるのである。それは現代科学の文脈では、「情報」と密接な関係を有している。「極端に単純化して考えると、生命システムは〈環境から受け取った信号から意味をもつ情報を創出し、これを自覚的に意識するシステムである〉と捉えることができる」(清水博〔1999〕、219頁)。

(21)　Mainzer〔1997〕, p. 156/202頁。

(22)　「生命は相転移として創発する」(Kauffman〔1995〕, p. 62/128頁)。

(23)　Malaterre〔2010〕, p. 245/334頁。

(24)　Malaterre〔2010〕, p. 246/336頁。

(25) 「科学的論理の基盤をなしている因果律的論理は、人間が現在から過去を反省的に振り返るときに使われる時間的な意味では逆行的論理である……悟性による推論とは、このように限定された過程を進めるための論理に関する推論である」(清水博〔1999〕、360頁)。

(26) 因果関係と心との本質的な関連については、人工知能研究に新たな時代を拓いたM・ミンスキーが、すでに的確な指摘をしている。「原因は心によって作り出されるものである。ただし、そのはたらきは、或る世界の或る部分だけに通用する。……どんな出来事も同じように他のあらゆる出来事に依存しているような世界では、「原因」などありえない」(Minsky〔1986〕, p. 129/193頁)。「心によって境界を引かないと、決して「もの」を見ることができない」(Minsky〔1986〕, p. 134/201頁)のである。

(27) ここでマラテールが検討していたのは、リン脂質や脂肪酸の無秩序な溶液からリポソームという脂質膜が(自己組織化的に)形成されるにいたるプロセスだった。つまり、かりにここに創発現象が認められるとすれば、下位の次元に該当するのがリン脂質や脂肪酸溶液であり、上位の次元に該当するのがリポソームという脂肪膜ということになる。しかし彼は、現代の科学がこの脂肪膜の形成に与えた説明は「物理・化学的説明と……幾何学的あるいは熱力学的な説明を複合した」ものとみなしうるとして、それを還元的説明と認定する。Malaterre〔2010〕, pp. 216-225/295〜306頁参照。

だが、一口に「物理・化学的説明」と言っても、それの「還元的」性格からして検討を要する。それは、物理的次元と化学的次元が正確に対応しているということ以上を述べているだろうか。特定の化学的性質に対応する物理的過程なり構造を特定することを以って、化学的性質を物理的に説明したとしているのではないか。しかしそれは、因果的説明でも還元的説明でもないのである。なぜなら、ここで物理的次元と化学的次元の間に見て取られているのは、一方が他方を惹き起こす(原因である)という関係でもなければ、一方が他方に還元されて単なる随伴現象になるという関係でもなく、両者が厳密に対応しているという関係以外ではないからだ。事態はちょうど、分子運動と熱との関係に等しい。つまり、或るものを構成している分子の運動状態が高まったときにそれに触れれば熱く感ずるが、分子運動そのものは熱くも冷たくもないのだから、どのようにして分子運動が熱さを惹き起こしているかは説明されていないのである。

重要なのは、分子運動というミクロな次元での出来事が、マクロな次元で

熱さという新しい次元を開くということなのだ。この、因果関係でもなければ随伴関係でもない関係が、創発によって成就される基づけ関係なのである。創発は、この「新しい次元を開く」という事態に相当する。

(28) しかし、水に固有の性質が創発的特性であるか否かをめぐっては、異論もある。たとえば、マラテールは次のように述べている。「ある人々にとっては、水は創発的性質の証明となるシステムのすぐれた例である。しかし、他の人々にとっては、水のもつさまざまな性質はその成分となる原子のもつ、より根源的性質から予測できる……」(Malaterre〔2010〕, p. 121/161 頁)。「創発」がなお係争中の概念である所以である。

(29) 山下和也〔2010〕、64 頁。

(30) 「物理学においても、量子的存在が融合する際には創発的な存在が実際に出現する」(Humphreys〔1997〕, pp. 1-17、Malaterre〔2010〕, p. 102/131 頁より引用)。

(31) 「生物を理解する一つの鍵は、その明確な境界、つまり「内なるもの」と「外なるもの」の分離にある。……有機体の生命は、その境界内の内部状態の維持によって定義される」(Damasio〔2000〕, pp. 135-137/175 頁)。「境界がなければ身体もないし、身体がなければ有機体もない。生命は境界を必要とする」(Damasio〔2000〕, p. 137/176 ～ 177 頁)。

(32) Luisi〔2006〕, pp. 167-168/203 頁。

(33) Lewontin〔1993〕(Luisi〔2006〕, p. 168/204 頁より引用)

(34) Lewontin〔1983〕(Varela & Thompson & Rosch〔1991〕, p. 198/281 頁より引用)

(35) 「世界を行為から産出する(enact)」(Varela & Thompson & Rosch〔1991〕, p. 140/201 頁)。本文後半の側面をも視野に入れれば、それは「世界と心を行為から産出すること」(Varela & Thompson & Rosch〔1991〕, p. 9/31 頁)とも表現できる。ここからは、生命という秩序の中核をなすのが「行為」と呼ばれた或る活動＝自発性であることを見て取ることができる。本書序章註(8)をも参照。

(36) 本書第 4 章 2 節、参照。

(37) Luisi〔2006〕, p. 127/157 頁。

(38) Maturana & Varela〔1980〕.

(39) 郡司ペギオ－幸夫「創発という問題　潜在性と可能性」、Luisi〔2006〕邦訳書に付された「解説」、319 頁。

(40) 「オートポイエーシスの産出的作動の循環は境界そのものを形成する循環であり、一般に自己言及的作動の基礎にあって自己そのものを形成する作動である」(河本英夫〔1995〕、187 頁)。

(41) Varela & Thompson & Rosch〔1991〕, p. 140/201 頁。

(42) 厳密な言葉遣いをするなら、前者(物質交替を通じて自己を形成しつづけるはたらき)が「自己維持」、後者(生殖などを通じて自己を次の世代へと繋げてゆくはたらき)が「自己再生産」である。

(43) 「或る種の巨大分子は、適切な条件が整った媒質の中に置いておくと、自分自身の完全に正確な複製、あるいはほぼ完全に正確な複製を無意識に構成し、外へ送り出すという驚くべき能力をもっている。DNA とその原型である RNA はいずれもそのような能力をもつ巨大分子である」(Dennett〔1996〕, p. 20/44 頁)。同書でデネットは、ロボットも自己再生能力をもちうることにも触れている。「自己再生能力をもつロボットが原理的に可能であることは、コンピュータの発明者の一人であるフォン・ノイマンによって数学的に証明されている。生命をもたない自己再生機構に関するノイマンのすぐれた設計は、RNA と DNA の設計と構造の細部を大いに予感させるものだった」(Dennett〔1996〕, p. 20/45 頁)。

(44) Luisi〔2006〕, p. 170/206 頁。

(45) 郡司ペギオ-幸夫(Luisi〔2006〕に付された「解説」、321 頁)。

(46) Luisi〔2006〕, p. 165/199 頁。認知というこの能動的な動向を、西田は「内から外へ」と向かう時間の空間への展開の中に見て取っていた。そして、この動向に呼応するように現われる「外から内へ」向かう抵抗(空間の時間への還帰)との交錯において対象が現象することを、彼は「行為的直観」として捉えた。これがヴァレラの言う「イナクション」において生じるものであることは、もはや言うまでもないだろう。

(47) ここで言う「認知」が「価値」を尺度にしてなされるものである点については、デネットも次のように述べている。「ごく単純な有機体でも、自分にとって良いもの〔=価値あるもの〕を求めようとするなら、それを感知するために何らかの感覚器や識別〔=認知〕能力が必要である。つまり、良いものがあるときにはオンになり、ないときにはオフになるスイッチのようなものだ。そのスイッチ(あるいは「変換器」)によって、身体の反応を正しく制御しなくてはならない」(Dennett〔1996〕, p. 32/66 ~ 67 頁)。そして、この「価値」を核として形成される「意味」の次元は「概念」を理解すると

いう仕方で開かれるのだから、次のように言うこともできる。「言語以前の動物も表象システムをもつことができる。……表象化は必ず、〔イソギンチャクにとっての〕〈危険なヒトデ〉と〈無害なヒトデ〉というような類別〔カテゴリー〕をもたらす。類別とは、同様な行動で反応する必要のある表象をまとめ合わせることである。……類別は暗黙の概念である。動物にも概念形成の能力がなければならない理由はここにある」(Smith & Szathmary〔1997〕, p. 284/396 頁)。この「概念形成能力」が「知性」なのである。デネットも次のように述べる。「動物は、……心理学者のジョージ・ミラーが巧みに表現した用語を使えば、皆「情報摂取動物 (informavores)」でもある。動物の知的飢餓状況は、何百万という微小主体のもつそれぞれ固有の知的飢餓状態が絶妙に組み合わされ、何十あるいは何百あるいは何千のサブシステムに組織化されていることから生じている。……知的飢餓がなければ、知覚も理解も存在しない」(Dennett〔1996〕, p. 82/146 ～ 147 頁)。

(48) 註(20)参照。

(49) ここでも厳密に言えば、生命にとって不可欠なのは「自己維持」であって、「自己再生産」ではない。自己がいつまでも維持されるのであれば、再生産の必要はないからである。つまり、「再生産」は「自己維持」の一つの仕方だと言ってよい。それが (進化その他の観点から見て) きわめて有効な自己維持の仕方であるとしても、である。この点について、ルイージは次のように述べている。「自己再生産は、自己維持の〔一つの〕結果である」(Luisi〔2006〕, p. 162/196 頁)。

(50) Luisi〔2006〕, p. 171/207 頁。

(51) この「自己産出」のメカニズムについては、註(40)を参照。

(52) この「自発性」に関して、清水博は次のように述べている。「意識の深層でたえず燃えつづけて、意識の浅層につくられた関係的秩序 (自我) を内側から不安定化し、たえず新しい秩序を創出していくこの力は、生命システムが自己組織力とともにチューリング計算機とは本質的に異なる能力、つまり真の意味での「知能」をもつ原因にもなっている」(清水博〔1999〕、233 頁)。ここで清水の言う「知能」が、「認知」と密接な関係をもつものであることは明らかだろう。この文脈で、ヨーナスも「知」に言及している。「知は、……すでに有機体の感受性に対する最も原初的な刺激と共に始まっている」(Jonas〔1994〕, S. 17/4 頁)。

(53) 「脳幹は解剖学的に脳の中核であり、進化的な観点からは脳の最も古い

部位である。脳幹内には数多くの核群があり、私たちの植物的・内臓的な生命を調節している。心拍や呼吸、消化などをコントロールしている。……精神（mind〔心＝意識〕）は、このようなシステムが終わるところから始まる」(Solms & Turnbull〔2002〕, p. 275/398 頁)。「古くからのホルモン系の活動は、知覚と勘違いするような強い感覚（たとえば吐き気、めまい、寒気、飢え、渇きなど）を伴なうが、このような知覚に似た付随現象はそれぞれ独立してはたらいている。……酸素マスクの力で生きつづけている脳死状態の人を「植物状態」と呼ぶのも、このような身体維持システムだけが、かろうじて身体に生命をとどめているからである」(Dennett〔1996〕, p. 67/123 頁)。

ダマシオはこのような植物的生命の内に「自己」の最も原初的な形態を認め、それを彼が自己のより高次の形態と考える「中核自己」や「自伝的自己」と区別して「原自己（proto-self)」と呼んでいる。「自己の起源は、生存のために身体の状態を継続的かつ「非意識的に」狭い範囲で比較的安定した状態に保っている脳のさまざまな装置〔脳幹、視床下部、前脳基底部など〕の中に見出されるはずだ。……そのようなさまざまな装置全体の活動状態を私は「原自己」と呼ぶ。それは、中核自己や自伝的自己として私たちの心に現われる自己に対する「非意識的前兆」である」(Damasio〔2000〕, p. 22/43 頁)。

(54)　Jonas〔1994〕, S. 122/120 頁。

(55)　Jonas〔1994〕, S. 151/148 頁。「基体」とは文字通り「下にあって何ものかを支えるもの」であり、ここに、おのれを「支える」ところのものとして質料＝物質を「包む」形相＝心が成立したのである。新たな基づけ関係の創発である。事態のこうした把握は、アリストテレスにまで遡ることができる。「魂〔こころ〕は……運動が発するところであり、〈それのために〉でもあり、魂をもつ物体の本質＝形相でもある」(*De Anima*, 415b10-12)。なお、ここで「形相」＝「意味」という理念的次元を指すものとして捉えられた「内面性」は、各々の自己の内に閉じられた（いわば私秘的空間とも言うべき）「内面性」とは異なる（後者については本書第 3 章で論じた)。

(56)　Jonas〔1994〕, S. 122/120 頁。

(57)　Minsky〔1986〕, p. 21/11 頁、p. 25/18 頁などを参照。

(58)　von Uexküll〔1950〕, S. 156/266 頁。

(59)　von Uexküll〔1950〕, S. 158/270 頁。

(60)　本書の背景をなす形而上学は、これを「(存在の）過剰」と捉えている。

「力」の亢進である。

(61)　Jonas〔1994〕, S. 125/123 頁。

(62)　「感性において世界を現象するものとしてもつ(Gegenwärtighaben einer Welt）にいたる生命の自己超越」(Jonas〔1994〕, S. 160/159 頁)。ここで「現象する」と訳した “gegenwärtig“ は、本節冒頭で「覚醒」と区別された「現前（presence)」に相当することにも注意されたい。

(63)　Jonas〔1994〕, S. 89/84 頁。

(64)　「低次処理段階〔植物〕の「こころ」の内容は外的環境についてであるが、高次処理段階〔動物〕の「こころ」の内容は、低次処理段階の内容である。この二段階のメカニズムなしでは意識が生じることはない。木や葉には意識がないが、これは二段階目の表象をもっていないからである」(Rose〔2006〕, p. 138/181 頁)。

(65)　「自己感は意識ある心の不可欠の要素である」(Damasio〔2000〕, p. 7/25 頁)。

(66)　この点に関して、ミリカンはギブソンの「アフォーダンス」概念を引き継ぎつつ、次のように述べている。「アフォーダンスを提供する対象や状況を同定することは、有効な行動を導くために必要なことの半分にすぎない。アフォーダンスを提供する対象を認識することによって、動物は何から退き、何に近づき、何を拾い上げ、何を食べ、何に登るかなどを知るようになる。しかし、アフォーダンスを提供する対象や状況に対して自分がどのような関係にあるかということも知覚しなければ、動物はそのような行動をどのようにして遂行すればよいかを知覚しないだろう」(Millikan〔2004〕, p. 175/242 頁)。すなわち、「動物は、或る捕食者または獲物がいるということだけではなく、どの方向に、どれだけはなれたところにいるかということも知る必要がある。したがって、動物は状況に応じて、対象や事態に対する自分の関係を認識するさまざまな方法を行使できるということも必要だろう」(Millikan〔2004〕, p. 172/238 頁)。また、彼女も、このような次元における「自己知」が、明示的に表象される必要がなく、「暗黙的」であれば十分であるとしている（Millikan〔2004〕, p. 168/233 頁 , p. 179/248 頁、参照)。

(67)　Jonas〔1994〕, S. 186-7/192 頁。

(68)　Jonas〔1994〕, S. 187/192 頁。

(69)　Jonas〔1994〕, S. 192/199 頁。

(70)　「もし……ならば、そのときには（if..., then...)」とは、フッサールが動

機づけ連関の基本形式（wenn..., so...）として取り出したものである。すなわち、それは紛れもなく「心」の次元の基本形式なのである。

(71) この「可能性の空間」を開く能力を、私たちは「想像力」と呼ぶ。それは現実から距離をとる能力、現実を猶予する能力にほかならない。デネットは『資本論』のマルクスを引きながら、想像力について次のように述べている。「ハチの巣作りは多くの建築家を恥じ入らせるほどのものだ。だが、最低の建築家を最高のハチと区別するものは——建築家は自分の建物を実際に作る前に、それを想像力の中で建ててみるということだ」（Dennett〔2003〕, p. 170/236 頁）。とはいえ、大きな程度差を度外視すれば、ハチにおいてもすでに想像力は起動しているのである。ミリカンは、動物が対象と取り結ぶ関係を「可能化関係」と捉えることを提唱している（Millikan〔2004〕, p. 179/247 頁）。

(72) もちろん、「遊び」にも、それが生命（生物）にとって必要であることを示唆する側面はある。「人間を含むあらゆる幼い哺乳類は遊ぶ必要があり、しかもある一定量の遊びが必要であるようである。……遊びがおそらくいくつかの決定的に重要な発達上の機能を果たしている」（Solms & Turnbull〔2002〕, pp. 132-133/193 ～ 194 頁）。問題は、私たちの下での「遊び」が、そうした側面には尽きないものを孕んでしまってはいないか、ということなのである。

(73) 共同体ないし社会という仕方で生命の存続と展開が追求されるとき、そこには生物個体を越えた、上位の秩序が創発しているとみなすことができる。こうした上位の秩序に属するものとして、法や道徳と並んで、経済というシステムも私たちの現実においては見過ごすことができない。経済について、マインツァーは次のように述べている。「〔A・〕スミスは経済を、多くのミクロな私欲の競合する複雑系として表現したと言ってよいだろう。これらの相互作用の力学は、競合による自己組織化の過程を表現したものである。この系は最終的には、需要と供給のバランスによる平衡状態に達すると考えられる」（Mainzer〔1997〕, p. 263/328 頁）。

(74) ヨーナスはさらに遡って、生命の誕生の内にすでに自由の萌芽を見て取っている。「物質交替〔代謝〕それ自体が、自由の最初の形式である」（Jonas〔1994〕, S. 17/5 頁）。なぜなら、代謝はすでに形相という或る理念的なもの（意味）の世界で機能する以上、物質との直接的同一性から解放されている（それから自由である）からだ。「有機体の根本的自由は、みずから

の質料に対する形相の或る種の自立性にある」(Jonas〔1994〕, S. 153/151頁)。「最初の一歩は、物質交替による、物質との直接的同一性からの形相の解放だった」(Jonas〔1994〕, S. 153/152頁)。形相に基づいて営まれる生命という秩序が或る種の自発性の励起とともに始まったことに鑑みれば、そして本書がこの自発性の内に自由の根を見出しているという点では、本書もヨーナスのこの見解に賛同することができる。しかし、本節が以下で検討しようとしているのは、こうした、なお本能（自己維持という生命の本質）の下に服している自由とは異なる側面を孕んでいるのかもしれない（もう一つの）自由である。

(75)　「利他主義の基本的行動は、動物がわが子を助けるときに見られる。……その目的は、繁殖の成功を高めることにある」(Bloom〔2005〕, pp. 103-104/133頁)。「たとえ既存の道徳概念がなかったとしても、賢い動物なら他者を好意的に扱えば利益を得られることに気づく。……相互依存関係は進化のレヴェルでは遺伝子に利益をもたらし、文化のレヴェルでは個人に利益をもたらす。利己的な動機が利他的な行動を生む」(Bloom〔2005〕, p. 147/ 187頁)。

(76)　ダマシオは、意識よりも高次の秩序として法や道徳を捉えている。「意識は人間の創造的な心の不可欠の要素だが、意識が人間の心のすべてというわけではないし、……意識は複雑な心の頂点でもない。……私は、意識を生物の発達の最高点としてではなく、中間点と見る。倫理や法、科学と技術、芸術、心の優しさ——私はこうしたものを生物の頂に置く」(Damasio〔2000〕, p. 28/49頁)。

(77)　本書第1章でカントの発言に関して述べたことは、この点に関わる（第1章4節、参照)。この点をもう少し立ち入って考えることが、つづく第6章の課題である。

第6章　自由の極北、あるいは「愛」

(1)　本書第5章4節、参照。

(2)　本書第5章5節、参照。

(3)　本書第5章1節、参照。

(4)　本書第5章2節、参照。創発は生命の次元においても、さらに何段階かにわたって生じていると考えられるのだが（たとえば植物的生命と動物的生命の間に)、そこで成立している複雑性はもはや創発概念では扱いきれない

と考える論者も存在する。「生物システムは極端に複雑であるのと同時に、それが進化の産物であるために、物理学的システムのそれとはかなり異なった複雑さである。たとえば、それはつねに階層的な複雑さを帯びている。生物システムは、（ガス、液体、格子結晶など）統合システムにおける非線形現象として見られる、よく知られた創発の概念を以ってしても、十分には扱えない」（Keller〔2005〕, 米本昌平〔2010〕、455頁より引用）。

（5） 本書第5章4節、参照。

（6） この点に関して、現代の神経科学者は次のように述べている。「心的装置それ自体は無意識的なものだが〔本書の言い方で言えば、単に対象を「現前」させるだけだが〕、私たちは内部に目を向けることによってそれを意識的に知覚する。……この「内部に目を向ける」（内省や自己への気づき＝覚醒（self-awareness）の）能力こそ、精神（mind〔心＝意識〕）の最も本質的な特性なのである」（Solms & Turnbull〔2002〕, pp. 76-77/110頁）。「前頭前野という脳領域は、他の哺乳類に比べ人間において非常に発達したもの〔なのだが、〕……この領域によって、私たちはただ単にそのときそのときの意識的な経験を過ごしているだけでなく、自分の意識的な経験を振り返り、それについて考え、覚えておくようにすることができる」（Solms & Turnbull〔2002〕, p. 96/141頁参照）。この能力は「二次意識」とか「再帰性意識」とも呼ばれ、ダマシオはそれを「拡大された意識（extended consciousness）」と呼んでいる（Solms & Turnbull〔2002〕, ibid./同所ならびにDamasio〔2000〕、Chap. 7参照）。「自己への気づきと外界への気づき、どちらが先か……現代の理論の多くは、外界への気づきが先に、つづいてセルフ・アウェアネスが発達すると見ている」（Rose〔2006〕, p. 376/478～479頁）。なお、ここでの「気づき」は先に触れたダマシオのいう「自己感」（自己を感じること）（本書第5章、註65ならびに本文該当箇所）とは次元が異なり、自己を対象として（明確に）意識するはたらきである。

また、本文のこの箇所での「内面（性）」は、本書第3章で取り上げたそれにほぼ重なる。

（7） 本書第1章3節b参照。ここで「超越論的」と呼ばれた次元は、いわゆる反省的意識をもその内に含むとはいえ、後者と同じものではない。個々の「こころ」が私たちの下ではすでに反省的（つまり、自己自身をも現象させる）構造を有していることそのこと自体もあらわとなっている（現象している）次元が、超越論的次元なのである。超越論的次元は反省的意識をその

内に「含む」上位の次元であり、「現象すること」自体が「現象する」ことでもはやその外部をもたない——文字通りすべてがそこにおいて現象する——最終的な次元となっている。この「現象すること」の秩序に属する私たちは、その外部に立つことができないのである（この点については、本書第3章3節を参照)。この次元にいたって、すべては明確な意識の対象となりうるのであるから、そのような意識はいまや（本書第2章の用語法に従えば）勝義の「心」となったのである。自由が自由として姿を現わすのは、こうした「心」に対してなのだ。

なお、この次元を「空」として、そしてその存在しない外部を「無」として捉え直すことで、問題の構図をあらためて描き直すことを以下で試みた。斎藤慶典〔2009〕、第5章。

(8)　この不確定性がさしあたり「自由」とは無関係であることについては、すでに指摘した。本書第1章1節aに付された註(5)参照。

(9)「心」の次元に根をもつ「自由」が「もの＝物質」の次元に「外部から」「垂直に」関わることと、前者が後者を「包む」こととは、同じ事態を指している。

(10)　以上のような観点から、本書は大澤真幸の次のような見解に賛同する。「自由から因果関係がいかにして発生するか、と問うべき〔であって、その逆、すなわち因果関係からどのように自由が発生するのか、と問うべきではない〕」(大澤真幸〔2008〕、33頁)。そのように言うことができるのは、「もの＝物質」と「心」が基づけ関係に立っているからなのだ。たとえばデイヴィッドソンは、両次元の間にあるこの関係を捉えることができなかったために、一方の記述の下では法則論的であるものが、他方の記述においては非法則論的なものとなることを説得的に提示することができなかったのである。この点については、本書第1章1節bを参照。

なお、ここで本書が言う「垂直的（上から下への)」関係に近いことを言わんとしたと思われる「下降的因果律ないし下向きの因果関係（causalité descendante, downward causation)」という捉え方が提唱されたことがある。「或る哲学者たちによれば創発的性質の実在は、全体がその諸部分に対して因果的に作用するという「下降的因果律」の存在と理解される（Campbell〔1974〕, pp. 179-186)」(Malaterre〔2010〕, p. 102/130頁より引用)。ルイージもこの「下向きの因果関係」に言及している（Luisi〔2006〕, p. 119/147頁)。だが、この「下降的」関係の内実は因果関係ではありえず、「直接的な」そ

れなのである。

ここで用いられる「因果性」の内実には注意が必要であることについて、マラテールも指摘している。「「下降的因果律」が提唱される存在論的創発の場合、そこで用いられる因果性の概念について問い直すことが適当だろう。……実際、因果律とそれに付随した形而上学の或る種の概念が「下降的因果律」の概念と完全には適合しない、ということはありえないことではない」(Malaterre〔2010〕, ibid./152頁)。

(11) 天気予報に関しては、マインツァーの次の発言を参照されたい。「コンピュータの容量を増やして気象予測の線形な進展が望めると信じるのは、1950年代に見た幻想なのである」(Mainzer〔1997〕, p. 312/390頁)。もっとも、彼とても限定された局所的な予測までをも否定しているわけではない。「カオス的な時系列をもった非線形なシステムも、局所的な予測を拒否しているわけではない。非線形システムのアトラクターが構成できれば、十分な正確さで短期の予測をすることは可能である。短期の経済予測は複雑系の理論を経済学に応用する興味深いテーマになるだろう」(Mainzer〔1997〕, p. 277/345-346頁)。しかし、「非線形性は長期予測に制限を与える」(Mainzer〔1997〕, p. 289/360頁)ことは確かなのである。

(12) これには、何ごとかをあらかじめ原因として特定しておいて(すなわち、そのようなものとして現象させておいて)、そこから結果を因果律にしたがって予測する場合も含まれる。いずれにしても、原因が原因たりうるためには(そしてもちろん、結果が結果たりうるためにも)私たちの「心」の介入が必須である点については、たとえばミンスキーもすでに指摘していた(本書第5章2節註(26)、参照)。

また、因果律の「後追い」性については、本書第5章2節でもすでに触れた(187頁)。同所への註(25)で引用した清水博は、次のようにも述べている。「目標に達した冒険家が過去を振り返って自分の足跡を反省的に眺めたときに、因果律的な記述が生まれるのです。……創造ははじめから見えている島(正解)にたどり着くという行為では断じてありません」(清水博〔1999〕、359頁)。「科学論文で行なわれるのは、科学者によって発見された「新大陸」を出発点として、現在から過去に向かって反省的に逆行しながら、悟性のはたらきによってすべての出来事が必然的に起きたかのように因果律のルールに従って記述しなおしていく行為です。こうして因果律によって創造がすすんだかのような「客観的な」記述が完成するのです。科学者自身が「存在し

ている」自動詞的部分〔「みずから」の部分〕はこの方法によって消されてしまいます」(同書、360頁)。

(13) ここでこの問いを、カントがかつて掲げた三つの問い(人間理性の三大関心)の一つに重ねてみることは興味深い。カントはみずからの課題を、次の三つの問いに答えることとした。1. 私は何を知ることができるか。2. 私は何を行なうべきか。3. 私は何を望んでよいか(Kant〔1787〕, B833)。

明らかなように、彼にとって行為は「当為(……すべき)」において問われる事柄だった。これに対して、本書はそれを「可能性」において問う。しかし、それは当為も可能性の内にあってはじめて(可能性の次元が開かれてはじめて)当為たりうると考えるからである。当為とは、「他でありうる」ものが、それにもかかわらず「他でありえない」ものとして「みずから」選び取られることにほかならないからだ。

(14) この言い方が不適切なのは、それがすでに「根拠律=理由律」を有効な原理として機能させてしまっているからである。〈すべてに、その「根拠」がある〉ということ自体にも根拠があるか否かは、あらかじめ「根拠律」を前提にしないかぎり、未決定のままにとどまる。「根拠律=理由律」の有効性は、すべてをその根拠において測ることで捉えようとする「心」の次元において当の〈測り(量り)=基準〉が定立されて以後のものでしかないのである。つまり、その有効性は、すべての「現象」がそれに対して現象するところの「私=自己」(という基準)の存立より前に、すなわちその「拠って来たる所以」にまで遡ることはできないのだ。ここで問われている問いは、私をもはや根拠ですらありえないものに直面させてしまうのである。

(15) 「自己原因」というこの概念は中世のスコラ哲学者たちにとっては「思考不能」なものだったが、デカルトの下で姿を現わし、スピノザにいたる間に定着したという。Marion〔1994〕、参照。

(16) 排中律に依拠することで、次のように考える余地が生ずる。世界には「自己」と「それ以外のもの」しか存在しない。もし自己の「由来(根拠)」が「それ以外のもの」の中に見当たらないのだとしたら、それは「自己」の中以外にはない。かくして、自己の由来(根拠=原因)は自己なのである。このようにして「自己原因」概念が成立する。ここでは、排中律と根拠律が結託しているのだ。

(17) 本章の元になった論考は、仏文で公刊された(Saito〔2011〕)。その際に用いた仏文表記で、本章の議論の理解を助けると思われるものは、適宜本文

に挿入した。

なお、議論のこのレヴェルにおいてはもはや排中律を前提にすることはできないのだから、この場合の「私ならざるもの」であるかぎりでの「他者」は、何らかの特定の存在者ではありえない。すなわちそれは、「不定無限(infini indéterminé)」(単に「私ではない」ことが示せるのみで、何(者)か——誰か——として限定できないもの)以外ではないのである。

(18) 本書第5章5節、参照。

(19) 本書がかりに「愛」と表示したものは、後に見るようにひたすら「私から他者へ」「私が他者のために」という一方向的な動向のみから成り立つものであるから、「相思相愛」といった双(相)方向性を原理的にもたない。第三者から見たとき、それぞれの私から他者へ向かう動向が相互的に成り立っていたとしても、それはたまたま結果的にそうなっているというだけのことであって、「愛」そのものとは何の関係もないのである。したがって、そのような状態は「愛」が目指すところのものではありえない。「私」が決して「あなた」でも、ましてや「彼」や「彼女」でもありえない次元で(つまり「われわれ」を形成することのない次元で)、その「私」がひたすら「あなたに」向かう動向として営まれるものが(もしそのようなことが可能なら)「愛」なのである。本文後論参照。

(20) このときには「選ぶ」ことも、その性格を大きく変えることになるはずである。なぜなら、私=自己が当の行為の主体でありつづけているにもかかわらず(確かにそれは「私の行為」なのだが)、その主体はもはやその行為の規準ではなくなってしまうからだ。このときその行為は、本章2節冒頭で触れた「他でありえないもの」、もはや「選ぶ余地のないもの」として「選び直される」のである。あえて言えば、いまや私の方が他者に「選ばれて」しまったのであり、私はそのことに同意するしかないのだ(同意しなくても、もはや事態は変わらないのだが)。それが「選び直す」ということなのである。このとき、当の行為が「他でありえないもの」であるのは、先に検討したような、当の行為が因果律に服する場合とは、別の次元においてである。

(21) ここには、「他者」を〈「喜ぶ」ことのできる存在〉にあらかじめ限定してしまっているという問題も伏在している。その場合には、それは何らかの限定される内容をすでに与えられてしまっているのだから、すでに「他者」ではなく(「他者」とは不定無限以外ではなかった——前註(17)参照——)、「他人」に近い存在になってしまっているのだが、いまこの点は措

く。

(22) 斎藤慶典〔2009〕、第六章「言葉が紡ぐ夢——不可能な愛」、208 頁。このような「自由」においては、行為は一切の必然性や傾向性や有用性と独立・無関係に、ただただそれを私が（そのとき、そこで）欲したがゆえにのみ、「よし」としたがゆえにのみ行なわれるのだから、その行為の主体もまたそのつどの（そのとき、そこでの）ものでしかありえない。確かにそれは主体＝私の行為なのだが、その主体は行為と共に失われるのである。したがって、そのような主体に対して言葉の普通の意味で責任を問うことはできない（責任を問うことが意味をなさない)。「そのとき、そこでの」主体と「同じ」主体はもはやどこにも存在しないからだ。この地点において、(誰かが誰かに対して)「責任を問う・負う」ことと、(誰かが誰かに対して)「応答すること」とが決定的に分岐する。

「自由」のこの極限的な姿を、すでにヒュームが正確に見て取っていた(もっとも、彼はそれをネガティヴな意味で捉えたのだが)。「行為が、それを為す人格の性格や性向に存する何らの原因からも発しないときには、それが当人に帰されることはなく、善であっても当人の名誉になることもない。……その人格は、それらの行為に責任を負えないのである。行為が、当人に存する持続的で恒常的な何ものからも発せず、また、そうしたものを後に残さないとき、責任が問われる場面になっても、当人は刑罰や復讐の対象たりえない。したがって、自由の仮説に従えば、人間はこの上なく戦慄すべき犯罪を犯してしまった後にも、生誕の最初の瞬間と同じく純粋にして無垢であって、その性格はその行為と何の関わりももたないのである」(Hume〔1896〕, pp. 411-412.　浅野光紀〔2012〕、347 頁をも参照)。後段でヒュームは「この上なく戦慄すべき犯罪」にのみ言及しているが、それは「すべてを他者に差し出すこの上なく無私な行為（それはしばしば「崇高」な行為とされる)」にも当てはまるのである。すなわち、そのような行為の主体は「純粋にして無垢な」「白痴」なのだ。

(23) Heidegger〔1927〕, S. 83-89/178 ～ 186 頁。『存在と時間』、第Ⅰ部第 1 篇第 3 章 18 節「適所性と有意味性——世界の世界性（Bewandtnis und Bedeutsamkeit; die Weltlichkeit der Welt)」参照。

(24) もっとも、「価値」、すなわち「よさ」を、「(いずれかの) 私のために」という「有意味性」においてではなく、「他者のために」という形式＝構造によって定義し直す場合は、話はまったく変わってくることになるが（私見

によれば、この再定義を明示的に行なったのはエマニュエル・レヴィナスである)、この点にもいまは立ち入らない。一言だけカントに関して述べておく。

彼の倫理学が道徳法則という名の規則に従うことのみを以って「よさ」としたかぎりで、確かにそれを形式的と呼ぶことができるが、当の道徳法則が「普遍性」という内実(すなわち「誰に対しても妥当する」という内実)を有しているかぎりで、それを本書が言う意味での形式的と呼ぶことはできない。「他者のために」という形式は、どんな内実もあらかじめ指示することがないからだ。逆から言えば、それが「他者のために」為されるのであれば、およそあらゆることがそこには含まれるのである。

(25) 「純粋な可能性」とは、決して現実性と対を成すことのない「可能性」のこと、原理的に現実となることのない「可能性」のことであり、ハイデガーが『存在と時間』において、私にとっての「私の(固有の)死」に与えた名である。Heidegger〔1927〕, S. 260-267/423 ~ 433 頁、第Ⅰ部第2篇第1章53節「死へと関わる本来的な存在の実存論的企投(Existenzialer Entwurf eines eigentlichen Seins zum Tode)」、参照。ここで「私の死」と「私の「愛」」とが、いずれも私に固有のものでしかありえない次元で重なり合うことを、どのように考えたらよいだろうか。生命の論理の極北に姿を現わしたかに見える「私」(というこの固有なもの)とは何か。本書第4章で検討した西田はそれを「種の外に出る個」として問題化していたことを、ここで想い起こしてもよい。本章本文末尾の言葉をここで先取りして言えば、それははたして生命の論理からの逸脱なのか、それともその一つの「可能性」なのか。

補章　感受性としての私

(1) Descartes〔1641〕, A.T. Ⅶ, 29/133 頁。
(2) Descartes〔1641〕, ibid. / 同所。
(3) たとえば、ラテン語と同じく格変化形をもつドイツ語の文法では、主格を一格と表示し、与格は三格と表示される。一格である主格以外の格は、すべてそこから派生したものなのである。
(4) この「感じる」という事態は、近・現代哲学においてはしばしば「志向性(intentionality)」とも表現されてきた。志向性においては、志向するものと志向されるものは互いに切り離すことができない「内的」な関係に立っ

ているのである。

（5） Descartes〔1641〕, ibid. / 同所。

（6） Bergson〔1907〕, pp. 88-98 /109 〜 120 頁。

（7） 本書第 4 章 2 節、157 頁、3 節、167 頁など、参照。

（8） これらの点について、詳しくは 2013 年に東京と大阪で開催された「貴婦人と一角獣」展のカタログを参照。

（9） 付言すれば、ここで「自発性＝欲望」が不可分のパートナーとして引き連れているもう一つが「唯一性（seul）」であることも、本書にとっては看過できない。なぜなら、たとえば本書第 1 章 3 節 b や第 3 章 3 節が論じたように、私の根幹で起動して私を私たらしめているこの「自発性」自身は或る種の「力」の発露として、個別的で複数的なものではありえない（並び立つものをもたない）特異な「唯一性」を有しているからである。個別的で複数的なのは、この唯一の「力＝自覚性」に参与する私たちの方なのだ。この「力」ないし「自発性」は、（第 3 章で用いた表現で言えば）「外部をもたない超越論的主観性（次元）」の別名なのである。

（10） Newton〔1726〕.

（11） Kant〔1781, 1787〕.

（12） このとき「内」は、内感の対象として、すなわち「思うこと」の対象として、現象するものの一つとなっている点を看過してはならない。「内から外へ」向かう動向における「内」は（私が私であることの根幹をなしているにもかかわらず）「何」かとして現象しないことを、本章は先にデカルトと共に確認したのだから（彼はそれを「何か分からぬ〔得体の知れない〕私のそのそれ」と述べたのだった）、カントの言う「内」はそれとは似て非なるもの、五感の対象と並んで「思われたもの」として現象するものの領域を指しているのである。したがってそれは、本章が言う意味ではすでに「外」なるものなのだ。

（13） Benjamin〔2010〕, S. 40, 78, 102/341 頁。

（14） この点については、本書第 3 章 3 節 a 参照。

（15） この点について、本書はすでに序章 1 節と第 4 章の 1 節で論じた。

（16） ただし、そのような相対性自体を明らかにする――「観測する」のではない――地点（正確には「場所」）は、相対的なものではありえない。この点についても、本書は第 3 章 3 節 a で論じた。

（17） 念のため述べれば、時空の（観測者――正確には、観測の行なわれる慣

性系――に対する）相対性を指摘する相対性理論においても、現象する世界の唯一性はいささかも揺らいでいない。相対的なのは、あくまで同一事象の観測者（慣性系）に対する時空的な現われ方だからである。たとえば、進行中の車両内で観測された車両前部と後部での爆発の同時性が、車両外から観測したときには時間的に前後しているといったように、「車両前部と後部における爆発」という同一事象の（この場合は）時間的な関係が（観測に対して）相対的なのである。

(18) この用語法の区別は、レヴィナスが或るところで用いたものに示唆を得て、いささか改変して借用したものである。「被ること」に添えた欧語は、「passion」がラテン語、「pathos」がギリシャ語であるが、いずれも「被ること」を原義として、そこから「激情」、「感情」といった意味が派生した。「受動性（passivity）」がラテン語の「passion」に由来するものであることは言うまでもない。ところで、この「passion」を大文字で開始した欧語表現「Passion」が（キリストの）「受難」を意味することは、本章の主題から見て興味深い符合である。イエスが磔刑の「痛み」の中で死を「被ること」が、全世界の罪を一身に担うことでこの世界を償う救世主としてのキリストの「誕生」でもあるからだ。私が私「である」ことの中核にある端的性・切迫性は、「痛み」において他の何にも増して際立つものなのだし、そのような端的性を全面的に「被ること」は、「現象すること」によって成り立つ世界の根底に密かに到来する「深淵」に直面しつつ、それを担うことにほかならないからである。「復活」とは、このことなのだ。本文後論、参照。

(19) 本書第5章2節、参照。

(20) レヴィナスは、思考がここで直面している奇妙な時間秩序を、「逆時間性＝時代錯誤」(anachronisme) と（いささかの諧謔を交えて）表現している。たとえばLevinas〔1978〕, p. 16/38頁、参照。

(21) ここで「その意味では」と言ったのは、判断したり断言したりするのではない仕方で、なお思考の言葉が語られる余地を留保しておくためである。

(22) この「自由」は、本書が第6章で、かりに「愛」と言う名を与えてその可能性をまさしく可能性としてのかぎりで検討したものと無関係ではない。

(23) 漢語の「宗教」という言葉の含意について、さらにはそれとは別の思考の系譜を伝えているかもしれない他の和語について立ち入る作業は、他日を期す。異なる「現象すること」の系譜の中で形づくられた言葉の響きの内に封じ込められた微細な差異に耳をそばだてることもまた、繊細さとしての感

受性の本分なのである。